【中国通史】第九册

蔡美彪 李燕光 杨余练 刘德鸿 著

人民出版社

盛京大政殿与十王亭

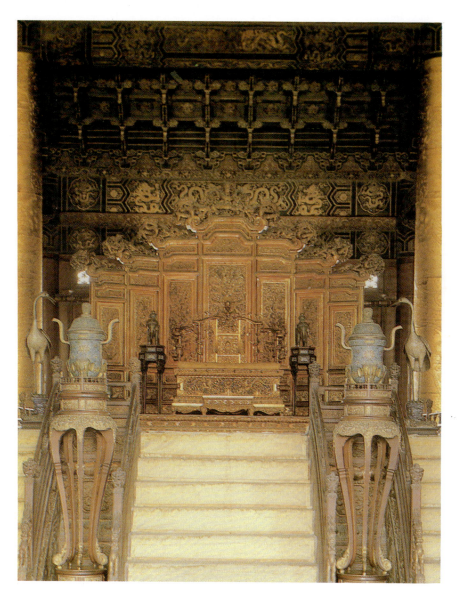

北京太和殿宝座

西藏拉萨罗布林卡壁画顺治帝与达赖喇嘛

康熙帝亲政诏书

康熙帝南巡图（部分）

清蓝釉描金瓷瓶

清粉彩镂空转心瓶

西藏拉萨罗布林卡藏清银佛塔

第九册编写说明

（一）本书第五编包括明朝和清朝统治下的封建制时期。一八四〇年鸦片战争以后半殖民地半封建时期的历史不属本编范围。本编分编三册，即本书的第八、九、十册。第八册两章叙述明太祖至神宗统治时期的政治、经济概况。第九册两章，起自明熹宗、清太祖止于清世宗（雍正帝）统治时期。第十册三章，包括清高宗（乾隆帝）至宣宗道光二十年以前的政治概况、清代经济概况和明清文化的概述。

（二）本册包括本编的第三、第四两章。第三章概述的明天启至清顺治这一时期，中国历史的发展呈现出错综复杂的情景。满洲（女真）奴隶主在明万历末年建立金国，形成一支新兴的政治力量，并进而取代明朝，建立起对全中国的统治。天启以来的明朝在商品经济发展的同时，统治集团相互倾轧，日益衰朽，无力抵御金或清的威胁。手工业工人的反抗斗争和农民起义，酿成规模巨大的农民战争。李自成建立的大顺国推翻了明朝，又遭到清军的镇压而失败。在近四十年的时间里，金或清朝、明朝和农民军形成为相互角逐的三大势力，展开频繁的斗争。斗争的结果是清王朝建立起对全中国的封建统治。本书没有沿用明与金、清分朝叙述的体例，而是依据年代的顺序，综合叙述这一时期三方势力的消长，以便显示错综复杂的历史进程。编写体例上的这一尝试，不知能否恰当地反映历史的全貌，希望得到读者的指正。

本书第十册将有专章叙述清代经济状况。但这一时期满洲社会制度的演变和土地、赋税制度的相应的变革，仍在第三章内叙述，以便说明政治、军事制度建立的基础。关于满洲的族源和社会制度的演变，学术界历来存在不同的意见。本册所述主要反映主编者的观点，有待于百家争鸣的展开。

（三）清朝在顺治时期已经基本上占领了汉族居住的广大地区。康熙时期的清朝面临着对满汉人民如何进行统治的历史课题。清圣祖康熙帝在镇压了汉族军阀的反抗后，又实施了适应汉族地区发展水平的封建统治制度，从而巩固了清王朝的统治。清朝在康熙时期进而建立起对边疆各民族的统治，形成为统一的多民族的国家。康熙帝晚年标榜宽仁，吏治腐败。围绕太子的废立，政局长久不稳。清王朝一度呈现衰敝的景象。清世宗雍正帝大力整顿吏治、加强对边疆的控制，清朝的统治又得到巩固。本册第四章起自康熙止于雍正时期，因为乾隆时期的清朝又进入了一个新阶段。关于康熙、雍正时期的经济文化概况，将在第十册的第六、七两章论述。

（四）本册由蔡美彪主编，负责总写。李燕光、杨余练、刘德鸿分别编写若干章节的初稿并研究、整理了有关资料。本书插图和人名索引的编制，由杨余练负责。地图和地名对照表是刘德鸿编制的。

本书由中国社会科学院近代史研究所中国通史研究室组织编写。辽宁大学历史系对李燕光以数年之力参加本册的草创给予很大的支持。辽宁社会科学院历史研究所大力支持杨余练参加本册的编写。故宫博物院和沈阳故宫的同志帮助提供图片。人民出版社的同志们对书稿提供宝贵意见并担负了地图的绘制工作。书稿完成后，又承本室韩志远、刘小萌同志仔细校阅，协助编制人名索引。编者谨向支持和帮助我们工作的同志们表示衷心的感谢并期待着读者的批评。

目　　录

5

第 五 编

明清封建制时期

第 三 章

清朝的建国，农民战争
与明朝的灭亡

明朝万历年间，商品经济的发展达到前所未有的繁荣。明朝的腐朽统治，日益成为社会发展的障碍。手工业工人、商人和城市居民在城市中展开各种形式的斗争，以反抗明朝的统治。遭受残酷压迫的农民也相继举行起义，终于酿成规模巨大的明末农民战争。就在这时，明朝统治下的辽东地区出现了满族奴隶主建立的金国。奴隶制度是较封建制更落后的社会制度。但在氏族制废墟上建起的金国，却是生气勃勃的新兴力量，成为明朝的严重威胁。从金国建立到清康熙初年的近半个世纪中，农民起义军、明王朝与金或清朝，相互展开频繁的斗争。明王朝为抵御清军而加重对人民的剥削，促成了农民起义的爆发。清军的南侵使明朝穷于应付，又在客观上便利了起义军的发展。但当农民军攻占北京，明室覆亡后，明朝的封建势力又与清军勾结，反转来镇压起义的农民。清军镇压了农民军并占领北京后，企图复辟的明宗室残余势力（南明）联合起义的农民，以反抗清朝的统治。三方斗争的结果是农民起义的失败和明朝的覆灭。清王朝在人民的血泊中建立起全国性的封建统治。

本章基本上依照历史发展的顺序，综合叙述这一时期三个方面的斗争，以便显示这一错综复杂的历史进程。

第一节　金国的建立与攻占辽东

明万历四十四年（一六一六年），被称为建州女真的首领努尔哈赤在赫图阿拉建立国家（金国），标志着中国历史的一个转折。此后的三十年间，是明王朝逐步走向衰亡，清王朝逐步建立的时期。

金国的建立，是女真诸部落长期发展的结果。明朝统治下的女真诸部落，在同蒙、汉各族的交往中，逐渐发展了它的社会生产力，出现了奴隶占有制。奴隶制的发展，必然要求建立起国家机构，以维护奴隶主对奴隶的统治。而当奴隶主的国家建立后，也必然要求向外掳掠奴隶和扩大统治的区域。金国所面对的明朝，是社会制度较它先进而军事政治日趋衰朽的王朝，无力抵抗新兴的金国奴隶主的攻击。以努尔哈赤为首的金国奴隶主,顺利地攻占了辽东地区,揭开了清朝建国的序幕。

下面依次叙述女真部落的发展与奴隶占有制的形成,金国的建立和攻占辽东的战争。

(一)女真(满族)社会的发展

在历史上建立了清朝的满族,在明代曾被泛称为女真。但他们并不是历史上建立过金朝的女真族。金朝建国并南迁后,作为统治民族的女真人多已杂居汉地,并渐与汉人融合。远在黑龙江、松花江一带的山林地带,还有一些属于女真族系的原始氏族、部落,散居各处,从事渔猎生产。他们原来是金朝统治下的居民。元朝建国后,分置五军民万户府:桃温、胡里改、斡朵怜、脱斡怜、孛苦江,分领混同江南北各地。《元史·地理志》记载说,这里"土地旷阔,人民散居。""其居民皆水达达、女直(真)之人,各仍旧俗,无市井城郭,逐水草为居,以射猎为业。故设官牧民,随俗而治。"明朝建国之初,东北地区仍为元朝蒙古贵族的势力所控制。明成祖永乐时,开始在这里建立卫所,统治各部落居民,并泛称他们为女真。从永乐到万历时金国建国,约两个世纪之久,女真诸部落经历了曲折的发展过程。

一、女真（满族）诸部的发展和明朝的统治

明朝占领辽东后，建立卫所，进行统治。属于女真族系的各部落，大体依据居住地区分为三大部分。在凤州一带者属建州卫，被明朝称为建州女真；在呼兰河和汤旺河（托温河）一带的部落，被明朝称为"海西女真"；在黑龙江下游，还有一些更为原始的部落，明朝称为"野人女真"。明朝对女真各部落、氏族首领分别授予卫所都督、指挥使、千户、百户、镇抚等职，给予敕书和印信，以统领各部居民。

建州三卫　满洲贵族在追溯他们的历史时，流传着一段神话传说：长白山东北布库里山下的布尔瑚里泊，有三个仙女沐浴。神鸦衔一朱果，置第三女佛古伦衣上，佛古伦吞食，受孕生一男。男子乘舟至宁古塔西南三百余里的斡朵里城，遇见三姓人争作酋长，他自称是天女佛古伦吞朱果所生，姓爱新觉罗，名布库里雍顺，受天命来解决争端。三姓人惊异，推他为贝勒（部落长）。这个传说，当是母权制过渡到父权制的反映。"爱新"满语金，"觉罗"据说是氏族称谓。下传数世，明初传至猛哥帖木儿，为斡朵里（怜）部长。

原来居住在松花江与牡丹江合流地带东部的火儿阿部（胡里改），明初南迁到辉发河上游凤州定居。一四〇三年（明成祖永乐元年），在凤州建立建州卫，以火儿阿部长古伦氏（汉姓金）阿哈出为指挥使。这时，斡

朵里部长猛哥帖木儿等已从两江合流处东部今依兰（三姓）一带南迁图们江下游，并进而迁居今朝鲜境内的阿木河。阿哈出入朝，举荐猛哥帖木儿。一四〇五年（永乐三年），永乐帝派遣使臣招谕猛哥帖木儿，并敕谕朝鲜国王将他送还。次年，猛哥帖木儿入朝，明朝授予他建州卫都指挥使的官职，赐给印信。阿哈出子释家奴（一作时家奴）为建州卫指挥使，赐姓名李显忠。一四一一年（永乐九年），猛哥帖木儿率领部众自阿木河迁居凤州。猛哥帖木儿奏请与建州卫火儿阿部分别设卫。明朝准予新设建州左卫，猛哥帖木儿任都指挥使。左卫实即斡朵里部。此外，一四〇五年（永乐三年）明朝还在建州设置了毛怜卫。一四一一年，命建州卫指挥金事、阿哈出之子猛哥不花（释家奴之弟）为毛怜卫指挥使。建州卫、左卫与毛怜卫各部实际上形成为部落的联合。一四二三年，建州左卫受到蒙古的威胁，猛哥帖木儿又率领正军一千名及妇女、家小迁回阿木河。李显忠子满住也率领一千余户迁到婆猪江流域。一四三三年（宣德八年）猛哥帖木儿被"野人"杀死。李满住成为三卫部落的实际领袖。李满住因不堪朝鲜军马的杀掠，于一四三八年（正统三年）迁到浑河上游。猛哥帖木儿之子童仓也奏请率部来辽东，与满住部落同住。明朝准许他们住在三土河及婆猪江以西至冬古河之间。一四四二年，童仓与左卫都督金事凡察（猛哥帖木儿弟）争夺建州左卫印信，即争夺统治权利。明朝又在建州左卫分设左、右二卫。童仓掌左卫,凡察掌右卫。这样,建州左、右卫实际上是来自斡朵里部共同祖先的两个兄弟部落。他们与建州卫火儿阿部互通婚姻。火儿阿部李满住娶斡朵里部女为妻。斡朵里部左卫童仓妻又是满住之女。建州三卫各部通过血缘关系而紧密地联合在一起,并与毛怜卫诸部形成部落间的联盟。

海西女真 呼兰河至汤旺河一带,即所谓"忽剌温等处女真"的部落首领西阳哈与锁失哈在一四〇三年(永乐元年)向明朝入贡。明朝在此设立兀者卫,以西阳哈为指挥使,锁失哈为指挥同知。一四〇六年(永乐四年)又设立塔山卫和塔木鲁卫。

东海"野人女真"诸部 乌苏里江以东、黑龙江中下游以至库页岛等地,居住着更为原始的部落(包括鄂伦春、赫哲等族的祖先)。他们与女真人属于同一族系。明朝泛称他们为"野人女真",即山野中的女真人。一四〇三年(永乐元年),明朝派遣邢枢、张斌等至奴儿干,招抚各部落。次年设奴儿干卫。一四〇九年(永乐七年)设立奴儿干都司,以东宁卫指挥康旺为都指挥同知,千户王肇舟为都指挥佥事,率领辽东兵二百人统治其地。明朝从满泾至辽东设立四十五站,形成奴儿干至京城的交通线。东海"野人女真"多从事采集和渔猎生产,社会发展较建州和海西女真落后。

建州与海西女真诸部,在明朝初年,即已不断对外掳掠。明成化时，建州左卫童仓联合毛怜卫和海西诸部，屡向邻近的汉族地区掳掠奴隶。据说一年之内，即扰掠九十七次。自开原至辽阳六百余里的地区内，残破汉人数万家。当时建州三卫女真部落总共只有两千户左右，掳去汉人奴隶至少也有数千人。一四六七年（成化三年），明宪宗召童仓到北京朝见，并在他返回的途中，在广宁驿舍把他杀死。明宪宗派赵辅为靖虏将军，率军五万人进攻建州卫。九月出抚顺关，十月攻入童仓原住的虎城（一作古城，今新宾县境）。

同年，朝鲜也出兵万人，渡过鸭绿江，攻入建州卫的兀弥府，杀死建州卫李满住父子。明朝修筑边墙，以防卫女真的掳掠。南起凤城，经抚顺以东，北至昌图。与一四四二年修筑的自宁远北境南经牛庄，北至开原的边墙相联，构成一道防线。

建州卫与左卫部落遭到明朝和朝鲜的打击，发展受到挫折。建州右卫斡朵里部日渐强盛。嘉靖时，明朝又在建州女真腹地诸甸，兴建城堡多处，以防御女真的掳掠。右卫都指挥使王杲驱使诸部落不时掠夺汉族人口和财物，屡与明军作战。一五七四年（万历二年）明备御裴成祖到王杲寨追索逃人，被王杲部杀死。明神宗派总兵官李成梁率大兵进攻，破王杲部，杀死千余人。王杲逃走。

这时，海西女真部落，有了很大的发展。原来处于统治地位的纳喇氏，始祖名纳齐卜录，四传至都勒喜，生二子，克什纳与古对朱颜。嘉靖初年克什纳为塔山左卫都督，被部人杀害。子旺济外兰率部奔哈达，号为哈达部。古对朱颜之子布颜收集附近诸部民，在乌喇河畔筑洪尼城，号乌喇部。益克得里氏昂古里星古力自黑龙江尼马察部迁至渣鲁，归属纳喇氏，改姓纳喇。六传至王机褚，渡辉发河至扈尔奇山下，筑城定居，号为辉发部。另有叶赫部，始祖星根达尔汉原为蒙古吐默特氏，击败纳喇氏而据有其部众，后迁叶赫河畔，号叶赫部。哈达部长旺济外兰为报复叶赫部的仇恨，起兵击败叶赫部，杀死其部长褚孔格（星根达尔汉曾孙），夺取所属十三寨部众和明朝的敕书。旺济外兰被部众杀死，侄万汗（王台）继为部落长。一五七四年，建州右卫王杲被明军战败逃走。次年哈达部长万汗擒王杲，送明朝处死。明神宗加封万汗为右柱国龙虎将军。海西扈伦四部均受节制。

一五八二年（万历十年），万汗病死，诸子内讧。叶赫部首领清佳砮、杨吉砮兄弟起而复仇。一五八三年，袭击万汗子孟格布禄，斩首三百级。明巡抚李松与总兵官李成梁出兵镇压。次年，斩清佳砮兄弟。令诸部仍归哈达部孟格布禄约束。清佳砮子布寨与杨吉砮子纳林布禄不服，再次起兵。一五八八年李成梁领明兵炮攻叶赫城，纳林布禄等出降，请与哈达分领敕书，分别入贡。

建州三卫遭到明朝的打击后，部众离散，富有的贵族各据保城寨，谋求发展。《清太祖武皇帝实录》卷一说："各部蜂起，皆称王争长，互相战杀，甚且骨肉相残，强凌弱，众暴寡。"据同书及《满洲实录》记载，当时先后有苏克苏护部（苏子河部）、浑河部、王家（甲）部、东果部、哲陈部、长白山纳阴（殷）部、鸭绿江部等等新出现的部名。这些所谓部，已经不是基于血缘关系的氏族所组成的部落，而是强有力的贵族各自统属的部众，依山河地理建立名号，互争雄长。《明史·张学颜传》称隆庆时"海（海西）、建（建州）诸部日强，皆建国称汗。"即指各部争雄。一五八三年，明军进击建州右卫王杲之子阿台。左卫猛哥帖木儿（肇祖）的后裔觉昌安（景祖）及子塔克世（显祖）为明军做响导，但在作战中都被明军误杀而死。明朝给予都督敕书，以为抚慰。塔克世子、二十五岁的努尔哈赤指斥随军作战的苏克苏护部图伦城主尼堪外兰负有罪责，要求为父祖复仇。但尼堪外兰正在得到明朝的支持，修筑嘉班城寨。建州女真部众多归于他的麾下。努尔哈赤拥有父祖遗甲十三副，起兵复仇。尼堪外兰弃图伦，逃往嘉班。努尔哈赤领兵追袭，尼堪外兰又自嘉班逃走。一五八四年，努尔哈赤连续攻占同宗人占据的兆佳和舅父（庶母之弟）占据的玛儿墩城寨，攻下翁鄂洛城的王家（王甲）部。一五八五年，战败界凡、萨尔浒、东佳、把尔达四城寨的联军四百和哲陈部兵八百。一五八六年，攻占哲陈部的托漠河寨，得知尼堪外兰逃至鄂勒浑城。努尔哈赤领兵进袭，杀尼堪外兰，兼并苏克苏护部。努尔哈赤起兵复仇，连年获胜，声威大振。一五八七年，在苏子河畔费阿拉（新宾县二道河子旧老城）修筑三层的城寨，建造宫室，并制定禁止盗窃、欺诈、作乱的条令。栋鄂部何和里率众万人前来投服，极大地增强了努尔哈赤的力量。建州左、右卫诸部相继被削平后，毛怜卫归服。建州卫首领李以难也归属于努尔哈赤的麾下（朝鲜《李朝宣祖实录》一）。努尔哈赤向明朝入贡。一五八九年，接受明朝的封授，为建州都督佥事。一五九一年，努尔哈赤又兼并鸭绿江部，从而控制了抚顺以东，长白山以南至鸭绿江的广大地区。明朝又晋升他为左都督。

二、社会生产力的发展

从明永乐到万历年间，女真（满洲）诸部落，社会生产力有了不同程度的发展。建州及海西女真与汉族、蒙古族加强了经济上的联系。与朝鲜的交往，也对经济发展有一定的影响。

农业 朝鲜《李朝世宗实录》二记载，明正统二年（一四三七年）朝鲜有人潜渡婆猪江，直抵兀喇山北，见到河水两岸都在耕垦，遍地都有农人和耕牛。这至少表明：这一带的女真人已经由狩猎发展到从事农业经营。《李朝成宗实录》二又记：弘治四年（一四九一年），朝鲜北征副元帅李季同渡豆满江北行，见到当地女真人田地沃饶，畜养犬豕鸡鸭，并舂米出卖。明万历年间，卢琼著《东戍见闻录》明确指出，建州女真和海西女真都已从事农耕。建州女真的费阿拉与赫图阿拉（辽宁新宾县兴京老城）等地，农业更为发达，粮仓中已有大量的储粮。万历五年《抚顺关交易档册》中记载，建州女真曾多次到抚顺出卖粮米。《档册》还有出卖麻布的记载。这又说明建州女真也已种麻，并且纺织出售。不过，女真各部落的发展是很不平衡的。建州女真发展水平较高，农业也最为发达。据明《神宗实录》记载，万历初年，多数地方的女真人，仍然是从内地换取衣食，并不时向明朝"告饥"。农业发达的地区还是有限的。

狩猎　狩猎在女真人的社会经济中仍占有重要的地位。在一些部落中，甚至还是主要的生产方法。他们在每年春三月至五月，秋七月至十月，在山林里猎取各种野兽，并制作皮张。貂皮是黑龙江地区著名的出产。他们还在山林里采集松子、人参、木耳等，作为对外交换的商品。马是主要的交通工具，也是狩猎所必需。富家养马，千百成群。一般人户，也有马十余匹。

商品交换　建州与海西女真向明朝朝贡获得回赐，并且日益发展了互市贸易。女真人输出马匹、皮张、东珠、人参、松子、蜂蜜等产品，换回缎、布、农具和铁锅等用具。明朝专设马市，购买女真马匹。女真人也和蒙古人交通买卖。朝鲜的庆原、境城，有贸易所，是与女真贸易的官市。建州女真、海西女真与明朝及周邻各族发展着商品交换。东海的女真人则通过海西女真获得需用的布疋。女真人从明朝输入的商品中，铁制农具占很大的数量，并且日益增多。据《辽东马市档册》记载，海西女真在镇北关、广顺关与明朝交易，万历十一年（一五八三年）七月至次年三月间，交易二十二次，共买去铁铧四千九百四十九件。商品交换的发展和大量铁器的输入，对女真社会的前进，显然有着重要的作用。

冶铁 女真人从事狩猎和对外作战，都需要弓箭作为工具和武器。朝鲜《李朝成宗实录》记载，明嘉靖时，海西女真弓矢强劲，已设置风炉，能制造淬铁的箭镞。建州女真有专业的冶匠、弓人。一五八七年，努尔哈赤建造费阿拉城，北门居住铁匠，专治铠甲，南门外居住弓人、箭人，专作弓矢。女真人的铁制农具仰给于明朝的输入。本族的冶铁业，主要用于制造武器和铠甲，甚至输入的农器和铁锅，也加以溶炼改铸。冶铁业的发展，不仅促进了社会生产力的提高，也极大地增强了对外作战的能力。

三、奴隶占有制的形成

女真（满洲）各部落由若干氏族所组成。氏族称为穆昆，村寨称为嘎山。狩猎时，以部落或氏族为单位出行。随着生产的发展，女真氏族部落中又出现了"牛录"这一组织形式。《清太祖武皇帝实录》卷二记："前此凡遇行师出猎，不论人之多寡，依族（穆昆）寨（嘎山）而行。满洲人出猎开围之际，各出箭一支，十人中立一总领，属九人而行，各照方向，不许错乱。此总领呼为牛录（原注：华言大箭）厄真（原注：华言主也）。"显然是由于以血缘关系为基础的氏族组织，不能符合发展狩猎生产的需要，因而组成了十人为一组的牛录，并选立指挥狩猎的厄真。牛录是狩猎生产的组织，也是对外作战的组织。农业生产发展后，也以牛录的形式从事农耕。牛录厄真及九人成员，当然都还限于本氏族或本部落。但是，这一组织形式的出现和发展，必然和血缘氏族组织日益显露矛盾，以至对立了。

大约在元末明初，女真各部落即已开始对外掳掠，并且出现了奴隶。据《明实录》、《满洲实录》和朝鲜《李朝实录》等书的记载，奴隶的来源主要是：（一）女真部民犯罪，不能自赎，罚作奴隶。（二）女真各部落在相互斗争中，掳掠对方的部民作为自己的奴隶。（三）女真各部落先后遭受明朝和朝鲜的压迫，但也在斗争中掳掠汉人和朝鲜人作奴隶。随着女真社会的发展，被掳掠的汉人奴隶也在日益增多。明朝对女真用兵，多是由于女真掳掠汉人奴隶而引起。

女真各部落中早已出现贫富的分化和对立，前文所说养马千百为群者便是富有之家。奴隶占有制的形成，使女真人中出现了奴隶主与奴隶，压迫者与被压迫者，富人与穷人。他们分别组成为不同的集团和阶级。

贵族——贵族有汗（诸部长）、贝勒（部落长）、谙班（氏族长老）等称号。他们来源于氏族长、部落长家庭，把氏族赋予的管理职责变成为私有的特权。他们占有较多的财产和奴隶，高居于女真部民之上，成为世袭权利的显贵。建州卫互通婚姻的猛哥帖木儿、童仓家和李显忠、李满住家，便都是这类世袭的贵族。牛录厄真也可进入贵族的行列。

奴隶主——满语通称厄真，原义为主人。贵族都是奴隶主。非贵族的牛录厄真或其他部民，也可占有奴隶，而成为奴隶的主人。

平民——满语通称"诸申"。明朝泛称女真系的各部落为女真。各部落实际上只是自称部名。诸申即女真一词的转译，用以泛指各部落的平民。平民与奴隶不同，具有自由民的身分，但要遭受贵族的压迫。平民占有奴隶，即成为奴隶的厄真。

奴隶——满语称为包衣阿哈。女真本族的和外族的奴隶，都没有任何权利，无条件地为主人进行生产和家内服役。汉人奴隶多被用于从事农耕。主人可以把奴隶当作牲畜一样买卖或赠送给旁人。奴隶买卖甚至成为各部落贵族获得厚利的经常交易（《燕山君日记》卷十七）。一个奴隶可换三十疋布或十五头牛。奴隶过着牛马一样的生活，主人可以任意打骂虐待。李

16

满住之子古纳哈曾在酒后打死奴隶，不以为意。奴隶如经主人准许结婚，子女也要世代为奴，称为家生奴婢（家生子）。

女真诸部落奴隶占有制的发展程度，是不一致的。大抵在明成化至万历初年，基于奴隶占有制的社会阶级结构，在建州及海西女真人中已经基本上形成。前面所说，建州一带，筑城寨自立的各部贵族，正是一些较强大的奴隶主。所谓"骨肉相残"、"强凌弱，众暴寡"，正是说明古老的氏族部落组织已在日益崩解，同一部落氏族的奴隶主们，为争夺奴隶和财产，而相互展开残酷的斗争。努尔哈赤是斗争中的胜利者，他逐渐成为建州最强大的奴隶主贵族。

四、海西与东海诸部的败灭

努尔哈赤称雄建州。海西与东海诸部也在发展。海西扈伦四部中，仍以叶赫与哈达两部为最强。依照古老的部落间通婚的惯例，努尔哈赤起兵后曾向叶赫部求婚。一五八八年，叶赫部首领纳林布禄败于明军，努尔哈赤威镇建州。纳林布禄将妹那拉氏，送努尔哈赤成婚。然而，相互通婚的血缘纽带，早已不能阻止贵族奴隶主之间的争夺。努尔哈赤同扈伦四部进行了长达二十年的斗争，先后兼并了四部。

扈伦四部的败溃　一五九一年，叶赫部纳林布禄向努尔哈赤索地，遭到严词拒绝。纳林布禄出兵袭击建州的村寨。一五九三年六月，扈伦四部合兵进攻户布察，被努尔哈赤击退。九月，四部又联合科尔沁、锡伯、瓜尔佳及朱舍里、纳殷等部，合兵三万人，自浑河向努尔哈赤大举进攻。建州部众面临严重的威胁。努尔哈赤对部众说：你们不要忧虑。我们占据险要之地，诱他们来战。他们部长甚多，杂乱不一。这些乌合之众，一定退缩不前。伤他们一二头目，兵士就会逃走。我兵虽少，并力一战，必定取胜(《清太祖武皇帝实录》卷一)。努尔哈赤布阵于古勒山险要之地，诱敌出战。叶赫部来战，贝勒布斋战死，兵丁四散。努尔哈赤乘胜追击，歼敌四千，获马三千匹，盔甲千副。俘虏了乌拉部贝勒满泰之弟布占泰，并进而兼并了长白山北的朱舍里、纳殷两部。努尔哈赤以少胜多，获得大胜利。一五九五年，明朝加封他为龙虎将军。努尔哈赤曾多次到北京朝贡，以争取明朝的支持。

海西四部败后，各部之间也还在相互争夺。一五九九年，叶赫部侵犯哈达部。哈达部请求努尔哈赤出兵援助。努尔哈赤乘机出兵俘虏哈达部贝勒孟格布禄，并把他处死。明朝过问此事，努尔哈赤被迫将孟格布禄子吴尔古岱放回故地。哈达部续遭叶赫部侵扰，不能自立。努尔哈赤出兵，并哈达部。

辉发部王机褚之孙拜音达里，杀叔父七人，自立为贝勒，一五九三年曾参加九部之战。此后，部人多为叶赫部所招诱。拜音达里以七名头人之子作为人质送交努尔哈赤，请求出兵千人助攻叶赫部。叶赫部纳林布禄向拜音达里诱和，提出以其人质交换叛归叶赫部的辉发人。拜音达里又向努尔哈赤索回人质交纳林布禄。一六〇七年九月，努尔哈赤出兵，杀拜音达里，灭辉发部。

乌拉部在九部之战大败后，布占泰被俘。一五九六年，努尔哈赤遣放他回乌拉部，并将己女及弟舒尔哈齐之女许他为妻。一六〇七年，努尔哈赤出兵收服斐悠城民户。布占泰出兵拦截，大败。次年，努尔哈赤派兵五千，攻打乌拉部。布占泰畏惧，执送叶赫部五十人，请和。一六一二年九月，努尔哈赤亲自领兵三万人攻乌拉部，连克六座城寨，焚烧房屋积谷后回军。次年正月，再次出兵，布占泰大败，逃往叶赫部。乌拉部败灭。

叶赫部有两贝勒分居东、西城。纳林布禄据东城。病死。弟金台石继为贝勒，将女儿许嫁努尔哈赤之子代善。据西城的贝勒布寨在九部作战中战死，子布扬古继为贝勒。一六一三年，努尔哈赤率兵四万，进攻叶赫部，追捕布占泰。沿途攻掠十九城寨。金台石与布扬古向明神宗禀告说，努尔哈赤已经夺取了哈达国（部）、辉发国（部）和乌拉国（部）。现在又来征讨我们叶赫，以后还要夺取你们尼堪（汉人，指明朝）国。明神宗得报，派游击马时楠等率领枪、炮手千人，援助叶赫部。努尔哈赤退走。叶赫部两贝勒得以继续自立。

东海诸部的征服　被明人称为"野人女真"的东海女真诸部,受到建州及海西诸部的控制。图们江以北、松花江以东以及黑龙江下游,至于海滨的广大地区,北有乌稽部,南有瓦尔喀部。牡丹江、松花江下游居住着虎儿哈部。黑龙江中游有萨哈连部。一五九三年,努尔哈赤战胜九部联军并征服了朱舍里、纳殷两部后,随即征服了乌拉部控制下的瓦尔喀部人。一五九七年,乌拉部布占泰煽诱瓦尔喀部反抗。次年正月,努尔哈赤派长子褚英领兵千人出击,攻克屯寨二十余处,掳获人畜万余。一六○七年,瓦尔喀部斐悠城主穆特里,因不堪乌拉部的侵扰,投附努尔哈赤。努尔哈赤派遣弟舒尔哈齐与子褚英、代善等领兵迎接。乌拉部布占泰在中途截击,被褚英、代善等打得大败。努尔哈赤又派幼弟巴雅拉领兵千人乘胜出击仍在乌拉部控制下的瓦尔喀部赫席赫路与佛纳赫路。掳获人畜二千而回。一六○九年,努尔哈赤进而北袭乌稽部的瑚叶路。次年又进袭乌稽部雅兰路,获人畜万余。一六一一年,努尔哈赤派何和里领兵二千袭击虎儿哈部,获人畜二千。虎儿哈部降服。一六一四年,再袭乌稽部雅兰、西临两路。一六一五年袭击乌稽部额赫库伦,获人畜万余。次年,又派达尔汉领兵夺取萨哈连部村寨,并招降使犬部、诺洛部和实喇忻部等原始部落。

(二)金国的建立

女真(满洲)社会中奴隶占有制的发展,已在不断地破坏着氏族部落组织。贵族奴隶主之间,骨肉相残,相互争夺奴隶,陷入长期争战的混乱局面。努尔哈赤雄据建州,并进而征服海西扈伦及东海"野人"诸部后,更加需要建立统治机构以保护贵族奴隶主利益,确立社会秩序,统治各族奴隶。适应着历史发展的要求,作为阶级压迫机关的国家诞生了。

努尔哈赤在建立国家之前,经历了自己家族中的斗争。努尔哈赤弟舒尔哈齐多次领兵出战有功。据朝鲜申忠一《建州纪程图记》记载,努尔哈赤有将(即"牛录厄真")一百五十余,舒尔哈齐有将四十余,是权势居于第二位的贵族。一六〇七年舒尔哈齐与褚英、代善等领兵与乌拉部作战,获胜。努尔哈赤指责舒尔哈齐的部将作战不力,分别处罚,并不再遣他将兵。一六一一年八月,舒尔哈齐病死。努尔哈赤长子褚英战败乌拉部有功,遭到谗忌。一六一三年以诅咒罪被幽禁,两年后被处死。努尔哈赤对族人严厉镇压,强化了自己的权力。

一五八七年,努尔哈赤建费阿拉城,作为据点。一六〇三年,又在苏子河与嘉哈河汇流地带,新建周回四里的赫图阿拉城,率部迁居于此。一六〇五年,又扩建外城。努尔哈赤对海西及东海诸部作战取得胜利后，一六一六年在这里建立国家。努尔哈赤原在一六〇六年称淑勒昆都仑汗，建国时加号天授（命）覆育诸国（部）英明汗（《满文老档》太祖朝卷五）。以后又建号"天命金国汗"。努尔哈赤统治的年代，即以天命纪年。

赫图阿拉城址出土瓦当

努尔哈赤建国以前，已逐步建立起统治制度。金国建立后，虽然各种制度仍很粗略，但已具备了国家机器的基本特征。

天命金国汗之宝（满文）

八旗制度 女真（满洲）各部中形成的牛录，作为

22

生产和作战的基本单位，已经代替了氏族血缘组织。努尔哈赤在兼并各部的过程中，将被征服的各部人统编入牛录。《满文老档》太祖朝卷四记载说："淑勒昆都仑汗（指努尔哈赤）把聚集的众多国（部）人，都平均划一，三百丁编成一牛录。一牛录设厄真一人。牛录厄真以下设代子二人、章京四人和村领催四人。四名章京分领三百男丁，编成塔旦。"塔旦是共同行动的基层单位。努尔哈赤战胜九部联军后，一六〇一年，又将牛录组编为四个"固山"（旗）。固山不是基于血缘关系的部落组织，而是由牛录组成的军事行政单位。编入固山的人丁包括了被征服的各部女真人，也还包括被征服的汉人在内的外族人。因此，固山不再依山河地理命名，而是以不同颜色的旗帜相区别，组成黄、白、蓝、红四旗。随着兼并战争的胜利发展和军兵的扩大，一六一五年即建国之前一年，又增编为八旗，将原来的四旗各分为正旗与镶旗，黄、白、蓝三旗镶红边，红旗镶白边。八旗的组成也有了明确的规定。《清太祖武皇帝实录》卷二记载说："太祖（努尔哈赤）削平各处，于是每三百人立一牛录厄真。五牛录立一札栏（甲喇）厄真。五札栏立一固山厄真。固山厄真左右立美凌（梅勒）厄真。原旗有黄白蓝红四色，将此四色镶之为八色，成八固山。"属于牛录的三百人都是从事生产和作战的男子壮丁。据此编制，每旗有壮丁七千五百人。八旗共有六万人。丁壮家口不在编制之内，但也由八旗各级官员统辖，人口数当远超过军兵数。八旗制度是在氏族部落制的废墟上形成的一种特殊的军政合一的制度。固山以至牛录的各级厄真，战时统率作战，平时管理户婚、田赋、差徭以及诉讼诸事。八旗制度的建立，为金国组成了一支组织严密的强大的军兵。

四贝勒 八旗分别由固山厄真统领，统属于汗的家族。建立四旗时，黄旗直属努尔哈赤，蓝旗属弟舒尔哈齐，白旗属长子褚英，红旗属次子代善。努尔哈赤先后除灭舒尔哈齐及褚英，实际上是夺回了一半的兵权。建国以后，八旗中两黄旗直属努尔哈赤。正白旗属努尔哈赤第八子皇太极。镶白旗也属努尔哈赤。正蓝旗属第五子莽古尔太。镶蓝旗属舒尔哈齐第二子阿敏。两红旗均属代善。统旗的诸贵族称为和硕贝勒。依次序代善又称大贝勒，阿敏称二贝勒，莽古尔太称三贝勒，皇太极称四贝勒。四和硕贝勒在汗的周围，分别统领军兵和参预国政，是大汗的主要辅佐和全国最高的军政长官。军国大事和汗位继承，由诸贝勒共同议定，仍然保留着部落贵族议事的传统。

议政五大臣 努尔哈赤又设置议政大臣五人，共同参预执政。努尔哈赤二十二岁时，十九岁的钮祜禄氏青年额亦都前来投依，此后随从征战，屡立功勋，隶镶黄旗，是努尔哈赤的亲信将领。苏完部部长之子瓜尔佳氏费英东早年随父率部归附努尔哈赤，历经征战，辅佐建国，立功最高，娶褚英女为妻。栋鄂部长何和礼，一五八八年降服，娶努尔哈赤长女为妻，隶属正红旗，从征乌拉部有功。佟佳氏扈尔汉十三岁时投附，努尔哈赤养以为子，隶属正白旗。从征东海女真，灭乌拉部。觉尔察氏安费扬古自幼随父侍努尔哈赤。自努尔哈赤起兵复仇以来，即随从征讨，是善战的勇将。以上五人都是建州女真诸部的贵族，但不属于努尔哈赤家族。他们率领部众归附努尔哈赤，领兵扈从作战，屡立战功。努尔哈赤曾称他们为"一等大臣"，即最高的臣属。建国时，又封赠他们为达拉哈辖，义为侍卫首领。五人合称为议政五大臣。努尔哈赤规定每五日临朝一次。日常政务由五大臣勘议后，言于四和硕贝勒，再由汗决断。军国大事，由四和硕贝勒与五大臣会议商讨，固山厄真也得并坐共议。最后由努尔哈赤裁决，共同遵行。努尔哈赤通过这一制度，组成了全国的统治核心，同时也是最高的军事指挥机构。五大臣中扈尔汉于一六二一年（天命六年）因获罪停止议政。其他四大臣于一六二一年至一六二四年间相继病死。五大臣之制渐废。

札尔固齐与司法　努尔哈赤在费阿拉建城时，即已注意立法，建立秩序，严禁作乱、盗窃。设札尔固齐（当是来自蒙古语札尔忽赤）听讼治民，掌管民事与司法。五大臣之一的费英东即曾任札尔固齐。建立金国后，形成固定的制度。但审判治罪，仍须经由大臣及贝勒审议，大罪要由努尔哈赤裁决。努尔哈赤建国时，尚无成文的法律。从《满文老档》的有关记录看来，金国保护贵族奴隶主利益的阶级性质十分明显。努尔哈赤曾规定，无论是谁，如果殴打汗的亲戚，只要一触手就要处死。并说："这话都写给了我的孩子们。"在费阿拉时，有人手扯汗同宗女的衣领，即被杀死（《满文老档》太祖朝卷三十三）。为保证八旗制度的实行，规定诸申出生，就要注册。隐匿壮丁者要治罪。编入牛录之人，每晚要聚集到牛录厄真处，点查人数。违误时间者鞭打。各牛录的诸申归本旗管领，不得转移。金国要在无秩序的混乱社会中建立起统治秩序，保护私有财产，因而对盗窃财物者给以严厉的处治。一六一九年规定："小人盗取大物，刺耳鼻。盗取次等物品，射十箆头箭。盗取小物者，打脸十次。"（《满文老档》太祖朝卷十）在治盗罪中，以"夫偷盗，妻为何不劝阻"为理由，对妇女治罪尤为严厉。一六二三年规定："今后如果男人为盗，要女人脚踩赤红的炭，头顶灼热的铁锅，处以死刑。"（《满文老档》太祖朝卷五十八）诸申犯罪，所属牛录的厄真等官员都要受罚。努尔哈赤在执行法律时，还注入了民族间歧视与压迫的内容。他密告诸贝勒，在判罪时诸申与尼堪（汉人）不能同等对待。诸申犯罪如有理由即可宽免。如尼堪为盗贼，则应杀死其子孙和亲戚。不过，对于从费阿拉一起来的尼堪，即较早降服的汉人，则可与诸申同样审断。努尔哈赤又嘱告说，记录这些规定的文书，只能秘密传看，不要让外人知道。

文字的制作 国家的建立,不能没有文字做工具。金国的女真(满族)人,与金代女真属于同一族系,语言基本相同。因而,明朝发给各卫所的敕书和往来文书,仍沿用金代创制的女真字。但这种依据汉字和契丹字制作的女真字,不易识辨。女真人多不通晓。一四四二年,建州卫李满住即曾请求明朝调派通女真字的人给他作书办。一四四四年,一些卫所的女真首领奏请改用达达字,即蒙古字。从此以后,文书往来,需先将女真语译为蒙古语,再用蒙古文书写,依然很不方便。一五九九年,努尔哈赤命文士额尔德尼和噶盖,以蒙古字写女真语。说"写阿字下合一妈字,不就是阿妈么(满语父)!厄字下合一脉字,不就是厄脉么(满语母)!你们试写一下,就可以了。"(《清太祖武皇帝实录》卷二)两人据以制成以蒙古字拼写女真语即满语的满族文字。通称为老满文。金国从此有了传达政令、制定法律和发展本民族文化的工具,意义是重大的。努尔哈赤建国后,设有书房,由巴克什(师傅,或译为文士)数人办理文书事务。额尔德尼巴克什编纂法令,记录政事。满族历史开始有正式的记载。

一六一六年前后,努尔哈赤采取一系列的重大措施,一个粗具规模的国家终于建立起来了。它标志着满族的历史进入了一个新时期,也对整个中国历史的发展,产生了深远的影响。

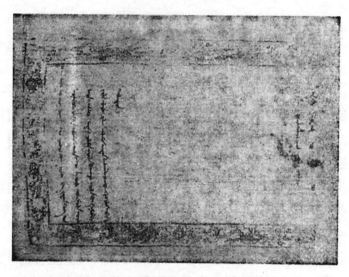

努尔哈赤封授备御的诰命（老满文）

（三）萨尔浒之战与东海
诸部的降附

　　明朝自永乐以来,对辽东女真各部实行封建统治,
勒索各种贡品。辽东的明朝官员更加肆意压榨。女真
各部奴隶占有制发展后, 也不断在周邻地区掳掠汉人
作奴隶, 侵夺土地建造城寨。明朝以封建的统治方法
压迫女真人民。女真奴隶主以奴隶制的方法掠夺汉人
为奴隶。双方的矛盾, 日益不可调和。明朝在辽东设
卫所统治, 不立州县。居民统属卫所, 编为军户（额
户）。据《全辽志》记载, 一五六五年时, 共有额户九万

六千四百四十一户，三十八万一千四百九十六口。军户中男丁，编入军队操练者为操备军丁。其余称余丁，耕种屯田，帮贴军丁。军户终年劳苦，负担是沉重的。一五九九年(万历二十七年)，明税监宦官高淮到辽东，遍历各地，敲榨攫刮。据说"得银不下十数万，闾阎一空。"(《明经世文编》卷四三六《论辽东税监高淮揭》)激起人民的反抗。走投无路的军户即去投附努尔哈赤。明辽东总兵官李成梁自一五七〇年任职，主持辽东军政，先后约四十年。多次出战获胜，威名大震。但年月既久，李成梁一家成为辽东军阀。贪污纳贿，坐收商利，有家丁数千人。辽东军士原额十五万六千九百名，减少到六万余名，且多老弱，渐不能作战。努尔哈赤起兵后，对明朝力表恭顺，以争取支持。李成梁也对努尔哈赤屡加封赠，加意招抚，同时又支持海西叶赫部以牵制建州。努尔哈赤相继征服海西三部，只有叶赫部仍依恃明朝与努尔哈赤为敌。努尔哈赤指责明朝边官"只要害我，途(图)功升赏。"(申忠一：《建州纪程图记》)自万历三十六年(一六〇八年)起，不再向明进贡。金国建立后，随即展开了对明朝的作战。

一、萨尔浒之战

金国的建立是女真奴隶制发展的必然结果，而当这个国家建立后，也必然要继续发展奴隶主的利益，对外掳掠奴隶和扩大土地的占有。明朝与女真间矛盾日益激化，酿成了战争的爆发。天命三年（一六一八年）二月，努尔哈赤聚众誓师，发动了对明的大规模作战。努尔哈赤在誓师时祭天，提出了著名的"七大恨"。"七大恨"的主要内容是指责明朝杀父、祖，援助叶赫和驱逐边堡的女真农人。努尔哈赤亲自领兵二万作战。抚顺汉人佟养性自明狱中逃出，投依金国，为八旗兵作向导。八旗兵攻下东州、马根单，并进而占领抚顺。此前，努尔哈赤曾致书明抚顺游击李永芳招降，许以高官。抚顺兵败，李永芳出降，金国封授为副总兵。明总兵张承胤奉命救援，战败被杀。五月，金兵攻破抚安、花豹冲、三岔等十一堡。七月，攻入鸦鹘关，破清河城。明参将邹储贤战死。辽东震动。

这时，明朝辽东军可作战的精壮，不过二万。由于军官克扣军饷，被称为"饿军"，经常有军士逃走。努尔哈赤军起，明朝下令征收"辽饷"税银三百万，并从各地调集军兵出战。明朝起用曾经出援朝鲜的将领杨镐为兵部右侍郎、辽东经略，赐尚方剑，得斩总兵以下将官。清河破后，杨镐立斩逃将陈大道等，徇军中。这年冬季，四方援兵渐至，共约八万八千人，次年正月誓师，二月，分四道出兵，号称大兵四十七万，指日围攻赫图阿拉，并调令叶赫部军及朝鲜军出援。总兵官马林领兵一万五千，合叶赫援军，由开原出三岔口，进攻北路。总兵官杜松领兵三万，由浑河出抚顺关，攻西路。总兵官李如柏（李成梁子）领兵二万五千出鸦鹘关，趋清河，攻南路。总兵官刘綎领兵万人,合朝鲜援兵一万,出宽甸,由凉马甸攻打后方。三月初一日,金见明军来攻,集中兵力反攻抚顺一路。明杜松部以一万人渡浑河攻打界凡,二万人住屯在抚顺以东约八十里的萨尔浒山。努尔哈赤以两旗兵力援界凡,六旗兵力进攻萨尔浒山的明军,一举攻破明营。再调两旗兵夹攻界凡。明西路军大败,杜松战死。次日,金兵转攻尚间崖的明马林部,马林败逃,叶赫援军闻讯退走。北路军败溃。杨镐得报,急令李如柏、刘綎两路退兵。李部迅速退出战场。刘綎部与朝鲜姜弘立率领的援军,已深入三百里,进至距兴京约五、六十里处。初四日,金国四贝勒代善、阿敏、莽古尔太、皇太极联兵进攻阿布达里岗明军,刘綎战死。姜弘立投降。此次战事,明军四路出兵,三路惨败,据称损失军士四万五千余人。这是金建国后与明朝的第一次大战。清人称这一次战争为萨尔浒之战,盛赞努尔哈赤的功勋。因为经此一战,不仅金国得到了巩固,而且为此后兼并诸部和对明作战的胜利奠定了基础。

二、叶赫部及东海诸部的降附

努尔哈赤战胜明军后,四月间,筑界凡城,作为作战的据点。随即转而进攻他的宿敌叶赫。叶赫部在开原、铁岭以北,有明军阻隔。六月,努尔哈赤领兵攻开原。明将马林战死。七月,攻铁岭。叶赫引蒙古喀

抚顺萨尔浒之战纪功碑碑亭

尔喀部介赛军来援，大败。金军追至辽河，擒介赛。八月，努尔哈赤亲征叶赫。费英东、安费扬古等从征。分军围攻叶赫东西二城。城破。东城金台石拒不投降，被擒处死。西城布扬古也被杀。努尔哈赤灭叶赫部，还驻界凡。

　　努尔哈赤建国时，东海"野人"还有一些部落未被征服。一六一七年，努尔哈赤派兵四百，收抚沿海及海岛诸部。一六一八年，虎尔哈部首领率部众一百户来降，努尔哈赤厚予赏赐。未降各部相继来附。各部俘降人户，均被编入八旗。投附的部落，仍居原地，向金纳贡。《满文老档》记载天命四年（一六一九年）的情形

32

说:"从明国以东到海滨,朝鲜以北,蒙古以南,操女真语的诸国(部),在那年都平定了。"(《满文老档》太祖朝卷十三)努尔哈赤征服女真诸部,得以全力来攻打明朝。

第二节　明朝统治的危机

萨尔浒战后两年,明神宗病死。明廷围绕皇位继承而形成朋党的纷争。明熹宗时,山东地区爆发了徐鸿儒为首的农民起义。四川、云、贵地区的彝族也发动了反明的战争。金军进而攻占了辽东,构成明朝的重大威胁。明朝内外交困,执政者仍在相互倾轧。明朝的统治日益陷入深刻的危机。

(一)皇位继承与朋党纷争

萨尔浒之战,明军惨败,辽东震动。明朝拘逮杨镐,起用前辽东巡抚熊廷弼为兵部右侍郎,代杨镐经略辽东。一六一九年(万历四十七年)七月,熊廷弼至沈阳、抚顺等地招抚流民,见数百里无人迹。大学士方从哲上疏,请将增兵发饷章奏,批下办理。明神宗不理。九月,方从哲等请神宗召见群臣,商议战守方略。吏部尚书赵焕也率廷臣,请神宗临朝议政,神宗命中官(内监）谕退。明神宗晏处深宫，长期不理朝政，金国大兵压境，依然晏安自若。朝政均听内阁臣僚经理。

明中叶以来，皇帝不临朝听政，由内监传达旨意。内监与内廷后妃相结纳，成为皇帝左右的政治势力，进而结纳一些朝官和言官，干预朝政，与内阁臣僚对立。明制，自御史大夫至六科给事中监察内阁和六部官员，职任甚重，与朝官往往水火。内廷与朝官，言官与阁臣矛盾交错，又相互结纳，形成对立的朋党。一五九四年（万历二十二年），被削职的吏部考功主事顾宪成在无锡东林书院与高攀龙（原行人司行人，进士）及钱一本（御史）、薛敷教、史孟麟、刘元珍、安希范及弟顾允成等聚众讲学，号称“东林八君子”。一六〇四年，东林书院重修落成，江浙文士在此集会立约，互称同志。东林同志讲学之余，往往讽议朝政，品评官员，因而在社会上很有影响。东林得到淮阳巡抚李三才的支持。朝中官员与东林文士结纳，被指为朋党，诋为“东林党”。东林官员也指责朝中一批反对他们的官员为齐党（给事中亓诗教）、浙党（以昆山人顾天峻为首，又称昆党）、楚党（以宣城人汤宾尹为首，又称宣党）。东林党与齐、浙、楚三党相互倾轧，明争暗斗。万历末年，三党执政，东林监生汪文言设计离间齐、浙两党官员，东林官员又渐得势。

万历中叶以来，朋党争论的主要问题是立太子，即所谓“国本”、“建储”。神宗王皇后无子，恭妃王氏生子常洛,为神宗长子。神宗宠妃郑贵妃生子常洵。顾宪成、钱一本在朝时,均曾上疏请立长子常洛为太子,钱一本因而被黜。一六〇一年(万历二十九年),神宗诏立常洛为太子,常洵封福王,但仍在朝,一六一四年始去洛阳藩邸。一六一五年,蓟州人张差持梃闯入太子常洛的慈庆宫,打伤守门太监,被捕入狱。供出系由郑贵妃的太监庞保、刘成引入。巡视皇城御史刘廷元审讯,奏称张差"若涉疯颠"。刑部主事王之寀至狱中提审,供称受太监指使,因而怀疑郑贵妃。刑部尚书张问达受命审讯。东林官员给事中何士晋上疏,指斥郑贵妃弟郑国泰有主谋之嫌。结果何士晋被谪官出朝,张差以疯颠定谳处死。此案后被称为"梃击"案,长期成为朋党争议的课题。

常洛母王妃于一六一二年病死。一六二〇年三月,王皇后亦病死,郑贵妃专宠。七月,明神宗病死。病中郑贵妃留居宫中侍疾,太子常洛半月不得入见。东林官员给事中杨涟、御史左光斗向大学士方从哲建言,率群臣入宫问疾,又联络东宫伴读太监王安,请太子入宫侍疾,以防宫中有变。神宗死前,召英国公张惟贤、大学士方从哲及尚书周嘉谟、李汝华、张问达等,遗诏辅立太子。八月朔日,太子常洛即帝位(光宗),年三十九。改年号泰昌。

光宗即位,内阁辅臣只有方从哲一人。给事中亓诗教依从哲意,推吏部侍郎史继偕、南京礼部侍郎沈漼入阁。二人俱在籍,未及入朝,又以礼部侍郎何家彦、刘一燝、韩爌等并为礼部尚书兼东阁大学士,并召前大学士叶向高入阁。光宗即位后,郑贵妃结纳光宗宠妃李选侍,请立李选侍为皇后。李选侍亦请晋封郑贵妃为皇太后。因内阁沮议,均未得立。光宗病,内侍崔文升进泄药,光宗一昼夜泄三、四十起,臣僚又怀疑崔文升受郑贵妃指使谋害光宗。杨涟上疏劾崔文升用药无状,又与御史左光斗、吏部尚书周嘉谟等迫使郑贵妃自乾清宫迁出,移居慈宁宫。光宗病危,召见张惟贤、方从哲、刘一燝、韩爌等三十一人入宫,册李选侍为皇贵妃,不立后,又命方从哲等辅立皇长子由校。鸿胪寺丞李可灼进所谓"红丸"药,自称仙方。光宗服后,九月朔日病死。

　　皇子由校生母王才人,一六二〇年病死。光宗死后,李选侍与由校居乾清宫。刘一燝与内监王安骗过李选侍,扶由校出宫,至文华殿,与张惟贤等叩头呼万岁,拥由校居慈庆宫(太子宫)。尚书周嘉谟等官疏请李选侍迁出乾清宫,移居哕鸾宫(宫妃养老之宫),以防止选侍干政。首辅方从哲犹豫徘徊。御史左光斗上疏直斥李选侍,并说"武后之祸将见于今"。李选侍大怒,宣召左光斗,左光斗拒不赴召。给事中杨涟力促方从哲定议移宫,并严词抗疏说:"选侍阳托保护之名,阴图专擅之实,宫必不可不移。"刘一燝、周嘉谟等共助其事,李选侍被迫移居哕鸾宫。皇子由校还居乾清宫,即帝位(熹宗),年十六岁。改次年年号为天启。

神宗死后,光宗、熹宗两次皇位继承中的移宫事件,实质上是朝官与内廷争夺政权的斗争。东林朝官连续挫败郑妃和李妃等内廷势力,遂得以掌握朝政。阁臣叶向高、韩爌,言官杨涟、左光斗都是东林的中坚人物。万历时被黜、在东林书院与顾宪成讲学的邹元标(原南京礼部尚书),光宗时起为大理卿,进为刑部右侍郎,天启元年还朝。与顾宪成、邹元标合称"三君"的赵南星,原在东林讲学,光宗时起为太常少卿。在东林书院讲学的高攀龙,也在熹宗即位后起为光禄丞,次年进为光禄寺少卿。东林党官员在朝中权势之盛,为前此所未有。大学士方从哲庸碌柔懦,被东林言官指斥纵容崔文升、李可灼,熹宗即位后,当年即辞官致仕。东林官员势盛,转而攻讦异己。邹元标倡"和衷"之论,说"朝臣和,天地之和自应",反而遭到讥讽。

李选侍移宫后,年少的熹宗在内廷无所依恃,封乳母客氏为奉圣夫人,幼时侍奉他的太监魏进忠,进为司礼监秉笔太监。客魏相结,内廷与朝官的斗争仍在继续。

(二)山东河北地区的农民起义

明熹宗即位不久,山东、河北地区即爆发了徐鸿儒等领导的农民起义。

山东、河北是白莲教流行的地区。被压迫的农民群众利用白莲教秘密组织起义，是长期以来形成的传统。明初，白莲教曾遭到禁断，但仍在民间秘密流传。万历时，闻香教主王森在京东滦州石佛庄传教，教徒遍及河北、山东、山西、河南、陕西等地，教徒有大小传头、会主等名号。各地教徒用竹筹传递消息，一天可传数百里。一五九五年（万历二十三年），王森被官府逮捕入狱，行贿得释，继续传教。一六一四年，因与弟子李国用不和，相互攻击而暴露。王森、李国用均被逮捕，王森死于狱中。此后，王森子王好贤及门徒于弘志继续在河北武邑、景州一带传教。门徒山东郓城人（原籍巨野，迁居郓城）徐鸿儒在山东地区传教，先后二十年，信徒发展到二百万人。

熹宗即位，山东地区大旱，民不聊生。明朝在辽东与金兵作战，在山东地区加派赋税，更加激起农民的反抗。山东驻军被调往辽东，地方兵力薄弱，又为起义的爆发创造了时机。一六二二年（天启二年），山东徐鸿儒与河北王好贤、于弘志联络，预定中秋节在河北、山东同时起义。由于起义的计划被泄露，徐鸿儒提前在五月十一日举兵。

徐鸿儒自称中兴福烈帝，建年号大乘兴胜。起义军以红巾作标志。教徒纷纷献出家产，参加起义。徐鸿儒将起义者的家属老幼安置在梁山泊内，率领起义军占领距郓城二十里的梁家楼，当地人民起而响应。起

38

义军计划先夺取郓城、钜野、嘉祥，然后占领济宁，截取漕米。

五月十三日，徐鸿儒率众占领郓城，震动曹、濮二州。起义军进攻钜野和兖州，遭到明军攻击，郓城也被明军夺去。徐鸿儒整军东下，攻占邹县、滕县、峄县，众至数万人。

山东各府州县请求省城出兵救援，省城兵力有限，难于应付。明朝廷命令各地方招兵买马，组织地方武装应急，又将赴辽东前线的粤军和准备开赴京师的秋操班军留在山东，镇压起义。起用退职家居的原大同总兵官杨肇基为山东总兵官，协同山东巡抚赵彦进讨徐鸿儒。

徐鸿儒领导的起义军，于六月十日攻占紧靠运河的夏镇，切断明朝南北粮道，一次就掳获粮船四十多艘。进而打败围攻邹县的明军，击毙明朝都司杨国盛、游击张榜，乘胜围攻曲阜、郯城，声势大震。

七月，于弘志在阜城、武邑起兵响应，进攻景州。赵大也在艾山起义，奉刘永明为安民王，与徐鸿儒部取得联系。各地起义军日益壮大，发展到十几万人。

面对起义军的蓬勃发展，天津巡抚李邦华、保定巡抚张凤翔分别派兵支援山东。于弘志部起义军遭到镇压，刘永明也被捕牺牲。

徐鸿儒集精锐于邹县、滕县之间，准备进攻兖州，被赵彦、杨肇基率领的明军战败。徐鸿儒退入邹县城中。九月，明军攻下滕县，围困邹县。徐鸿儒率众坚守到十月，城中粮食告尽，叛徒侯五、魏七缚徐鸿儒出降，明军占领邹城。起义军四万七千余人被俘，徐鸿儒英勇就义。王好贤逃往扬州，后来也被逮牺牲，起义失败。

徐鸿儒死后，余部仍然在各地坚持战斗。直到一六二四年（天启四年）才被消灭。

(三)四川云贵地区的彝族反明战争

四川南部地区的彝族（罗罗），早在洪武年间，首领阿奇降明，受任为永宁宣抚司，世守其土。天启时传至奢崇明，与子奢寅雄长诸部。奢氏父子招纳汉人，日益强大。天启元年（一六二一年），明廷因辽事紧急，征兵进援。奢崇明疏请提兵三万赴援，得安家银四万两，乘机招纳武士，打造军器，扩充兵力。奢崇明派遣部下汉人何若海据永宁，与水西等彝人联络。遣刘训入成都，何天锡赴重庆，密谋起事。

九月十三日，奢崇明以援辽为名，遣军将樊龙、张彤领兵赴重庆，在点名场刺死四川巡抚徐可求，杀道臣孙好古、重庆知府章文炳等官员。明总兵黄守魁被擒自杀。何天锡等在城内响应，彝兵占领重庆。

奢崇明、奢寅领兵攻陷遵义（万历二十九年改播州为遵义），北上焚劫纳溪、泸州、江安等地。遣使联络石

40

硅宣抚司掌印女官秦良玉（马千乘妻）反明，被良玉拒绝。秦良玉率部至重庆郊外，与樊龙、张彤部相持。

十月，奢崇明出长宁，奢寅出合江，罗乾象、朱国恩出纳溪，各统数万兵分路向西北推进，围攻成都。明布政使朱燮元督率兵民坚守。奢氏派入成都的刘训自请率兵三百五十人守南城，图为内应，被朱燮元发觉，斩首。天启二年（一六二二年）正月，奢氏部将罗乾象暗中降明，密报军情。奢崇明父子屡战失利，解围拔营而走。明廷擢升朱燮元为巡抚。

二月，朱燮元督率明军与秦良玉部属战败张彤，夺得攻取重庆的要道二郎关。四月取佛图关，直逼重庆城下。五月，奢寅进援重庆，兵败退归永宁。樊龙突围走，被明军截杀。明军收复重庆，杀张彤。六月，奢崇明部将宋武等擒何若海降明，奢崇明败退。

奢崇明、奢寅退后，得到水西等地的支持，军势复振。水西宣慰司为奢崇明妹奢社辉执掌（妹夫安尧臣已死）。子安位，年仅七岁。奢社辉与同知安邦彦拥立安位为罗甸王，起兵攻陷毕节、乌撒、安顺，直趋贵阳。贵州巡抚李枟、巡按御史史永安督军民抵御。彝兵围困贵阳城。一六二二年十二月，新任巡抚王三善率兵援救。安邦彦解围，退兵陆广河外。

天启三年（一六二三年）正月，安邦彦与奢崇明部联合云南安效良部兵，击败明军。彝族各部见明军失利，纷起响应安邦彦，声势大振。

四月,奢寅部将安銮率部降明,明军收复遵义。奢寅身受重伤,与奢崇明退归永宁。安邦彦发兵来援,被明军击溃。明军收复永宁,奢崇明父子逃往水西。云南亦佐县安应龙与霭益州补鲊起兵反明,被巡抚闵洪学击溃,安效良缚安应龙降明。安邦彦派遣部将陈其愚诈降王三善。

天启四年(一六二四年)正月,明军乏饷,王三善率兵还贵阳。陈其愚中途邀截,杀王三善,大败明军。安效良再起兵反明,与安邦彦合。

明廷因川、贵、云三省分治,事权不一,五年命朱燮元总督川云贵广西军务,移镇遵义。燮元厚赠降明奢寅部将阿引等,放归奢氏,以为内应。六年(一六二六年)正月,阿引等密约明军来攻,杀奢寅归明。奢崇明兵败乞降。朱燮元以父丧归里。安邦彦得以从容休整,奢崇明受抚复叛。

(四) 明 失 辽 东

萨尔浒战后,兵部右侍郎熊廷弼在辽东整饬军纪,修筑城濠,制造兵器,并奏请调集十八万兵分驻要地,边防渐有起色。熹宗即位后,御史台弹劾熊廷弼"无谋"、"欺君"。一六二〇年十月,熊廷弼辞官。辽东巡抚袁应泰为兵部右侍郎,接代辽东经略。

天启元年(一六二一年)三月,金努尔哈赤亲统大军攻打沈阳，水陆并进。明总兵官贺世贤、尤世功二将战死。金军迅速攻占沈阳，乘势攻取辽阳。

辽阳是明辽东都指挥使司所在地，是辽东军事和政治的中心。袁应泰急撤奉集、威远诸军，并力守辽阳。引水注壕，沿壕列火器，军兵四面环守。金兵来攻，袁应泰亲自出兵督战，兵败。袁应泰宿城外军营防御。金兵掘城西闸放壕水，自城东进兵度壕，战败守城诸将。袁应泰入城与巡按御史张铨等固守，诸军列盾大战。袁应泰兵败，自缢死。张铨被俘，不屈，被害。金军得辽阳，先后占领辽河以东七十余城。得辽阳后，诸贝勒均主张还师。努尔哈赤说："国之所重，在土地人民。""且此地乃明及朝鲜、蒙古接壤要害之区，天既与我，即宜居之。"（《太祖高皇帝实录》卷七）四月，金国自赫图阿拉迁都辽阳，作为新的据点。八旗人户也迁居沈阳、辽阳一带。明失辽东，整个形势不同了。

金攻陷辽阳，辽河以西军民纷纷逃窜，自塔山至闾阳二百余里烟火断绝。明廷擢任广宁守将王化贞为巡抚，收集散亡，人心稍定。又起用熊廷弼为兵部尚书，驻山海关，经略辽东军务。王化贞部署诸将，沿辽河设六营分守。熊廷弼以为今日只宜守广宁，不宜分兵。如一营溃则诸营俱溃，西平堡也将不能守。王化贞遣部将毛文龙袭取镇江（今丹东市九连城），金兵围攻四卫屯民。朝廷以取镇江为奇功，熊廷弼则斥为奇祸。经略与巡抚，诸多不合。王化贞拥兵十四万在广宁，不听节制。熊廷弼在关上，徒具虚号。天启二年（一六二二年）正月，努尔哈赤向广宁进兵，围困西平堡。王化贞尽发广宁兵出战，在平阳桥与金兵相遇。总兵刘渠、祁秉忠在沙岭败死。部将祖大寿逃走。王化贞部下中军孙得功降金，为内应。

金国报警云版

王化贞弃广宁南逃。熊廷弼自山海关出援，在大凌河与王相遇，随同溃兵难民入关。金兵追至塔山回师。四月，明廷拘捕熊廷弼、王化贞入狱，审勘兵败丧师之罪，并判死刑。

（五）东林党与阉党的倾轧

明失辽东，亡国之祸已迫在眉睫，朝廷内部仍在结党互斗。熹宗少年即位，处理日常章奏，多委之内监。皇帝自宫中传旨，例由内监传谕，客、魏等因得预政。东林官员夺得朝中政柄后，为要巩固其权势，就要战胜内廷势力。客氏、魏忠贤（魏进忠改名）等结纳朝臣，形成阉党，为要巩固权势，操纵朝政，也不能不反击东林，进而迫害不附己的朝官。熹宗一朝，东林党与阉党争夺政权而展开的斗争，通过一系列事件而愈演愈烈。

追论三案 熹宗即位后，高攀龙、邹元标等交章追论崔文升进泄药、李可灼进红丸事，首辅方从哲因而去职。言官又进而追论万历朝张差梃击案，弹劾郑贵妃弟郑国泰及侄郑养性。李选侍移宫时，内监田诏等曾乘机盗取宫中宝物，被揭发，交法司按治。刑部尚书黄克缵秉承魏忠贤意，疏请宽宥。御史焦源溥上疏反对，并将张差梃击案，李可灼进红丸案与李选侍移宫案，一并追论。说李选侍一宫人"阻陛下于暖阁，挟陛下以垂帘"，"移宫始末不可得为抹杀，盗宝诸阉不可得为宽宥。"李选侍移宫后，已被熹宗削去贵妃封号，在宫中厚养，不再预政。焦源溥疏追论梃击、红丸、移宫三案，显然旨在打击内廷。此后，东林官员相继上疏追论三案，实际也是企图削弱客、魏，争取熹宗，政治目的是明显的。

但是，深居宫中的熹宗如果失去内廷的依恃，势将成为孤立无与的虚位，政权将全归朝臣。这当然是熹宗和明皇室所不能容忍的。天启元年（一六二一年）正月，熹宗下诏嘉奖魏忠贤"侍卫有功"，又赐客氏田二十顷。御史王心一抗疏，说"梓宫（光宗枢）未殡，先念保母之香火；陵工未成，强入奄寺之勤劳，于理为不顺，于情为失宜"。熹宗不听。四月,熹宗立皇后张氏,礼成,赐魏进忠名忠贤,荫侄二人。给事中程沆奏称"祖制非军功不袭,国典不宜滥与",熹宗又不听。大学士刘一燝奏请遣客氏出宫,熹宗以护祐皇后为名,说等待皇考(光宗)大葬后再议。五月,客氏与魏忠贤指使给事中霍维华劾奏内监王安出宫,又命参与盗宝被赦出狱的内监刘朝杀王安,奏称自杀。王安被杀,斩断东林朝官与内廷的联系,客、魏更加擅权。九月,光宗葬礼完毕。刘一燝再请依前旨,遣客氏出宫。熹宗被迫遣出客氏,不久又召客氏入宫。吏科给事中侯震旸上疏再谏,直指"宫闱禁地,奸珰群小睥睨其侧。"熹宗怒,贬侯震旸。廷臣连续上疏请逐客氏,都遭贬谪。十月,东林要员叶向高进为首辅,请停"中旨",凡事均由阁臣议拟。熹宗当然不予采纳。

客、魏得熹宗支持,权势日盛。吏部尚书周嘉谟力救被贬的言官,并将劾奏王安的给事中霍维华调出朝外。魏忠贤指使给事中孙杰劾奏周嘉谟受刘一燝嘱,为王安报复。周嘉谟请辞,魏忠贤矫旨罢周嘉谟。叶向高疏请留周嘉谟,不报。左都御史张问达进为吏部尚书,邹元标为左都御史。官员黜陟之权,仍操在东林党人手中。

一六二二年春,客、魏集团指使孙杰攻讦刘一燝。刘一燝上疏自辩,辞官,得熹宗允准。叶向高上疏称"客氏既出复入,一燝顾命大臣,乃不得比保母。"熹宗不理。东林官员继续上疏追论三案。王之寀因梃击案被贬，恢复故官，上"复仇疏"，追论梃击、红丸二案，说是为先帝复仇。礼部尚书孙慎行上疏，劾方从哲包庇李可灼。光禄少卿高攀龙又劾郑养性，并请将崔文升"明正典刑"。大学士韩爌、吏部尚书张问达等亦上疏追论红丸案。熹宗将李可灼遣戍，崔文升放南京。

朋党交争　朝官与内廷，东林与客、魏之间的斗争，日益激化。天启二年春，给事中侯震旸等上疏劾大学士沈㴶交通内阁，并劾客、魏构杀王安。福建道御史周宗建上疏攻沈㴶，并直斥魏忠贤"目不识丁，阴贼险狠。"刑部尚书王纪，也劾沈㴶与魏忠贤交通事。七月，沈㴶也劾王纪审讯熊廷弼狱时，包庇廷弼。熹宗以王纪回奏违慢，斥为民。叶向高上疏说王纪、沈㴶交攻，王纪被斥非其罪。诸臣交章救王纪，熹宗不允。沈㴶也上疏请辞，得准辞官。

十月，东林要人左都御史邹元标，因在京建首善书院讲学，被劾。魏忠贤传旨"宋室之亡，由于讲学。"邹元标被罢官归里。新科状元文震孟，授翰林院修撰，上"勤政讲学疏"，辩及邹元标事。魏忠贤传旨廷杖文震孟，大学士韩爌力救。文震孟被贬秩调外，罢官归里。邹元标去后，工部右侍郎赵南星继为左都御史。

沈㴶罢后，廷推原礼部尚书孙慎行入阁，熹宗不予点用。天启三年（一六二三年）正月，依附魏忠贤的礼部尚书顾秉谦、南京礼部右侍郎魏广微为东阁大学士，入阁参予机务。礼部右侍郎朱国桢、朱延禧也同时升任尚书入阁。内阁自首辅叶向高以下，原已有韩爌、何家彦、朱国祚、史继偕等五人，现增至九人。魏忠贤倚信的顾、魏入阁，使内阁也陷入党争。

三月，御史周宗建因被魏党给事中郭巩劾奏误荐熊廷弼，上疏反驳郭巩并直攻魏忠贤。称王安死事为魏忠贤"一大罪案"，并说"今权珰报复，反借言官以伸；而言官之声势，反假中涓而重"，历举黜侯震旸、黜王纪、去邹元标、逐文震孟等事，是"内外交通，驱除善类。"（《明熹宗实录》卷二十六）熹宗企图平息纷争，郭巩、周宗建经廷议各夺俸三月。三月，朱国祚辞官获准。七月，史继偕致仕。

一六二三年（天启三年癸亥），为官员考察之年。左都御史赵南星助吏部尚书张问达主京察。在京庶官年老有疾、贪酷失职及才力不及者凡二百三十五人，分别革职或降调。南京官员不胜任者也分别降调。赵南星在万历朝曾任考功郎中，参与京察。因忤齐、楚、浙三党，被贬官为民。癸亥京察时，赵南星力斥三党官员故给事中亓诗教、赵兴邦、官应震、吴亮嗣等"先朝结党乱政"，议当罢黜。吏科给事中魏应嘉力持不可。赵南星不听，著《四凶论》攻亓诗教等，终于罢黜。此前，周嘉谟为吏部尚书时，三党的重要官员多已被罢离。经赵南星再次计察，三党在朝官员所余无几。同年十月，吏部尚书张问达致仕。赵南星进为吏部尚书，又掌握了官员

48

黜陟之权。魏忠贤颇重赵南星盛名，曾遣甥傅应星谒见，赵南星不纳。大学士魏广微三次来访，赵南星均拒不会见。叶向高、韩爌等执政，赵南星掌吏部，魏忠贤等阉党不能不有所顾忌。赵南星等东林官员不与阉党合作，因而获得清誉。但东林党人以"清流"、"正人"自诩，对三党官员心存报复，对政见不合者均斥为"邪人"、"邪党"，甚至直指为阉党。被东林排斥的官员，便投依阉党求存。东林执政后反而在朝官中日益孤立，客、魏的势力却日渐增长了。

内廷中，后妃与客、魏之间也在互斗。熹宗皇后张氏深恶客、魏，常对熹宗指责客氏、魏忠贤过失，并曾面斥客氏，欲绳之以法。张后怀孕，客、魏派亲信宫人侍奉。张后不久流产，有人怀疑是客、魏指使宫人用计堕胎。熹宗裕妃张氏也与客、魏不合，竟被客、魏幽禁于别宫，饿死。成妃李氏也遭幽禁，被斥为宫人。张后孤立无援，客、魏逐渐驱逐宫中异己势力，掌握了内廷。

客魏专权 天启三年（一六二三年）十二月，魏忠贤受命总督东厂，成为朋党之争的一个转折。东厂设于明成祖时，用以缉察官民，例由司礼监秉笔太监提领，直属于皇帝。东厂掌刑，理刑官员由锦衣卫军官担任。北镇抚司专治诏狱。神宗时厂卫已很少缉事。魏忠贤掌东厂，厂卫成为镇压异己的工具。一六二四年四月，给事中阮大铖指使同官傅槐与魏忠贤甥傅应星劾奏内阁中书汪文言与左光斗、魏大中（吏科都给事中）交通为奸利。汪文言曾在万历朝离间齐、楚、浙三党，交结内监王安，又曾出入于韩爌、赵南星、杨涟、左光斗、魏大中等人之门。劾奏汪文言，意在株连东林官员。汪文言下镇抚司诏狱，镇抚刘侨只将文言革职，不株连他官。魏忠贤将刘侨削籍，另任亲信许显纯为镇抚司。此后，又命左都督田尔耕掌锦衣卫事。魏忠贤从此完全掌握了厂卫。

一六二四年六月，左副都御史杨涟上疏弹劾魏忠贤二十四大罪，说自宫廷至大小臣工不知有皇上，只知有忠贤。"宫中、府中，大事、小事，无一不是忠贤专擅。""皇上为名，忠贤为实。"杨涟疏上，魏忠贤惧，求韩爌调解，韩爌不理。魏忠贤向熹宗哭诉，客氏从旁进言。熹宗下诏切责杨涟。朝官相继上疏，先后百余疏，熹宗均不理。大学士叶向高上奏说，杨涟一人之言，容有过激。未几而诸疏继至，举朝阗然。皇上如想保全魏忠贤，不如叫他自请归第，远势避嫌。熹宗旨复，称忠贤勤劳，责群臣附和。叶向高告请归籍。

朝官攻魏党，遭到失败。客、魏集团利用厂卫，转而迫害朝官。叶向高去后，魏党顾秉谦成为首辅。顾秉谦与阁臣魏广微同谋，用墨笔点《缙绅便览》一册，点出叶向高、韩爌、杨涟、左光斗、周宗建等百余人，称为"邪人"，密告魏忠贤，逐步设计陷害。又点出依附魏党的"正人"六、七十人，以备进用。十月，吏科给事中魏大中弹劾魏广微，魏大中被降职调外。左都御史高攀龙与吏部尚书赵南星被诬陷罢官。左光斗起草奏书，弹劾魏忠贤、魏广微三十二斩罪。疏未奏上，魏忠贤已得知消息，即削去左光斗与杨涟的官籍。不久，又逐韩爌出朝。数月之间，朝官被罢逐者先后数十人。

十二月，魏忠贤又将已革职的汪文言逮捕，交锦衣卫北镇抚司许显纯拷问，借以株连预谋陷害的大臣，涉及赵南星、杨涟、左光斗、魏大中、周朝瑞等十余人，兴起大狱。汪文言下狱两月，备受酷刑，不屈。最后受刑不过，仰视许显纯说："我不知道你要我说什么？随你怎么巧作，我承认就是了。"许显纯要他诬指周朝瑞、杨涟等大臣贪赃。汪文言跳起来说："天啊！冤哉！这样来诬蔑清廉之士，我死也不承认！"许显纯将汪文言打死，伪造供词，说杨涟、左光斗、周朝瑞曾为辽东败将杨镐、熊廷弼说情，是贪受了贿赂。左光斗入狱，五日一审，裸体受桚、夹、棍等刑，不能跪起，平卧堂下受讯，死于狱中。杨涟在狱中备受酷刑，土囊压身，铁钉贯耳而死。魏大中等也都被酷刑拷打而死。赵南星流放边地，死于戍所。辽东战败，阉党袒王化贞，而力斥杨镐、熊廷弼。为杨、熊求缓刑的官员，被牵入汪文言案，指为受贿，多被锦衣卫逮捕下狱。阉党进而追查东林党人，追削李三才、顾宪成等人的官籍，毁各地东林讲学书院。各地官员不附阉党者，均被指为东林党，被夺官者达三百余人，下狱处死及流放边地者数十人。

熹宗即位以来，神宗时的张差梃击案，光宗死前的红丸案和李选侍移宫案，成为朝臣之间互相攻击的题目。一六二六年，霍维华建议编修《三朝要典》，以顾秉谦等为总裁，为三大案中获罪的宦官翻案，借以陷害东林官员，指责王之寀、孙慎行、杨涟是制造三案的罪魁祸首。杨涟入狱受审，"移宫"即是一大罪名。由此又株连到一批官员。同年，苏州织造太监李实弹劾南京巡抚周起元、松江知府张宗衡、同知孙应昆等多人，魏忠贤把他们逮捕入狱。阉党迫害的官员，从朝官扩大到地方，更进而残害各地居民。东厂和锦衣卫的缇骑（侦探）在各地访查，有人议论魏忠贤奸恶即被处死，甚至割舌剥皮，极为酷毒。阉党的权势日盛，对人民的镇压也越来越残酷了。

魏忠贤势盛，阉党称他为九千岁（比皇帝少一千岁）。浙江巡抚潘汝桢与太监李实在杭州西湖边为魏忠贤建立生祠供奉，号普德祠。各地官员，相继效尤。除福建外，各省都纷纷建立生祠，木雕魏忠贤像供奉。顺天府官员在国都北京崇文门内和宣武门外，也建立魏忠贤祠。国子监生陆万龄说："孔子作春秋，忠贤作要典；孔子诛少正卯，忠贤诛东林"，请在国学西为魏忠贤立祠，与孔子并尊（《明史·阎鸣泰传》）。

客、魏集团中有所谓五虎、五彪作为爪牙。五虎是朝官崔呈秀（御史）、田吉（兵部尚书）、吴淳夫（工部尚书）、李夔龙（副都御史）、倪文焕（太常卿）。五彪是厂卫刑狱官田尔耕、许显纯、孙云鹤（东厂理刑官）、杨寰

（锦衣卫东司理刑）、崔应元（锦衣卫指挥）。此外，又有十狗、十孩儿、四十孙等名目。依附客、魏的官员们逐渐形成政治集团，遍布各地，明朝的统治更加昏暗了。

（六）宁 远 之 战

一六二二年金占领广宁后，山海关以东广宁以西，成为进一步争夺的地区。明失广宁后，命兵部尚书王在晋经略辽东。王在晋倚用兵部职方主事袁崇焕，擢任宁前兵备佥事。王在晋主张在山海关外八里铺筑重关，派兵四万驻守。袁崇焕建策守宁远卫。以为宁远是山海关以东广宁之西的要冲，进则据锦州，退则守宁远。大学士、兵部尚书孙承宗行边，采纳袁议，自请督师。命大将满桂与袁崇焕驻守宁远，祖大寿等督筑宁远城。经过四年的经营，到一六二五年（天启五年）时，已练兵十一万，造甲胄炮石及各种兵器数百万，城堡数十处。孙承宗与袁崇焕计议，遣将分据锦州、松山、杏山、右屯及大小凌河，修筑城郭。这年十月，孙承宗去职，高第任经略。他以为关外必不可守，命诸将撤入关内。袁崇焕为宁前道，提出驳议，说"官此当死此，我必不去。"（《明史·袁崇焕传》）高第撤走锦州、松山、杏山、右屯、大小凌河等地兵民入关。

金在一六二五年（天命十年，明天启五年）三月，自辽阳（东京）迁都沈阳，成为正式的都城。天启六年（一六二六年）正月，努尔哈赤率大兵攻宁远。十七日渡辽河，二十三日至宁远，声言以二十万兵攻此城。袁崇焕与满桂、祖大寿等召集将士，誓死守城。袁崇焕写血书，激励将士。二十四日，金兵攻城。明兵发动西洋大炮，枪炮药罐雷石齐下，金兵不能进。次日，又攻城不下，死伤兵士五百，将官数员，只好解围。二月初，努尔哈赤收兵回沈阳，对诸贝勒说："我起兵以来，没有敢抵抗的。袁崇焕是什么人，竟能这样！"《清太祖武

袁崇焕手迹

皇帝实录》卷四记载说："帝自二十五岁征战以来，战无不胜，攻无不克。惟宁远一城不下，遂大怀忿恨而回。"宁远之战，金锐气受挫，推延了向山海关进取的日程。这年七月，努尔哈赤得病，去清河温泉沐养。因病重返回，八月十一日死于距沈阳四十里的瑷鸡堡途中。庙号太祖。

努尔哈赤建国后，在位十一年，先后兼并女真诸部，建立制度，攻占辽东，定都沈阳，为清朝的建立奠定了基础。

袁崇焕击退金兵，取得胜利。一六二六年（天启六年）三月，被任为辽东巡抚。魏忠贤随即派内监刘应坤

54

出镇山海关，企图夺取兵权。袁崇焕抗疏谏止，熹宗不听。朝廷论宁远战功，魏忠贤竟掠为己功，加恩三等。一六二七年五月，金兵围锦州，不能克，六月还军。魏忠贤指使言官弹劾袁崇焕"不救锦州"。七月，袁崇焕被迫辞官。魏党霍维华继任兵部尚书，八月，明熹宗病死。

第三节　大清国的建号与扩张

金国并无立太子或指定继承者的制度，一六二六年八月，努尔哈赤死后，仍循氏族部落制时期的遗制，由汗族诸贵族推选继承者。一六二二年（天命七年）三月，努尔哈赤曾命八子为八和硕贝勒，并告诫说："尔八和硕贝勒内，择其能受谏而有德者嗣朕登大位。"（《清太祖高皇帝实录》卷八。并见《武皇帝实录》卷四、《满文老档》太祖朝卷三十八）此后数年间，努尔哈赤又相继封授子孙有功勋者为贝勒。原四和硕贝勒代善、阿敏、莽古尔太、皇太极习称为大贝勒，仍为贝勒中的显贵。一六二六年八月，由代善提议与大贝勒阿敏、莽古尔太及诸贝勒阿巴泰（努尔哈赤第七子）、德格类（努尔哈赤第十子）、济尔哈朗（舒尔哈齐子）、阿济格（努尔哈赤第十二子）、多尔衮（努尔哈赤第十四子）、多铎（努尔哈赤第十五子）、杜度（褚英子，褚英早死）、岳讬（代善第一子)、硕讬(代善第二子)、豪格(皇太极第一子)等共同推立皇太极继承汗位。九月朔日，皇太极（清太宗)拜天即位,时年三十五岁。称天聪汗,以天聪纪年。族名也不再沿用女真,而称为满洲。

金国攻占辽东后,周邻的形势是：南接朝鲜,西北有蒙古,北方黑龙江流域有索伦等部。皇太极即位后的十年间,连续进攻周围的邻人,并继续向明朝展开攻掠。

（一）侵掠朝鲜和占领漠南

一、侵掠朝鲜

建州女真与朝鲜接壤，往来频繁。一六一九年萨尔浒之战，朝鲜派姜弘立率兵进攻赫图阿拉。努尔哈赤曾经认为："东南有朝鲜,北有蒙古,二国俱未弭帖；若舍此征明,恐贻内顾忧"。(《清太祖高皇帝实录》卷八)天聪元年(一六二七年)正月,皇太极派遣贝勒阿敏率兵渡过鸭绿江,攻破义州、定州及汉山城,屠杀军民数万,焚粮百余万石,过青泉江进攻平壤；渡大同江,进逼王京(开城)。朝鲜国王李倧逃往江华岛(在开州南海中),遣使请降。朝鲜金起宗报告说,平壤、江东、三登、顺安、肃州、及威从六邑被金俘掠四千九百八十六人。满洲领兵诸贝勒认为：明与蒙古两敌正在待机而动,金兵不可久留朝鲜,可与朝鲜议和。阿敏羡慕朝鲜王京城市繁华，不肯退兵。贝勒济尔哈朗（舒尔哈齐子）及岳讬、硕讬（代善子）等密议与朝鲜会盟。朝鲜原昌君李觉复与阿敏盟于平壤城，达成协议，约为兄弟之国，赎回被俘人民，朝鲜向金国贡纳岁币。四月，金兵退出朝鲜。

二、征服漠南蒙古

明万历、天启时，蒙古诸部分布在北方的广大地区，形成几个大区域。漠北七部喀尔喀蒙古（喀尔喀多伦和硕）在和林故地至阿尔泰山，形成札萨克图汗、土谢图汗和车臣汗三大领地。漠西瓦剌蒙古（厄鲁特蒙古）准噶尔、杜尔伯特、土尔扈特、和硕特四部游牧于伊犁、额尔齐斯、塔尔巴哈台等地。漠南地区察哈尔部（插汉）世袭蒙古汗位。达延汗曾统领六万户。一五〇五年，达延汗死。察哈尔部衰落，西迁到西喇木伦河流域。明天启时，林丹汗在位，又渐强盛，依附明朝，控制辽河以西至洮儿河的蒙古诸部。

辽河流域驻有五部喀尔喀（五鄂托克喀尔喀）。兴安岭东嫩江流域则有科尔沁部，控制周邻各部。

努尔哈赤时，科尔沁部曾与叶赫部联合作战。金建国后，一六一九年努尔哈赤攻陷开原、铁岭，蒙古五部喀尔喀出兵作战失败，与金会盟反明。察哈尔部林丹汗致书努尔哈赤，自称"统领四十万众蒙古国巴图鲁青吉斯汗致书水滨三万众英明汗"，阻止金兵西进。

一六二四年，又背盟依附明朝。同年，金国派遣使臣与科尔沁部首领奥巴结盟，相约共抗察哈尔部。一六三五年，察哈尔部林丹汗出兵嫩江，攻打科尔沁部。金出兵援助科尔沁，林丹汗退走。

皇太极即位后，把林丹汗做为主要的敌人。一六二八年（天聪二年），派遣贝勒阿济格与老哈河上游受察哈尔部统治的喀喇沁部会盟，共击林丹汗。九月，皇太极亲率大兵至绰洛郭尔，宴会察哈尔部控制下的敖汉、奈曼、喀尔喀、札鲁特和喀喇沁等部领兵前来的诸贝勒。林丹汗被迫退出西拉木伦河流域，至归化城。一六三二年四月，皇太极再率大军西进，贝勒多尔衮从征。至西拉木伦河畔，会集蒙古诸部兵，共击林丹汗。林丹汗自归化城驱人畜十万渡黄河西逃。部众十之七八在途中散去。林丹汗逃奔青海，两年后在青海打草滩病死。一六三五年，多尔衮与岳托等领兵万人渡河，招降林丹汗子额哲。漠南蒙古从此全属金所有。皇太极率领诸贝勒大臣祭告努尔哈赤，祝词说：朝鲜已纳贡，察哈尔等部已归附，"今为敌者，惟有明国耳"（《清太宗实录》卷二十）。

（二）明朝的自救与皇太极南侵

明熹宗朱由校在一六二七年八月间病死，遗命皇弟由检继帝位。光宗第五子由检，一六一〇年生。生母刘后一六一五年被谴，病死。由检一六二二年封信王，一六二六年出居信邸。熹宗病，奉召入受遗命，即帝位。改明年年号为崇祯。

崇祯帝十七岁即帝位，很想有所作为。即位后诛灭魏、客集团，起用被斥逐的文武重臣。垂危的明朝，又露出了一线转机。

诛灭客魏 崇祯帝在一六二七年八月即位。九月，魏忠贤请辞东厂。崇祯帝不许，但将客氏迁出外宅，魏忠贤因而失去内廷依恃。十月，云南道御史杨维垣连章弹劾阉党兵部尚书崔呈秀。兵部武选主事钱元悫直接弹劾魏忠贤如王莽、梁冀、董卓，又列举魏党爪牙，请“明暴其罪，或殛或放。”自朝中部院官员至贡士纷纷上疏，揭露魏忠贤及阉党罪恶。崇祯帝得到朝官的拥戴，十一月下诏斥魏忠贤“盗弄国柄，擅作威福”，安置凤阳。随即撤去镇守边地的宦官。魏忠贤见大势已去，行至阜城自杀。崔呈秀被免官，归蓟州，也在家中自缢死。十二月，崇祯帝又处斩客氏及其子侯国兴。崇祯元年（一六二八年），戮魏、崔尸，处死许显纯等。魏党多被斥逐。崇祯帝又敕告部院说：“巨恶魏忠贤窃先帝之宠灵，擅朝廷之威福，密听群奸，矫诬善类。”（《国榷》卷八十八）对于被诬陷的官员，“今应褒赠即与褒赠，应荫恤即与荫恤，应复官即与复官，应起用即与起用，应开释即与开释。”崇祯帝随即起用大批官员。崇祯元年四月，袁崇焕再受任兵部尚书，督师蓟辽。十二月，前大学士韩爌再次入阁，为首辅。明朝政局，为之一新。因被指为东林党人而遭斥逐的朝官相继起复。编修倪元璐上疏请毁《三朝要典》，说：梃击、红丸、移宫三案起初虽有争议，都还不可偏非。后来逆珰(指魏忠贤等)借三案杀人，群小借三案求富贵，弄得面目全非。崔魏诸奸所编《要典》，无法翻改，只有销毁。崇祯帝准予销毁并命韩爌、钱龙锡等公布魏党罪恶。

袁崇焕出守 袁崇焕受命后，七月间入见崇祯帝，要求"户部转军饷，工部给器械，吏部用人，兵部调兵选将"，都要内外配合。自信五年全辽可复。但他担心被人陷害，向崇祯帝说："事任既重，为怨实多"。"况图敌之急，敌亦从而间之，是以为边臣甚难。"八月初，袁崇焕到宁远赴任，首先镇压哗变的川、湖兵，整顿军纪。又改组边防，合宁远、锦州为一镇，命祖大寿驻锦州，以中军副将何可刚为都督金事，驻宁远。调蓟镇赵率教驻守山海关。上疏说："臣自期五年，专借此三人。"(《明史·袁崇焕传》)袁崇焕部置既定，辽东边防军事，大有振作的气象。这时，皇太极的主要兵力用于朝鲜和蒙古。一六二九年二月，皇太极致书袁崇焕议和，称金国汗奉书袁老大人，不用天聪纪年，只用干支(己巳年)，以示对明朝的尊重。

皇太极对朝鲜作战得胜，割断明朝与朝鲜的联系。早在一六二一年，明将毛文龙领兵援助朝鲜抗金，由总兵官晋为左都督，设镇皮岛(在鸭绿江口东部，朝鲜称为椵〔音皮〕岛）。朝鲜被迫降附金，毛文龙独守皮岛，孤立无援。金向毛文龙招降。一六二九年五月，袁崇焕阅兵双岛，毛文龙来会。袁崇焕以通敌及曾附魏忠贤的罪名，斩毛文龙于帐前。皮岛明兵失统帅，军心离散，多有叛亡。

皇太极南侵 一六二九年十月，皇太极发动了以掳掠奴隶和牲畜为目的的侵掠战争。皇太极亲自领兵从大安口龙井关越过长城，进攻遵化。崇祯帝起复孙承宗为兵部尚书，驻守通州。十一月，明山海关总兵赵率教领兵四千援遵化，在作战中败死。满洲兵占领遵化，随即进攻蓟州、三河、通州。袁崇焕、祖大寿自宁远领兵入援，至蓟州。皇太极向明朝施反间计，对俘虏的杨太监透露金国与袁巡抚已有密约，然后放杨太监回京报告。十二月，崇祯帝逮捕袁崇焕，下锦衣卫狱。命大同总兵满桂出战，败死。崇祯三年（一六三〇年）正月，满洲兵占领永平、迁安、滦州，进攻昌黎，被守城明兵击退。三月，皇太极自领大兵俘掠大批人畜返回沈阳。五月，孙承宗收复遵化、永平、迁安、滦州诸城，击败金军阿敏部。金兵退后，明朝审理袁崇焕案，原属魏党的官员乘机报复，攻击袁崇焕与大学士钱龙锡“擅主议和，专戮大帅（指毛文龙）。”（《明史·袁崇焕传》）八月，崇祯帝磔（剐刑）袁崇焕于市。钱龙锡下狱，得免死，罢官流放。一六三一年八月，皇太极发兵攻大凌河城。祖大寿杀何可刚降金，被放回锦州。

一六二九年袁崇焕斩毛文龙后，皮岛部将辽东人孔有德、耿仲明走往登州。一六三二年，与毛文龙部将李九成等起兵反明，攻陷登州。孔有德自号都元帅，耿仲明为总兵官。明旅顺副将陈有时与毛文龙子毛承禄在旅顺和广鹿岛响应。明朝派重兵征讨，李九成败死，毛承禄被擒。一六三三年六月，孔有德、耿仲明率部泛海降金，皇太极亲迎二降将，入宫赐宴。以孔有德为天祐兵都元帅，耿仲明为总兵官。同年十月，明继任广鹿岛副将尚可喜至沈阳朝见。皇太极以尚可喜为天助兵总兵官，驻军海州。

自袁崇焕杀毛文龙，崇祯帝杀袁崇焕，明朝辽东将领相继叛降。一度显露转机的明朝边防，又趋于瓦解了。

（三）大清国的建号与建制

皇太极即位以来的十年间，对外作战不断取得胜利。漠南蒙古被占领后，一六三五年，诸贝勒与蒙古各部贝勒合议，为皇太极奉上皇帝尊号。努尔哈赤、皇太极相继称汗，是沿袭蒙古称号，皇帝则是汉族传统的最高称号。改号皇帝意味着高居蒙古诸汗之上，并且意味着与明朝皇帝并立，不再是边族之国。同年，皇太极又宣布废除女真（诸申）名号，正式规定被征服的各地女真人统称为满洲。一六三六年四月，满洲诸贝勒、蒙

大清建国铜玺印文

满蒙汉三体文字"文德坊"匾额

古八固山厄真、外藩蒙古诸贝勒、汉军都元帅、总兵官及文武大臣在沈阳举行隆重典礼，共上尊号，由和硕贝勒多尔衮上满文表章、科尔沁蒙古土谢图济农巴达礼上蒙文表章、都元帅孔有德上汉文表章。皇太极受尊号为"宽温仁圣皇帝"（蒙语称号为博克达彻辰汗）。同时建国号为大清，立年号为崇德。此前，皇太极曾于一六三四年以沈阳为"天眷盛京"。大清国都城仍在盛京沈阳。

皇太极称帝后，随即追谥努尔哈赤承天广运武皇帝（康熙时加谥高皇帝），并依据汉族制度追上庙号太祖。

一、满洲统治制度的改订

贝勒议政 努尔哈赤建国初期，由四贝勒共同执政。其后加封和硕贝勒及贝勒，但国家政务仍由四大贝勒分月轮值。皇太极以第四贝勒即汗位，代善、阿敏、莽古尔太等三大贝勒，均为兄长，临朝时并坐左右。皇太极即位后即与诸贝勒定议设八大臣，由八旗固山厄真充任，与诸贝勒共坐议政。议政人员扩大，贝勒权力相应缩小。一六二九年（天聪三年）皇太极又传谕三大贝勒说："向因直月之故，一切机务辄烦诸兄经理，多有未便。"（《清太宗实录》卷五）取消三大贝勒值月的旧制，改由诸贝勒代理。三大贝勒的权力，进一步削弱。

一六三〇年，大贝勒阿敏在滦州等地与明军作战

盛京大政殿

盛京凤凰楼

失败。皇太极幽禁阿敏，没收家产。阿敏被囚十年后病死。一六三一年，又以莽古尔太悖逆不恭为由，革去大贝勒称号。次年，莽古尔太病死。一六三六年，皇太极称帝时，大贝勒只有代善一人。国家权力更加集中于皇帝。皇帝主持的诸贝勒、八大臣的议政会议，成为国家政治和军事的最高指挥机构。诸贝勒平时分理政务，战时受皇帝命统领八旗兵对外作战。一六三七年三月，因议政大臣遇事差遣，议政乏人，又在臣僚中选择贤能者参预议政，为新设议政大臣。

封授勋爵 大清国皇族议政贝勒中，大贝勒以外，有和硕贝勒与贝勒之分。诸贝勒的辈分与地位，也不相同。和硕贝勒多尔衮曾加封墨尔根戴青（义为聪明统帅）称号，分给全旗。贝勒阿巴泰为努尔哈赤侧妃伊尔根觉罗氏所生，年长而位低，只领六牛录户口。诸贝勒中实际存在不同的差等。皇太极采用汉族皇帝尊号后，也参照满、汉爵号，制定皇族勋爵。有和硕亲王、多罗郡王、多罗贝勒、固山贝子等名号，并加以不同的称谓。代善为和硕礼亲王，济尔哈朗为和硕郑亲王，多尔衮为和硕睿亲王，多铎为和硕豫亲王，豪格为和硕肃亲王，岳讬为和硕成亲王。阿济格为多罗武英郡王，杜度为多罗安平贝勒，阿巴泰为多罗饶余贝勒。清国自此始有正式的王爵封号。贝勒也由此降为三等封爵，与原来的尊称不同了。议政贝勒与八大臣的会议，以后也习称为议政王、贝勒、大臣会议。

皇太极封授满洲贵族后，也对蒙古贝勒加给和硕亲王、多罗郡王、多罗贝勒等封号。汉人降将孔有德、耿仲明、尚可喜分别封为恭顺王、怀顺王和智顺王。

八旗官制 皇太极即位后，以八固山厄真设为八大臣的同时，又设十六大臣，八旗每旗二人，"佐理国政，听断狱讼"，不出兵驻防。从而废除了原来的札尔固齐制，由十六大臣代替。八旗另设驻防的十六大臣，每旗二人，出兵驻防随时调遣，也审理属下的词讼。

一六三四年（天聪八年）四月，又规定满洲八旗军官，不得袭用汉军官名，仍用满语名称。各旗总兵官为昂邦章京，副将为梅勒章京，参将为甲喇章京，备御为牛录章京。管一旗者即为固山厄真。

早在努尔哈赤时，选拔八旗牛录的勇壮兵士组成巴牙喇（又译摆押拉、摆牙拉），每牛录十七人。巴牙喇是努尔哈赤汗直接统属的一支善战的精兵，也是汗的侍卫亲军。诸贝勒也各有自己属下旗分的巴牙喇兵。皇太极即位后，将八旗巴牙喇兵分别组编为巴牙喇营，成为单独的军事组织。巴牙喇营自立一三角形大旗，上有织金龙形，称为纛（大旗）或龙纛。旗色与八旗色相同。巴牙喇纛设厄真一人统领，地位仅次于固山厄真。下属甲喇设巴牙喇甲喇厄真一人。各牛录十七名巴牙喇兵各由一人统领，称巴牙喇壮达（队长）。一六三四年四月，改称巴牙喇纛厄真为巴牙喇纛章京，甲喇厄真亦改称甲喇章京。各旗的巴牙喇纛章京由皇帝直接调遣出兵,统率的军士也不限于本旗的巴牙喇兵。皇太极经由巴牙喇纛章京而掌握了各旗的精兵。

改订文字 努尔哈赤时,以蒙古文字母拼写满语,创制满洲文字行用。满洲语中发音部位不同的辅音,蒙文中不加区别。元音中的 u 与 ü 蒙文也同样书写。因此,以蒙古字母写满语,满人每易读错。特别是人名、地名等专门名词,更难于准确译写。一六三二年(天聪六年)三月,皇太极命巴克什达海在蒙古字母旁,酌加圈点,以示区别。达海又创制拼写汉语借词的字母十个,制成有圈点的满文。原来无圈点的老满文,不再通用。

二、蒙古、汉人的结纳与蒙汉八旗的设立

满洲诸部在建国以前,即与明朝的汉人接触频繁,也与近邻的蒙古多有来往。满洲国家的建立与文明的建设显然受到汉族与蒙族两个方面的影响。满文的创制依仿蒙文,首领称汗以及武士加号巴图鲁,文士称巴克什、笔帖式都明显地是源于蒙古。努尔哈赤时已与蒙古通婚姻。皇太极娶蒙古族后妃多人,使蒙古族妇女进入满洲的统治核心。努尔哈赤时,已收纳蒙古降将领兵,皇太极时对外掳掠,蒙古军将起了重要的作用。皇太极并招纳汉人降将,设立蒙、汉八旗,从而加强了清朝的军事力量。满洲历次作战中俘掠的汉人文士也在皇太极时被拔擢起用,参预订立政治制度。皇

收藏满文老档的盛京崇谟阁

太极在改订满洲统治制度加强皇权的同时，多方接纳
蒙古、汉人进入统治集团，不仅对控制漠南、北蒙古和
战胜明朝起着显著的作用，也由此加强了清国的军事、
政治统治，并对以后的历史发展有着深远的影响，是应
予重视的。

　　蒙古后妃　满洲诸部早已与蒙古通婚。海西叶赫
部的祖先原为蒙古吐默特部人。乌拉部与哈达部的祖
先也与蒙古人通婚，含有蒙古血统。努尔哈赤取叶赫

部长杨吉砮女纳喇氏(孝慈后),生皇太极,又娶蒙古科尔沁部博尔济吉特氏(康熙时尊为寿康太妃)。皇太极早在一六一四年即受父命娶蒙古科尔沁部贝勒莽古思女博尔济吉特氏(孝端后)。满洲旧俗,婚娶不严格限制辈分,一六二五年又娶莽古思子寨桑之女博尔济吉特氏(孝庄后)。一六三四年娶孝庄后姐。此外,还娶蒙古博尔济吉特氏女二人,据传是蒙古林丹汗的妻子。一六三六年皇太极称帝之后,也依仿汉制封后妃。生母纳喇氏早死,追封为孝慈武皇后(康熙时改谥高皇后)。莽古思女博尔济吉特氏立为清宁宫皇后,寨桑女博尔济吉特氏封永福宫庄妃,庄妃姐封关雎宫宸妃。另二蒙古妃封为麟趾宫贵妃、衍庆宫淑妃。皇太极五宫后妃均为蒙古族人,庄妃生子福临(清世祖),以后继承帝位。按照满洲家长制的惯例,太后在皇室家族中具有一定的权力。皇太极娶蒙古后妃,对清初政治的影响,是深刻的。

蒙古将领 努尔哈赤以来,蒙古诸部的一些首领相继前来投附。努尔哈赤任为各级将官,统兵从征。皇太极继续任用蒙古降将,对明军和蒙古未附诸部作战,在历次战争中蒙古军将起着重要的作用。皇太极进而擢用有功者进入清国政治机构,担任各种要职,加强了清国的统治。

居于叶赫的蒙古博尔济吉特氏武纳格,努尔哈赤起兵后率七十二人来归,以有勇略并通蒙、汉文,赐号

"巴克什"。从征乌拉,将兵攻觉华岛明军有功,授三等总兵官。皇太极即位后,命武纳格总管蒙古军,随从作战。后以蒙古军激增,分为左、右二营,以武纳格和鄂本兑分别为固山厄真。

鄂本兑,蒙古曼靖氏,入明官守备。一六二一年努尔哈赤攻辽阳时出降,授世职游击,在历次战斗中战功显著。

蒙古科尔沁部博博图在努尔哈赤时率七十余户来降,为牛录厄真。从攻明军,在锦州战死。子明安达礼袭职,一六三八年,皇太极任他为巴牙喇甲喇章京,领兵对敌作战。

科尔沁部兀鲁特部长明安曾聘女给努尔哈赤,一六三二年率部三千余户来投,任三等总兵官,别立兀鲁特一旗。皇太极时,从攻大凌河,败明祖大寿军。其后,兀鲁特旗罢废,散隶满洲诸牛录。子多尔济娶宗室女为额驸(婿),从征朝鲜。皇太极设立六部(详见下文),授为刑部承政。一六三七年进为议政大臣。

博尔济吉特氏布当随皇太极攻遵化有功,一六三八年任为刑部右参政。布彦代曾随努尔哈赤攻宁远,又随皇太极攻朝鲜及明军,围大凌河城,收察哈尔部众,为礼部参政。恩格德尔在一六一七年来降,娶舒尔哈齐女为额驸。皇太极时,率蒙古兵攻遵化,又从围大凌河城。

喀喇沁部台吉布尔喀图、弼剌什等在皇太极时来附。布尔喀图从征明军及察哈尔部，娶贝勒阿巴泰女，为一等昂邦章京。弼刺什从攻察哈尔等部有功，为三等昂邦章京。

科尔沁部恩格图屡从太宗伐明，以功授二等甲喇章京。

林丹汗败后，察哈尔部的宰桑、护卫等多人来降，均受命从征。宰桑多尔济达尔汉被任为都察院参政。

汉人降将　努尔哈赤初起兵时，对汉人多加杀掠，但要战胜明军仍收纳来降的汉将，并按照氏族制的惯例，妻以族女，视为本族收养的成员。

抚顺富豪佟养性与满族贸易，被明朝拘捕下狱。佟养性越狱逃出，投依努尔哈赤，一六一八年引导满洲军兵，攻下抚顺。努尔哈赤以宗亲之女嫁佟养性，称他为"石乌里额驸"，授二等副将。次年，兄佟养真率族众一千四百余人来降。

明抚顺守将李永芳也在一六一八年抚顺兵溃后降金，努尔哈赤妻以第七子阿巴泰之女，随从作战。明广宁守备石廷柱（先世女真人，父迁辽东，姓石氏）在一六二二年金兵攻下广宁后败降，授为游击，隶佟养性部。

皇太极即位后，继续收降明朝兵将，加速了明军的瓦解，汉人军兵成为重要的力量。一六三〇年，满洲军攻下永平，明建昌营参将马光远（顺天大兴人）投降，隶佟养性部。随着攻占汉地的扩大，汉人兵民日益增多，一六三一年，皇太极命佟养性总理汉人军民一切事务，又将汉人降兵编组为一旗，由佟养性直接统率，称为石乌里额驸固山兵（后称"旧汉兵"）。佟养性选拔军中工匠铸成红衣大炮四十门，组成一支红衣炮兵，为金军中前此所未有。皇太极又以贝勒岳讬之女嫁佟养性。一六三四年，佟养性病死。额驸固山兵由石廷柱统率，改称乌真超哈固山兵，石廷柱授为固山厄真昂邦章京。红衣炮兵由佟养真子佟图赖管领。

一六三一年大凌河城战后，皇太极继续收降大批汉人军兵。贝勒岳讬上奏说："以前攻下辽东、广宁，诛杀汉人，又屠戮永平、滦州，因而人怀疑惧。今天与我大凌河汉人，正要使天下知我国善养人。若能善抚此众，以后归顺者必多。"（《清太宗实录》卷十一）他建议降官应妻以贝勒和大臣之女，从人和士兵也要妥为安置。一六三二年，孔有德、耿仲明率明军来降，皇太极称其军为"天祐兵"，尚可喜来降后，称"天助兵"。天祐兵与天助兵均保持原来的军事系统，不按金国兵制改编，成为自成体系的"汉人三军"。

蒙汉八旗　蒙古降将和降兵，原来或自成一旗（如明安之兀鲁特蒙古旗），或分隶满洲八旗（如布彦代隶满洲镶红旗、鄂齐尔桑隶满洲镶黄旗）。一六三二年，皇太极将蒙古降兵均散隶满洲八旗，如明安隶正黄旗，恩格类、布当隶正蓝旗。一六三四年，定兵制，将蒙古兵左、右营改为左翼兵与右翼兵。一六三五年，皇太极改定蒙古旗制，原分隶满洲八旗的蒙古兵丁析出，与蒙古降将统率的壮丁分别编组,另立蒙古八旗。蒙古八旗依仿满洲八旗制度,也分为黄、红、白、蓝四色,又各分正、镶两旗。各旗设固山厄真,下设梅勒章京、甲喇章京。皇太极授任阿代、达赖、恩格图、布彦代、伊拜、苏纳、吴赖、扈什布等为八固山厄真,分领蒙古八旗。蒙古八旗独立于满洲八旗之外。被编入蒙古八旗的蒙古壮丁,地位仅次于满洲旗丁而优于蒙古各部的兵民。

在设立蒙古八旗的同时,皇太极还将外喀喇沁地方蒙古诸部贝勒属下俘降的兵丁编组为三旗。第一旗五千二百八十六名,第二旗一千八百二十六名,第三旗二千一十一名。这些旗丁原来散属于蒙古各部,未曾分隶满洲八旗,不是自八旗析出。因而三旗不象八旗那样各立旗色。合编为旗只是为了便于统领,设蒙古首领一人,也称固山厄真。三旗是蒙古八旗以外的独立组织,地位低于蒙古八旗。

孔有德、耿仲明、尚可喜等降附以前,金收降的汉人军兵,原来也被分编入满洲八旗兵中,只有佟养性、石廷柱部独立编旗。一六三三年七月,皇太极令满洲八旗中有汉人十丁者授棉甲一副。授甲者一五八〇人,另编为汉军一旗,由降将马光远统率,称固山厄真。一六三七年七月,以石廷柱为左翼一旗,马光远为右翼一旗,照满洲例,编壮丁为牛录。一六三九年六月,将两旗官兵分编为四旗,依满洲八旗制度,合二旗为一旗,各设固山厄真一员,正黄、镶黄旗马光远,正白、镶白旗石廷柱，正红、镶红旗王世选，正蓝、镶蓝旗巴彦，其下各设梅勒章京二员，甲喇章京四员。一六四二年正式编定八旗，称汉人八旗或八旗汉军。降将祖泽润、刘文源、吴守进、金砺、佟图赖、石廷柱、巴彦、李国翰等任为八固山厄真。编入汉人八旗的汉人军兵，称为旗人，在政治上和法律上都优于"民人"，即一般汉族官民。

皇太极统治时期，满洲八旗扩充到三一九佐领（牛录），汉军八旗一六七佐领，蒙古八旗一二九佐领。满、汉、蒙八旗共有壮丁十二万余人。汉、蒙八旗的建立，组成一支强大的军事力量。

汉人文士 努尔哈赤时曾任用俘掳的汉人文士龚正陆（原籍浙江会稽,客居辽东）为师傅（巴克什），掌管满、汉文书，因交通朝鲜罢任。其后，即任用通满、汉语的满洲文人额尔德尼、达海、希福等人在书房掌理文事。努尔哈赤时被俘的汉人文士隐匿其间仍有数百人。一六二九年八月，皇太极下谕说："自古国家文武并用，以武功戡祸乱，以文教佐太平。朕今欲振兴文治,于生员中考取其文艺明通者优奖之。"（《清太宗实录》卷五）诸贝勒府以下满、汉、蒙古家人俘奴中的文士均可参加考试,考中者另补偿别丁。九月朔日，来考者有三百人，考中者二百人。原为俘奴者自奴籍中拔出给赏。考中的文士或被擢用，在文馆（书房）供职，又荐引俘降的文士入仕。皇太极周围逐渐聚集起一批汉人文士儒臣。

沈阳人范文程,是明兵部尚书范锁的曾孙,祖父范沈曾任明沈阳卫指挥同知。范文程随父范楠居抚顺,努尔哈赤攻陷抚顺时被俘。皇太极命入直文馆,成为最受信赖的汉人文臣。辽阳人宁完我在努尔哈赤攻掠辽沈时被俘为奴。一六二九年奉召入文馆供职。又引荐俘降的山西应州人鲍承先(明副将)入馆。山东蓬莱人马鸣佩,随父马与进(明辽阳训导)居辽阳,努尔哈赤攻辽阳,马与进被杀。马鸣佩被俘为奴,后被拔出奴籍入值文馆。明诸生王文奎(原姓沈,因母氏姓王,浙江会稽人),一六二九年在遵化被俘,也奉召入馆。皇太极天聪年间,被起用的俘降汉人,还有辽阳人马国柱、武威人李栖凤、广宁人杨方兴、辽东人雷兴、辽阳人罗绣锦及来降的辽东开平卫人张文衡等多人。他们或在皇太极侵掠明朝时,随军参议,或为皇太极制定政治制度,对大清国的建立和发展,起着不可低估的作用。

三、依仿明制,改订官制

皇太极在建号清国前后,倚用范文程、宁完我等人参议,依仿明制,改订了中枢官制。

内三院——一六三六年三月,皇太极将文馆改建为内国史院、内秘书院、内弘文院,合称内三院。各设大学士、学士主管。内国史院记注皇帝起居诏令,收藏御制文字,编纂史册及历代实录。内秘书院撰拟致外国往来书札，录各衙门奏疏及皇帝敕谕。内弘文院注释历代行事进讲，并颁行制度。皇太极称帝后，以满洲正黄旗刚林为内国史院大学士，范文程、鲍承先为内秘书院大学士，满洲正黄旗巴克什希福兼通满、蒙、汉文字，为内弘文院大学士。内三院大学士参予机要，形成皇帝的参谋和助手。范文程加授二等甲喇章京，皇太极称他为范章京，入对常至深夜。

六部——皇太极建国号前，即在一六三一年七月依仿明制，设立吏、户、礼、兵、刑、工六部。六部分别任命贝勒一人掌管。建号后，更订制度，不由贝勒专任。下设满洲承政一员，蒙古或汉人左右参政及理事、副理事启心郎等官员。六部的设立，极大地削弱了八旗贵族的权力。田地的管理与授予，庄丁的编审，都归于户部。各旗兵事由兵部总理。清国因有六部而成为更为完备的阶级压迫机关，国家的权力也更加集中于皇帝了。

二院——皇太极又仿明制设都察院。向皇帝谏诤，并监察诸王贝勒及六部官员。一六三八年六月，将原来的蒙古衙门，改设为理藩院，管理蒙古诸部有关事务。二院与六部合称为八衙门，构成中枢政府。

行科举——皇太极设六部后，由礼部实行科举制度，定期考试文士。一六三四年，礼部考取满、蒙、汉人习本族或他族文书者十六人，称为举人。建国号后，一六三八年考取举人十名；一六四一年又考取七名，称为

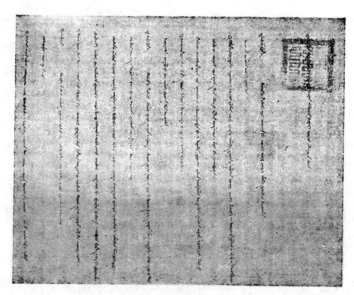

盛京吏部满文奏折

中式举人。举人是文士中的优异者，考中后多被授任官职。

皇太极时，辽东汉人数十万，对明作战俘掠近百万。行科举后，汉人文士得经由考试得官，参与执政，日益显示出重要的作用。

修会典——努尔哈赤时，曾命巴克什达海等人翻译《大明会典》，意欲作为执政的借鉴（未译完）。皇太极依仿明制，设立内三院和六部二院，但满族社会与明朝不同，显然不能全部仿行。一六三三年，文馆的汉人榜式（巴克什）宁完我建议"参汉酌金，用心筹思，就今日规模，立个金典出来。"（《天聪朝臣工奏议》

卷中)一六三六年,皇太极建号称帝,同时颁布"登基议定会典"五十二项。主要内容包括几个方面:(一)有关满族各级贵族及平民的丧葬礼仪。共有二十一条之多,贯彻着等级制度的严格规定。(二)有关贵族以至平民的服饰的规定。汉人官民男女穿戴,俱照满人式样。只有僧道照旧。(三)确立皇帝降旨、臣下奏事的专用汉语称谓、各级军兵及官员名号等级的汉语称谓。(四)有关分家、婚娶和离婚的各项规定。仿汉制改革满人兄死弟娶其嫂、父死子娶后母等旧俗。(五)有关刑部、都察院的司法程序和奴隶告主等规定。(六)官吏考绩,以捕捉逃人(逃亡奴隶)与兵器利钝作为主要的项目。(七)禁止跳神还愿等迷信活动,严格寺庙的清规。

　　会典的各项规定,旨在从各方面确立清国的统治秩序。有些规定是强行把满族的风习制度推行于汉人。但同时也在参照汉人制度,改变满族旧俗。宁完我在奏议中建议:"务使去因循之习,渐就中国(汉人)之制。必如此,庶日后得了蛮子(指明朝)地方,不至手忙脚乱。"(《天聪朝臣工奏议》卷中)

(四)清国统治下的满汉奴隶与农民

　　皇太极即位前,努尔哈赤已经占据了辽东平原。领土的扩大为满族社会经济的发展,带来了两个方面的影响。一个方面是，八旗满洲迁居到新占领的辽河平原，社会生产不能不转变为以经营农业为主，渔猎、畜牧退居到次要的地位。另一个方面是土地占有不能不重新分配，剥削关系也需要相应地改变。皇太极统治时期，辽东居民包括了三部分人。一部分是新迁来的八旗满洲，包括奴隶主、自由民和各族奴隶。第二部分是原居辽东的汉族农民，主要是明朝的军屯户。第三部分，是从明朝俘掳来的汉族生口以及朝鲜的俘奴。一六三五年和一六三六年，清兵两次进入明朝境内掳掠人口、牲畜，有二十五万之多。此后，连年俘掠，汉人奴隶不断增加。人口与牲畜综合计算，正是反映了把奴隶当作牲畜一样地看待。在清国建号时期，新迁来的八旗满洲需要安定，原居辽东和俘掠的汉人需要统治，新建的清国面临着重大的社会任务。

八旗分地　一六二一年三月二十日，金兵攻占辽阳，便分兵占领各地。九月十六日，努尔哈赤命令：在牛庄、海州以东，鞍山以西，将二百牛录分成两半，每一牛录各住五十甲。据一六二二年四月的档子记载，八旗分辖的地方是：正黄旗收揽费阿拉、尚间崖、抚西、奉集堡等八城；镶黄旗收揽柴河、范河、懿路、铁岭等十城；正红旗收揽清河、碱场、东州、马根丹（单）等十城；镶红旗收揽沈阳、十方寺、虎皮驿、长胜堡等十二城；正蓝旗收揽岫岩、凤凰、汤站等十一城；镶蓝旗收揽旅顺口、金州、望海埚等八城；正白旗收揽复州、盖州、庆云堡等九城；镶白旗收揽海州、耀州、鞍山等九城。《清太宗实录》卷七记载，太祖努尔哈赤时，八旗"守边驻防，原有定边"。后来"展边开垦"，"移两黄旗于铁岭，两白旗于安平，两红旗于石城。其阿敏所管两蓝旗分住张义站、靖远堡，因地土瘠薄，与以大城之地。"阿敏越过所分地界，擅过黑扯木地开垦。皇太极处置阿敏，列举十六罪，越界开垦是大罪之一。可见，分地是法定的。后人追述说："太祖、太宗原将八旗分左、右翼，庄田、房屋俱从头挨次分给。"（《清圣祖实录》卷一八）按照传统，掳掠财物要八旗平分，土地要八家分占。金国领域扩大后，八旗迁移新地，确定分界，农垦与防务相结合，形成土地分配的新形式。

计丁授田　一六二一年努尔哈赤攻占辽东后，即实行了"计丁授田"的办法。这年七月，通告收取海州地十万日（一日约六亩），辽东地二十万日，共三十万日田地授予八旗人丁。同时规定，这一地区的尼堪（汉人），包括乞丐、和尚在内的平民，也都计丁授田。每三丁共耕一日的官田，作为贡赋。二十丁出一人当兵，一人服差役。明朝的杂税，予以废除。金国实行的这种授田制，来源于田地所有权属于国家。它略同于金代女真的授田制，也和汉族古代的井田制或北朝的"均田"制有某些相似。努尔哈赤曾指责明朝的制度，穷人遭受富人和官员的勒索。计丁授田制使汉人农民成为金国的自由民，实际上却是把满族的土地国有制推行于辽东汉人的封建社会。授田之人屯住之所沿袭明人的称谓，称为"屯所"。

编庄分丁 金国实行计丁授田制后，满汉杂居。一六二一年十一月，努尔哈赤的文告中说："诸申、尼堪要同住一村，粮一起吃，牲口的草料一起喂。诸申不要欺凌尼堪，不要强取尼堪的任何东西，不要抢夺。"告诫"诸申、尼堪合议，公正为生。"（《满文老档》太祖朝卷二十九）但是，不甘忍受压迫的汉人农民仍不断地与明朝相联络，起而反抗金国官员的统治。自一六二二至一六二五年间，金国对各地反抗的农民，进行了严酷的镇压，大批汉人被处死。《满文老档》太祖朝卷六十六记录一六二五年努尔哈赤对汉民说："我占领辽东后，没有杀害你们。没动（你们）住的房、耕的田，没有侵占你家的任何东西，加以收养。就是那样收养，也不顺从。古河的人杀死我派去的人，叛变了。马家寨的人杀死我派去的使者，叛变了。镇江的人逮捕我任命的佟游击，送给明朝，叛变了。长岛的人逮捕我派去的人，送到广宁。双山的人定约，带那边的兵来，杀了我们的人。魏秀才告发岫岩的人叛去了。复州的人叛变，定约带明朝的船来了。平顶山麓的人杀了我方的四十人，叛变了。不念我收养之恩，仍与明朝一方合伙，所以杀了有罪恶的人。"努尔哈赤命令把煽动反抗的明朝的旧官、秀才、老爷（地主）们处死。八贝勒的拖克索以至诸申家投充的尼堪，全部逮捕甄别。经甄别后，把那些可以筑城郭、纳贡赋的人编"庄",满语称"拖克索"。每一"庄",男丁十三人,牛七头,田百日。二十日纳官粮,八十日本庄食用。十三人中有庄头一名,督催差役。庄归属八旗贵族,并按照等级分给总兵以下,备御以上各官。每一备御,给一庄。庄丁实际上是贵族的奴隶,受到严格的控制,比授田民户地位更加卑下。

　　一六二六年九月皇太极即位后,因汉人庄丁多有逃亡,下令释免部分庄丁为民户。《清太宗实录》卷一记载说:"上洞悉民隐,务俾安辑。乃按品级,每备御止(只)给壮丁八、牛二,以备使令。其余汉人,分屯别居,编为民户。择汉官之清正者辖之。"皇太极的这一改革,实际上只是减少分配给官员的庄丁人数,确定汉官管理办法,但显然未废除编庄制度。所以,十五年后,一六四一年十月,朝鲜目击者报道沈阳附近农庄情形,仍然说:"诸王设庄,相距或十里,或二十里。庄有大小,大不过数十家,小不满八、九家,而多是汉人及吾东被掳者也。"(《沈馆录》卷三)据此,汉人及朝鲜被掳的奴隶依然编为诸王的庄丁。不过,皇太极的改革,至少使原来的汉人庄丁,有三分之一被编为民户。一六三八年皇太极又下令,攻占辽东时俘掳的良民,在诸王以下及民人之家为奴者,查出后也编为民户。辽东的汉人民户与庄丁同时并存于广大农村。

　　离主条例　努尔哈赤时曾有奴隶离主的规定。皇太极即位后,一六三一年修订《离主条例》。一六三六年四月,制定"(皇帝)登基议定会典",也列举了奴隶离主的条目。凡八旗贵族私自采猎、作战时私藏财物、私自杀人、奸污属下妇女、举用不实及阻挡告发者,奴隶告举主人属实,准许离主。诸贝勒如犯私通敌国、谋害宗室兄弟及叛逃诸罪,也许奴仆首告。奴仆离主,视不同身分,或拨给别旗仍为奴隶,或得到释免。太宗朝《满文老档》和《太宗实录》保存离主事例四十四件,除两起原被告身分不明外,属下人告发贝勒的十三起,告发官员的有七起;奴仆告发主人的有二十二起,其中包括告发贝勒、公及其家属的六起、告发官员的十起。案情从危害国家以至到刑事犯罪,几乎是无所不包。这和离主法令的实用范围,是完全一致的。判决的结果是:诸申离主的十七起,不准离主的一起;阿哈离主的十五起(内二起拨给他人为奴),不准离主的九起;身分不明的二起,都准离主。

奴隶离主的条令,主要是皇太极用以控制满洲贵族,但奴隶由此获得告主和离主的权利,却是对奴隶制统治的一个冲击。

(五)清国的对外扩张和侵掠

一、侵朝战争

一六三六年四月皇太极称帝后,强迫朝鲜称臣,遣送质子,朝鲜不允。皇太极于当年十二月发动第二次侵朝战争。命令睿亲王多尔衮、贝勒豪格分统左翼满蒙兵,从宽甸入长山口;豫亲王多铎等率领先锋一千五百人进入朝鲜王京,贝勒岳讬等带兵三千接应;皇太极与代善等率主力部队从镇江渡江,向朝鲜王京进军。郑亲王济尔哈朗留守盛京,武英郡王阿济格、多罗饶余贝勒阿巴泰分屯辽河海口,防备明朝水师。朝鲜国王李倧把眷属转移到江华岛,带领亲兵守卫南汉山城。各路清军先后到达王京,包围南汉山城。朝鲜军民激烈战斗,用火器击毙清朝将领扬古利。由多尔衮率领的清兵攻入江华岛,俘虏王妃、王子、宗室七十六人,群臣家口一百六十六人。朝鲜国王李倧被迫接受清朝的条件:(一)献出主战的宏文馆校理尹集等人;(二)交出明朝赐给的诰命册印;(三)送质子二人到盛京;岁时贡献、表贺,依对明朝的旧制;(四)清国出兵征伐,朝鲜调兵扈从,并献犒师礼物;(五)朝鲜不得擅自修筑城垣,不得擅受逃人。朝鲜断绝了与明朝的关系。次年二月,清兵撤退。

二、征服黑龙江诸部

皇太极称帝时,黑龙江流域还有一些从事渔猎的部落,虎尔哈、瓦尔喀、索伦、达斡尔等散处在山河之间。一六三四年精奇里江畔的达斡尔人巴尔达齐率部归附金国。此后,瓦尔喀部冯家屯人季思哈、巴克达等相继投附,授予甲喇章京。一六三五年,皇太极派副都统霸奇兰领兵往征黑龙江地方，招抚各部落。说："此地人民，语音与我国同，携之而来，皆可以为我用。"（《清太宗实录》卷二一）归附人户编成牛录或仍留居原地，或随军迁来，给与田舍用具。同年，虎尔哈部降附。一六三七年，索伦部博木博果尔来贡貂皮等物。次年，又反清自立。一六三九年，清国派索海等出征。次年，大败博木博果尔兵，攻克雅克萨城。一六四一年，又派锡特库等出兵追击，博木博果尔在奇洛台（赤塔附近）被擒。清军索海等俘获索伦人口男子二七五一人，女子三九八九人，编入八旗，称为"新满洲"，赏给衣服、布匹。

在此期间，清兵又先后征服乌札拉、尼满、阿库里等部。原来被称为东海女真的部落均归于清国统治。《清太宗实录》记载，清军征服诸部，俘虏人口共计二万四千八百四十四人。绝大部分与降人一样，作为"新满洲"编入牛录。使马鄂伦春与使鹿鄂伦春降附，也"审户比丁，编为佐领。"（《清朝文献通考·舆地三》）

漠北蒙古的臣附　皇太极征服漠南蒙古，建号称帝后，随即派遣使臣去漠北喀尔喀蒙古的三大汗处议和。一六三六年十一月，车臣汗派遣卫征喇嘛等六人，从者一百五十六人到盛京，叩见皇太极，呈上奏疏，进贡马匹弓箭。一六三八年，土谢图汗、车臣汗、札萨克图汗均遣使来清朝贡，并规定此后每年进贡白马八匹、白驼一只，称为"九白之贡"。漠北蒙古（外蒙古）三汗由此成为清国的藩部,清国不再有后顾之忧,得以全力进攻明朝。

三、对明朝的侵掠

以皇太极为首的满族奴隶主,在占领辽东后,把掳掠汉地的人口、牲畜作为获得奴隶和财富的来源。战争成为掳掠的手段。一六三二年,宁完我、范文程、马国柱等汉臣上疏说:"观今日军情,无大无小,都以蛮子家(指汉族)为奇货,是势之必欲内入也。"王文奎进一步说:"且出兵之际,人皆习惯,俱欣然相语曰:'去抢西边。'汉人闻我动兵,亦曰:'来抢我矣!'夫'抢'之一字,岂可以为名哉!"他建议:"慎无杀人,无掳掠,遍张明示。"(《天聪朝臣工奏议》卷上)王文奎对战争的建策,显然与满族奴隶主掳掠人口、财物的传统不合。一六三三年六月,皇太极命诸贝勒议奏对明作战之策。贝勒阿济格奏称:先前我兵围大凌河城,获得良将精兵(指明朝降军),但部下士卒一无所获,以为徒劳。以后再叫他们前进,都不行了。固山厄真和硕图明白建策:"杀其人,取其物,务令士卒各餍所欲。"贝勒多铎说:"宜直入长城,庶可餍士卒之心,亦可合皇上久长之计(灭明)。"(《清太宗实录》卷十四)所谓"士卒之心",即纵令军兵掳掠人口、牲畜。

南 下 掳 掠

一六三四年五月，皇太极领兵直趋宣大。七月，命大贝勒代善等领兵入得胜堡，攻取大同，到朔州会师。贝勒阿济格等入龙门，至宣府。皇太极自领大兵与贝勒阿巴泰、豪格及孔有德、耿仲明等自宣府至朔州，又围应州。闰八月至大同，回师。皇太极此次在大同、宣府掳掠时，各牛录分取男妇奴婢和牛。因互相争竞，分配不均。有些士兵"赌气不抢"，以致所得不多。

一六三五年，命多尔衮往收察哈尔部林丹汗的后裔。顺道在山西掳掠，经忻、代州至崞县。

一六三六年五月，皇太极称帝后，下诏大举征明，但仍以掳掠为目的。诏书说："此行若多所俘获，每牛录派取男妇六人、牛二头；其新附满洲牛录下蒙古贝勒之人，及内外新编牛录内者，亦照此派取。如一无所获者，私献本主（者），不得滥行收取，须与从征者均分之。"最后说："至后所遣每旗一员，每牛录甲士一名，原令往携俘虏。若入明边，至长城下，即令之还；勿以少所俘获，而不令还。俘虏虽少，亦不下万余。我国有万余俘获，亦不为不利矣。"（《清太宗实录》卷二九）阿济格率兵，自鹞鹊堡入长安岭，攻延庆，克昌平，北京戒严。明兵部尚书张凤翼督诸镇勤王兵，宣大总督梁廷栋统兵入援，都退怯不敢战。清军过保定，破安州、定州、定兴、安肃、宝坻、东安、雄县、顺义、容城、文安、永清诸城，五十六战皆捷，九月从建昌营冷子口出边回师。清军共俘掳男女七万三千二百九十人，牲畜十万九千八百六十六头。

一六三八年八月，皇太极又命多尔衮与岳托分领左右翼兵南下侵掠。皇太极自领兵攻山海关外诸城，以牵制明军。九月，清军入墙子岭、青山关攻进长城。明蓟辽总督吴阿衡在密云战死。十月，明京师戒严。明宣大总督卢象升入援，受命督各路援兵。清兵分三路南下。一路由涞水县攻易县，一路由新城攻雄县，一路由定兴攻安肃。卢象升由涿州进据保定，命诸道援兵分道出击。十二月，卢象升败死于钜鹿。清军转战山西，又攻入山东。次年正月，攻入济南府，俘虏明宗室德王朱由枢。明朝廷调遣陕西三边总督洪承畴总督蓟辽，孙传庭总督保定、山东、河北。孙传庭会兵十八万援济南，不敢进军。二月，清军回师。此次南下，前后五个月，转掠数千里，攻破一府三州五十七县，俘虏人畜四十六万二千余。三月，出青山口北返。

松 锦 之 战

清军屡屡南下侵掠。山海关外的宁远和锦州仍由明兵驻守，联成一道防线。一六三八年秋，皇太极领兵攻占义州，以此为基地，展开对锦州的围攻战。一六三九年初，明朝调派洪承畴总督蓟辽，领陕西兵东来，与山海关马科、宁远吴三桂两镇合兵。锦州有松山、杏山、塔山三城，相为犄角。一六四〇年冬，清军来攻，洪承畴派兵出援，败于塔山、杏山。一六四一年春，洪承畴调宣府、大同、密云等地八总兵官，兵十三万，马四万，集结宁远。三月，清济尔哈朗军攻锦州外城，断松山、杏山援师道路。明锦州守将祖大寿不敢出战。明廷臣集议军事，兵部尚书陈新甲力主分道进兵。洪承畴以兵分力弱，持坚守之策。明廷遣使赴军前，促洪承畴出兵。七月，洪承畴领兵援锦州，与辽东巡抚邱民仰驻军松山北。八月，皇太极亲自领大兵围攻锦州，到达松山。洪承畴集议背山突围。大同总兵王朴遁走，马科、吴三桂两镇兵逃窜，被清兵截击。两镇六总兵败溃，死五万余人。洪承畴、邱民仰入松山守城，被清军围困。九月，皇太极回盛京，留多铎攻城。洪承畴突围失败。十月，清军豪格部驻松山。洪承畴战败，明兵不能回城，多半降清。一六四二年二月，松山副将夏成德降清作内应，清军攻破松山城。洪承畴、邱民仰被俘。三月，祖大寿出城降清。皇太极命斩邱民仰，送洪承畴入盛京，命范文程说降。洪承畴降清，皇太极大喜，说："我今获一导者（向导），安得不乐！"松山之战是一次决定性战役。明朝失锦州，山海关外的防线瓦解，清军得以入关掳掠。

松山战后，崇祯帝命兵部尚书陈新甲向清军求和。陈新甲派遣使者去见皇太极，五月到盛京，六月返回，带回皇太极的国书。皇太极提出的条件是：（一）明朝岁馈金万两、银百万两；(二)双方送还叛逃人犯；(三)以宁远与双树堡中间土岭沿海至黄城岛以西为界；(四)在连山互市。国书内容被陈新甲泄露，朝中大哗。崇祯帝羞怒，斩陈新甲，和议作罢。

清 军 入 关 掳 掠

一六四二年十月，皇太极再命阿巴泰领兵入明境侵掠，自黄崖口入长城，至蓟州，败明白腾蛟军。破河间、景州，进至兖州，杀明鲁王朱以派。分军掠莱州、登州、莒州、沂州，南至海州。清军所到之处，四出掳掠，明军望风披靡。

清军的掳掠，激起人民的反抗。顺德府东南以张府为首，府西北以郭宅为首起兵反击。响应者四千余人。兖州有小袁银(袁时中部，又称小袁营)义军起兵救兖州府，沿途秋毫无犯，被人称为"佛兵"。崇德八年(一六四三年)正月，小袁银军进攻海州清军，挖壕沟围城。

一六四三年四月，清军自山东退兵，路经明京畿。明大学士周延儒督师通州，不敢出战。清军此次侵掠，破三府十八州六十七县，掳掠人口三十六万九千人，牲畜三十二万一千头。自天津至涿鹿，沿途运载财物的车驼绵延三百里。五月，清阿巴泰军返回盛京。

一六四二年至一六四三年清军侵明的战争，目的仍在掳掠人畜，而并不占驻州县。此次出兵前，降清的汉臣李国翰、祖可法（祖大寿子）等人曾经建言：掳掠战争"便于将领，而不便于士卒；便于富家，而不便于贫户。将领从役颇众，富家蓄马最强，是以所得必多。贫乏军士不过一身一骑，携带几何？"他们建策攻取北京，灭亡明朝，可使四方贡献，上下同享其利。皇太极以为不可，说"取燕京如伐大树，须先从两旁砍削，则大树自仆。""我兵四围纵略，彼国势日衰，我兵日强，从此燕京可得矣。"（《清太宗实录》卷六二）阿巴泰掳掠回师后，皇太极说"此番出征，各旗王、贝勒、贝子、公等家人获财物甚多，而各旗将士获财物甚少。"又说："此番出征所获财物，必须樽俭节用，岂可恃俘获以为生计乎？夫出师征伐，以有土有人为立国之本，非徒为财利也。至于厚生之道，全在勤农桑耳。"（《清太宗实录》卷六五）皇太极逐渐意识到恃俘获为生的局限，立国须有土地人民，即效法明朝的封建统治。不过，在他一生中所进行的战争，主要还是为了俘掠人畜财物，这显然是和满洲奴隶制的发展相适应的。

第四节　农民战争与明朝的灭亡

明崇祯年间，在清军不断南下侵掠的同时，陕西、河南地区爆发了李自成、张献忠等领导的大规模的农民战争，在一六四四年三月，推翻了明朝的统治。

天启年间，山东、河北地区以徐鸿儒为首的农民起义，曾经发展为颇大的规模。崇祯时，农民战争的巨大风暴，逐渐转移到陕西、河南。这是因为：

（一）徐鸿儒起义遭到明朝的残酷镇压，农民群众付出巨大的牺牲，斗争转入低潮。清朝建号后，连年出兵河北、山东地区侵扰，这一地区广大农民抵抗清军的抢掠，成为主要的斗争目标。

（二）陕西地区是明朝西北的边防地区。驻在这里的明皇室藩王贵族，占据大量田地，攫括巨大的财富。史称："秦藩富甲天下，拥资数百万。"（《平寇志》卷七）早在洪武时，明太祖封第二子樉为秦王，就藩西安。以后秦王子孙历代相承，成为一方的豪富。一六六三年（清康熙二年）贾汉复《陕西通志》载明末陕西占田状况，秦王府占有田地八千九百九十二顷，山坡、山场四百八十三处。此外还占有竹园、栗园数处。秦王所占田地，分布在西安、凤翔两府所属各县及鄠县、商州等地。平凉的韩王、汉中的瑞王等宗室藩王，共占王田近万顷，山坡、山场及果园等五百余处。陕西东布政使辖西、延、凤、汉、兴四府一州耕地，约有三十八万九千余顷，藩王即占去百分之五左右。在平、庆、临、巩四府，肃、韩等王占地一万六千余顷，占这一地区总耕地面积二十五万三千余顷的百分之六强。藩王凭借权势，向佃户收租，不准拖欠。王侯都成巨富，"珠玉货赂山积"。河南地区有藩王八人，**号为"八王"**。也各占良田数万顷。李自成农民军进入河南时，即向老百姓宣告说："王侯贵人剥穷民，视其冻馁，吾故杀之，以为若曹"（《绥寇纪略》卷八）。

（三）陕西、河南地区是农业生产落后的地区，也是阶级压迫严酷的地区。宗王以下，各地官僚地主都占有大量土地。韩城占有万亩田的大地主有数十百人，广大农民几乎没有土地。渭南南氏是世代为官的大族，农民军曾向南氏索要饷银一百六十万两。长安县薛氏、华州郭氏、米脂李氏、艾氏，都是一方的大地主，并且役使着大批的家奴世仆。农民破产无告，即投充到大地主家作奴仆，世代相承为奴。华州郭氏有家仆投身的契卷百余纸，米脂李氏奴仆甚多，艾氏奴仆均改为艾姓。奴仆或从事生产，或负担家内劳役，地位低于农民。河南地区有大地主曹氏、诸氏、苗氏、范氏四家，各占有千顷良田，称霸一方，号称"四凶"。农民遭受地主的敲剥，还要承担官府的压榨。一五九八年(万历二十六年)至一六二七年（天启七年），因抵御金兵，多次加派税银，称为"辽饷"。辽饷按照亩数加征税，不问产量的多少和年岁的丰歉。因而地多产少的陕西、山西和河南、湖广等省，较地少产多的省份，实际负担远为繁重。山西地瘠民贫，一年加派近四十万两，超过闽广的两三倍。陕西的情况也和山西差不多。河南省新旧税银多至一百六十多万两。湖广土地辽阔，照亩加派，是全国加派最多的一省。农民起义爆发于陕西、河南,发展到山西和湖广,明朝赋税剥削的繁重是原因之一。御史姜思睿曾经认为"剥民以养兵,是驱民而为盗也。"(《启祯野乘》一集卷三)官员们多次指出,加派税银,等于剜肉医疮,人民的皮骨被剥尽,只有起来造反。

(四)陕西地处西北,榆林、绥德、延安均设军卫,军户耕种屯田,极为困苦。军官奴役兵丁和耕种的佃客人丁,称为"奴客"。他们遭受着比一般农户更为严酷的压榨。农民起义爆发后,即纷纷参加起义。兵科给事中刘懋奏称:"秦寇即延庆之兵丁土贼也。"(《平寇志》卷一)吏部尚书吴甡说:"延安四载奇荒,边军始乱,出掠米脂、绥德、清涧,胁从甚众。"(光绪《米脂县志》卷十一)清初编审三卫军户,实在户丁都不过二、三百人。在明末农民战争中,奴客与军丁多已脱籍参加起义。至于那些世代为军官的世禄之家,也多已被消灭了。

(五)陕西、河南自天启至崇祯年间,连年饥荒。遭受地主、官府和军官压榨的人民,更加断绝了生路。陕北的延安、庆阳一带,民间采摘山间的蓬草和树皮作食物充饥,甚至挖掘山里一种叫做青叶的石块来充饥,吃下后即腹胀而死。崇祯二年(一六二九年)四月,路经延安的官员马懋才向崇祯帝奏上《备陈灾变疏》,陈述他所见到的情景:"如安塞城西,有粪场一处。每晨必弃二、三婴儿于其中。有涕泣者,有叫号者,有呼其父母者,有食其粪者。""更可异者,童稚辈及独行者,一出城外,便无踪影。后见门外之人,炊人骨以为薪,煮人肉以为食,始知前之人皆为其所食。而食人之人,亦不数日面目赤肿,内发燥热而死矣。于是死者枕藉,臭气熏天。县城外掘数坑,每坑可容数百人,用以掩其遗体。臣来之时,已满三坑有余。而数里以外,不及掩者,又不知其几许矣。小县如此,大县可知;一处如此,他处可知。"他最后说:"然则现在之民,止有抱恨而逃,飘流异地,栖泊无依。恒产既无,怀资易尽,梦断乡关之路,魂销沟壑之填,又安得不相率为盗乎?"(康熙《陕西通志》卷三十二)

(一)农民战争的序幕

自一六二七年(天启七年)起,陕西农民先后在王二、王嘉胤、高迎祥等领导下,举行起义,揭开了明末农民战争的序幕。

王二起义 一六二七年春,陕西澄城知县张斗耀在连年灾荒之后,向饥民催逼赋税,激起人民的反抗。三月间,农民王二聚集饥民数百人,问:"谁敢杀张知县?"大家齐呼:"我敢杀!"饥民拥入澄城县衙,杀死正在坐堂追比的张斗耀,举行起义。起义者以王二和钟光道为首,进而聚集饥民和逃兵,扩大队伍,攻打蒲城的孝童村和韩城的芝川镇。又西去宜君县,打开监狱,放出囚犯。在洛河以北的山上树旗立营，组成陕西农民起义的第一支队伍。

王嘉胤起义 在王二起义后一年，一六二八年（崇祯元年）陕西府谷县爆发了王嘉胤领导的起义。起义的领袖还有号称杨六郎、不沾泥（原名张存孟）等人。起义者聚集饥民，劫夺地主富户的粮食。官府前来缉捕，即与官府对抗，发动起义。王二起义军在这年冬季与王嘉胤部会合，有众五、六千人，在延庆的黄龙山聚集。崇祯二年（一六二九年）正月，王二战死。王嘉胤农民军迅速发展壮大，以府谷、河曲为据点，分兵转战各地，西南至延安、庆阳。一六三一年，又东向进入山西，到达阳城。起义群众发展到三万多人，有将领一百余人，并设置左丞、右丞等官职，组成一支强大的农民军。这支农民军中的著名将领高迎祥，原在安塞起义，自号闯王，在各地流动作战，后归属于王嘉胤。另一将领张献忠，陕西延安卫柳树涧（今定边县）人。幼年随父贩枣，遭乡绅毒打。后在明军中当兵。一六三〇年九月，张献忠发动米脂十八寨农民起义，响应王嘉胤。自号八大王，又称"黄虎"。

各地起义 王二、王嘉胤起义后，陕西各地农民纷起响应。一六二八年，汉南王大梁，阶州周大旺，宜川王左挂、飞山虎、大红狼、苗美，洛川王虎、黑煞神，延川王和尚、混天王，庆阳韩朝宰，白水王子顺等先后在各地领导起义，从四面八方冲击着明朝的统治。明朝派总督杨鹤前往"招抚"，又派出官军镇压。一六二九年四月，王左挂部被明洪承畴军围困于云阳，王左挂突围入神道岭。王大梁在略阳大石川战死。一六三〇年，王左挂、苗美、王子顺等转战陕西中部州县。鄜、雒一带有李老柴、独行狼等领导的起义。宁塞一带有神一元、神一魁等领导的边兵起义，攻陷柳树涧。河西士兵在混天猴领导下起义，转战陕甘。此外，还有清涧点灯子和葭州不沾泥诸部起义军。一六三一年，王左挂、苗美、王子顺等接受明朝总督杨鹤的"招抚"，降明后被杀。神一元败死。神一魁降明后，察觉中计，突围出走，率部数万人，败官军于宁夏。点灯子、不沾泥、混天猴等先后败降。明军先后捕杀起义者二万余人，招降三万余人。

王自用、高迎祥等起义　一六三一年四月，王嘉胤在阳城与明延绥副将曹文诏部作战，败死。起义军推举左丞王自用（号紫金梁）为领袖，与部将高迎祥、张献忠、李自成等率领部众继续作战。李自成陕西米脂人，幼时为地主放羊。二十一岁时，应募作驿卒。王左挂起义后，李自成投附农民军。王左挂降明被害，又投附不沾泥部。不沾泥降明，部众解体。李自成投入王嘉胤部下，号称闯将。

农民军兴起以来，分散各地，各自为战，明军易于各个击破。这时，明军主力在陕甘。王自用避开敌锋，结集所属三十六营起义军转战山西，向晋东南发展，直到黄河以北,进入河南济源地区。一六三二年,山西境内的起义军分三路进军,东路据泽州、潞安,西路攻平阳,中路攻打汾州、太原一带州县。各地饥民纷起响应。起义烽火燃遍山西全境。

一六三三年四月,王自用与部将马守应(老回回)被明军战败,自榆社奔武乡。王自用在济源战死,起义军失去领袖,各路军又陷于分散作战。数十万人东向攻入真定、沙河、大名、顺德诸府县,遭到明军曹文诏和左良玉部的围剿。十一月,高迎祥统率张献忠、罗汝才(曹操)、马守应、惠登相、刘国能(闯塌天)等,合三十六营军渡黄河,攻陷渑池,到达卢氏。起义军由当地矿工作向导,越过崎岖山路,经内乡到郧阳,分兵出击。张献忠部攻信阳、邓州,经应山至商雒。马守应部五营攻南阳、汝宁,经枣阳、当阳、归州、巴东入四川,破夔州。次年回军郧阳。

(二)李自成、张献忠领导的农民起义 与明军的反攻

一、荥阳大会

农民起义爆发以来的六年间,起义者由于在各地分散作战而屡遭明军的镇压。明朝也由于诸镇抚事权不一,互相推诿而使农民军得以流动作战,不断发展。起义军攻下郧阳后,明朝将郧阳巡抚蒋允仪逮捕(以

卢象升代），擢升延绥巡抚陈奇瑜为兵部右侍郎，总督陕、晋、豫、楚、川诸省军务，专事镇压农民起义。陈奇瑜率师赶到均州后，檄令陕、郧、豫、楚四抚臣领兵会讨。陕抚练国事驻商雒遏制起义军之西北，郧抚卢象升驻房县、竹溪遏制于西，豫抚元默驻卢氏遏制于东，湖广巡抚唐晖驻南漳遏制于东南，对起义军四面围剿。起义军遭到明军的围剿，在平利，乌林关、饱家沟、蚋溪等战役中连续失利，伤亡惨重。一六三四年六月，高迎祥部农民军误入兴安县的车箱峡，陷于困境。

车箱峡长四十里，四面悬崖峭壁，号为"绝地"。起义军误入这个"绝地"后，地主武装垒石断路，从山顶投石飞击或掷火焚烧。起义军无法突围。高迎祥部将李自成采用谋士顾君恩策，贿赂明军总督陈奇瑜及其部下将弁，得到出路。陈奇瑜将起义军每百人编为一队，派遣安抚官护送他们回家务农。李自成等一出栈道，就将五百多个安抚官杀掉，联合各部起义军接连攻下麟游、永寿、灵台、崇信、白水、泾州等州县。起义军脱离危境后，在这年冬季又分三路出击，一路北向庆阳，一路南奔郧阳，一路东进河南。

明朝政府逮捕陕西巡抚练国事（以李乔代任），将陈奇瑜削职听勘，升洪承畴为兵部尚书，兼督山西、陕西、河南、四川、湖广军务，指挥各镇抚镇压起义。又调西北边防兵、天津兵、关宁（山海关、宁远）骑兵等数十万人往河南集结，企图以大规模的围攻，把农民军主力歼灭于河南境内。

据《绥寇纪略》卷三记载，崇祯八年（一六三五年）正月，各支农民军将领曾在河南荥阳集会，商讨对付明军重兵围剿的作战方案。马守应主张北渡黄河转入山西，张献忠表示反对，但又提不出确实可行的计划，因此发生争执。李自成提出"分兵定所向"的方案，建议将起义队伍统一组织起来，依据作战需要分成几个方面军，分头出击，配合对敌。李自成的意见得到与会将领们的一致赞同，会上议定了分兵拒敌，四路进军的作战方案。贺一龙、贺锦南御四川、湖广敌兵；马进忠、横天王（后增李万庆、许可变）西挡陕西之敌；罗汝才、惠登相扼守黄河沿线，抵挡开封、归德、汝州方面明军；高迎祥（李自成为其部将）、张献忠向东出击，插入敌后；马守应、九条龙为机动部队，往来策应。无论那一路获胜，所得战利品各路军统一分配。

荥阳会后，高迎祥按照大会议定的进取路线，指挥起义军主力分三路东下。势如破竹，十多天之内就接连攻下固始、霍丘、寿州（寿县）、颖州（阜阳）等数十州县，杀死颖州知州尹梦鳌和在乡尚书张鸣鹤，直逼凤阳。

凤阳是明太祖朱元璋的故乡，明朝的中都皇陵所在地。明朝在这里设有留守司，辖八卫一千户所，又有班军、高墙军、操军和护陵新军六千多人，由一个巡抚、一个太监负责护卫，戒备森严。

农民军大队抵达凤阳之前，秘密派遣三百名壮士化装成商人、僧道、乞丐等潜入凤阳，在大军进攻时作内应。明朝士兵和当地人民也痛恨守陵太监贪虐，主动为农民军带路。高迎祥、张献忠的部队顺利地占领凤阳。

农民军占领凤阳府后，释放囚犯，烧毁明"皇陵"和"龙兴寺"，杀死留守署正朱国相，歼灭敌军四千多人。起义军还揭出"古元真龙皇帝"的旗帜，以示推翻明朝的决心。崇祯皇帝得到消息后，逮捕漕运御史兼凤阳巡抚杨一鹏，处死。将巡按御史吴振缨遣戍。

农民军在凤阳驻了三天，张献忠与李自成因分配战利品发生争执，又分裂成两股。张献忠率所部向东南发展，转战于江淮流域。李自成随高迎祥西北走归德（商丘），与罗汝才、惠登相等部会师。

同年，高迎祥、张献忠等部又相继转战到陕西境内，击毙明军悍将艾万年，曹文诏战败自杀，农民军获得一系列胜利。

一六三六年七月，高迎祥率部经汉中之石泉，出陈仓、子午，打算进攻西安。途经周至黑水峪时，遭到新任陕西巡抚孙传庭伏兵的袭击，双方展开激战。明军祖宽部来援，高迎祥战败被俘，就义。起义军推李自成为领袖，继为闯王。

二、明军的反攻

高迎祥死后，张献忠的实力较为强大，他联合马守应、蝎子块等部二十多万人进攻襄阳。崇祯十年(一六三七年)正月,张献忠又联合罗汝才、马守应、刘国能诸部自襄阳顺流东下,与很久以来就在江北英山、霍山一带活动的"左革五营"中的贺一龙、贺锦会合。然后分攻江浦、六合、安庆等城,南京为之震动。

三月,明朝新任兵部尚书杨嗣昌(杨鹤之子)策划"四正六隅,十面张网"的战略。"四正"是以陕西、河南、湖广、江北(即今江淮地区)四个地区为围剿起义军的正面战场,由当地四个巡抚负责分剿,"六隅"是以延绥、山西、山东、江南、江西、四川六个地区作为辅助战线,由这六个地区的巡抚负责协剿。"四正"加"六隅",成为"十面之网"。(《明史·杨嗣昌传》)总理六省军务的熊文灿镇压张献忠为主的农民军,总督洪承畴和陕西巡抚孙传庭围剿李自成部农民军。农民军与明军展开了艰苦的战斗。

洪承畴和孙传庭对李自成东西夹击,步步进逼。李自成几次激战,连遭失败。在三原与李自成会合的蝎子块部投降明朝,使李自成更加势孤。李自成奋力突破明军重围,到阶州、成县、西和、礼县一带活动,然后带领过天星、混天星和本部人马挥军南下,攻克宁羌(宁强),开始向四川进军。

宁羌是由陕入川的咽喉要地,李自成占领宁羌后,接着攻下七盘关,经过朝天岭,接连攻克广元、昭化、剑州(剑阁)、梓潼等地。然后分兵三路,分别向潼川、绵

州 (绵阳)、江油三个方向进军,连下三十多个州县,进逼成都。四川巡抚王维章龟缩在保宁 (阆中),不敢与李自成军接仗。李自成带领农民军打出敌人的包围圈,变被动为主动了。

一六三八年春,李自成领兵北还,在梓潼附近被洪承畴埋伏的重兵伏击,伤亡惨重。李自成军奋力突破重围,西走松潘草地,穿过草甸和沼泽地带,到达甘肃临洮一带。

四月,明军悍将曹变蛟、张天禄率部尾追而来。李自成军被迫进入西羌地区。曹变蛟、张天禄仍然尾追不舍,双方在羌中遭遇。李自成率领农民军浴血奋战,连续二十七个昼夜马不卸鞍。当地羌族人民也纷纷起来袭击官军,使明军难于应付。李自成乘机率部转移到洮河流域,继续战斗。

崇祯十一年 (一六三八年)正月,刘国能率五、六万农民军在随州 (随县)投敌叛变,当了明军的守备,参预镇压起义。张献忠假用明军旗号进袭南阳,被左良玉军击败。左良玉射中张献忠眉心,部将孙可望力救脱险,带兵退据谷城。

张献忠退据谷城后,在明军强大攻势下,投降明朝,以等待时机。他派养子孙可望带着珠玉珍宝拜见熊文灿部下的总兵官陈洪范,求陈代献文灿乞降。熊文灿曾任福建巡抚和两广总督等职,以"招抚"政策平息了东南沿海的动乱,并且接受了巨额贿赂。他总理南直、河南、山西、陕西、湖广、四川军务后，企图故技重演，在各城镇广散招降文檄。张献忠行贿请降，他便欣然接受。张献忠又派明朝首辅薛国观的族侄携带珍宝财货到京城活动，利用出入相府的机会广交上层要人。朝中权贵多得献忠贿赂，同意招降，不予加害。一六三八年四月，张献忠接受了明朝的"招抚"和副总兵官衔，停止了与明军的战斗。但是他不改变农民军的编制，不服从明朝的军事调遣，把部卒四万人分屯于谷城四郊，其中精锐士兵三千人分四营驻扎在谷城，各设一员大将率领。并且加紧集草屯粮，打造军器，招兵买马，训练士兵，作继续战斗的准备。

张献忠降明，虽然仍作继续战斗的准备，但使李自成陷入不利地位。这年秋天，李自成部下的祁总管、周山等相继向敌人投降，使李自成领导的农民军处境更加艰难。李自成遭到明军曹变蛟、贺人龙、马科等部的追击和堵截，打算率军出潼关，东进豫、皖，和在那里的"左革五营"会合。十月，率领农民军向东挺进，在潼关南原陷入了洪承畴和孙传庭伏军的重围。

洪承畴和孙传庭侦知李自成东进，故意让开从白水到潼关的道路，引诱农民军进军。孙传庭在潼关一带的山丘、丛林中每隔五十里设一道伏击线埋伏重兵，附近地主武装把守外围各险要通道截击。洪承畴率领曹变蛟、贺人龙等悍将对农民军步步进逼，迫使农民军进入伏击圈内。明军人多势众，不断缩小包围圈，

潼　关

向农民军进攻。经过几天的激战，农民军损失数万人，伤亡惨重。李自成与田见秀、刘宗敏、李过等十八人奋力杀出重围，奔陕西东南的商洛山中。李自成的妻女，都被明军冲散。

　　明军得不到李自成的消息，谍报说他已被打死，洪承畴、孙传庭部被调离陕西，入卫京师。驻扎在均州的农民军罗汝才部是当时起义军中较大的一支，听说洪承畴和孙传庭带兵出潼关，误以为是前来围剿，遂率部向明军熊文灿乞求接受"招抚"而不受节制。熊文灿要授他游击官，解散起义军，挑选精壮从征，被罗汝才拒绝，说"不愿受官领粮，愿为山农耕稼自赡。"（《怀陵流寇始终录》卷十一）罗汝才部分屯在房、竹一带，与张献忠部成犄角之势。熊文灿只好容忍他们降明自立。

李自成部起义军受挫后，惠登相、王光恩、马进忠、李万庆、一丈青、小秦王、一条龙、刘喜才等部或降或走，农民战争转入低潮。

三、张献忠的再起与信阳之败

张献忠接受明朝"招抚"后，用金银珠宝厚贿明将熊文灿等官员。熊文灿受贿替张献忠向朝廷请关防和饷银，要求张献忠选留精锐士卒二万，其余遣散还乡。张献忠拒不解散士兵，并制造器械战船，积草屯粮，进行扩充，要求明朝发十万人军饷。

张献忠等以数万之众屯据谷城，明朝不能按士兵数额发饷，农民军便有理由打劫地主豪绅和设卡收税，开辟饷源。这当然要引起官员们的强烈反对，纷纷起而抨击。朝中对"招抚"张献忠提出异议的人逐渐增多。湖广巡抚余应桂致书熊文灿，反复论说不宜优容献忠，招抚失策。农民军辗转得知，激愤不安。张献忠与谋士潘独鳌、徐以显等日夜研究孙吴兵法，研制三眼枪、狼牙棒、埋伏连弩等武器，用团营、方阵、左右营等操法训练军队，准备再度起义。张献忠秘密布置部下在荆襄一带散布流言，挑拨湖广士绅和明朝调来镇压起义的滇兵之间不和，湖广士绅果然奏请撤除滇兵副将龙在田的骑兵。

这时，河南和江北地区遭受严重旱蝗灾害的饥民大批逃亡到汉水流域，张献忠收聚饥民，扩大了队伍。

一六三九年五月六日，张献忠在谷城再次起义，与明军展开战斗。

张献忠起义军杀死谷城知县阮之钿和巡按御史林铭球，拆毁城垣，劫库纵囚。明监军道张大经和马廷宝、徐起祚等被迫投降。离开谷城时，张献忠在墙上留书，说明他再度起义的原委，并把曾经接受农民军贿赂的官员姓名和受贿数额详列于后，给明朝的官员们以沉重的打击！

张献忠再起，罗汝才部也起而响应，树起反明旗帜。李自成在商洛山中得到消息，立即重整旗鼓，收聚部众，冲破陕西总督郑崇俭的包围，到谷城与张献忠合兵。张献忠傲慢不容，李自成只好到马守应营中借得一些人马，在陕、鄂、川边境活动。

熊文灿得知张献忠再起，立即调集左良玉和罗岱领兵追逐。张献忠大军埋伏在房县以西的罗猴山中，派出一支队伍佯败撤退，引诱明军入山，伏兵四起围攻，明官兵一万多人全部溃散。罗岱被生擒，左良玉丢盔弃甲，伏鞍而逃。明兵军用物资和左良玉的印信、军符等，全为农民军缴获。

张献忠起兵后，明廷曾逮捕孙传庭下狱。明军在罗猴山惨败，崇祯帝又下令逮熊文灿下狱，随后处死。左良玉降三级，随军带罪立功。改派内阁大学士、兵部尚书杨嗣昌督师，总督以下并听节制，再次展开对农民军的大规模围剿。

杨嗣昌到湖广襄阳督师后，调遣中官刘元斌、湖广总督方孔昭、总兵官左良玉、陈洪范等十多万军队一齐向农民军进攻。并责令河南、四川、陕西、郧阳诸巡抚扼守要冲，堵截农民军去路。

崇祯十三年（一六四〇年）闰正月，张献忠在枸坪关被左良玉击败，率众突入四川。入川途中，在太平县（今四川万源县）的玛瑙山受到郑崇俭和左良玉的夹击，伤亡惨重。接着又相继遭到湖广军张应元、潘之凤，四川军张令、方国安，陕西军贺人龙、李国奇的追击堵截，连受重创，退据兴安、归州（今湖北秭归）山中休整，又被左良玉等军团团围住，陷于困境。

张献忠利用杨嗣昌和左良玉的矛盾，派马元利携重宝贿赂左良玉，说："献忠在，故公见重。公所部多杀掠而阁部猜且专。无献忠，即公灭不久矣。"（《明史·左良玉传》）张献忠瓦解左良玉的斗志，乘机收集散亡，在山区居民的帮助下，走出兴安，与罗汝才等部农民军会合。

明军统帅杨嗣昌骄傲自用，满以为明军已把张献忠、罗汝才等包围在鄂、川、陕三省交界地区，胜利在握。但明军的状况是"总督之令不能行于将帅，将帅之令不能行于士卒"，上下之间矛盾重重（《怀陵流寇始终录》卷八引侯恂语）。左良玉怀恨明朝对他的处置，有意养敌自重，不受杨嗣昌节制。张献忠和罗汝才乘隙击溃巴雾河守将刘贵，由鱼渡溪渡江，结营于万顷山。杨嗣昌命令四川巡抚邵捷春专守夔门，放弃川楚交界的三十二隘口和大宁、大昌以诱起义军，然后进行环攻。邵捷春怀疑杨嗣昌要以失地罪陷害他，不接受指挥，并派杨茂选和覃思岱扼守三十二隘。杨、覃二将不和，覃思岱谮杨暗通起义军，邵捷春杀杨茂选，杨部逃散。张献忠乘机斩关而入，连下新宁、大竹，大败张应元，击杀潘之凤，然后攻下大昌，屯扎在开县。

张献忠入川后，杨嗣昌率师追击。因厌恶左良玉不听调遣，私许贺人龙代左良玉为"平逆将军"。左良玉在玛瑙山与农民军作战获胜，不能易帅。贺人龙怨杨嗣昌不实践诺言。左良玉也对杨嗣昌更加怀恨。左、贺二将所部是明军的主力，他们不受杨嗣昌约束，不肯出力作战，使张献忠得到缓冲的时机。

张献忠避免和明军打阵地战，用"以走致敌"的策略，快速流动作战。明军将要追到时，即迅速转移，有时一昼夜驰走二百余里。杨嗣昌难以镇压张献忠部，便在崇祯十三年（一六四〇年）十二月再度对农民军"招抚"，宣布赦罗汝才"罪"，归降者授予官职，只不赦张献忠，能擒获张献忠者赏万金，封侯爵。次日杨嗣昌驻地的墙壁上，有人涂写："有能斩阁部（杨嗣昌）来者，赏银三钱。"（《绥寇纪略》卷七）农民军对杨嗣昌的"招抚"，针锋相对地给予回击。

崇祯十四年（一六四一年）正月，张献忠部在开县黄陵城被明军左良玉部追及。左部参将刘士杰连续行军四十日，追到农民军，立即出兵作战。张献忠部以逸待劳，派遣军兵绕到明军后方出击。左良玉逃走，刘士杰被杀，明军将士死伤过半。张献忠获得全胜，随即领兵东下，迅速抵达当阳。明兵来援，张献忠留罗汝才部阻挡，亲自率领大兵，疾行八昼夜，于二月初到达襄阳。襄阳是明朝的军事重镇，军需饷银，都聚集城内。张献忠先派部将李定国伪称奉督师杨嗣昌命调兵，赚开城门。潜伏城内，化装成商贩的农民军起兵响应。张献忠率大兵顺利攻下襄阳，夺得军饷数百万两，以十五万两赈济饥民。又在城中得到被俘的农民军谋士徐以显、潘独鳌和献忠的妻女。农民军俘获明宗室襄王。杨嗣昌在夷陵，上疏请罪，绝食而死。左良玉被削职，戴罪领兵。农民军夺得襄阳，军威大振！

张献忠夺取襄阳后数日，又渡江攻下樊城，随后与罗汝才合兵北上。四月，攻应山，不下。攻下随州。六月，攻打南阳，东略信阳。七月，攻下郧西。八月，张献忠至信阳。左良玉自南阳来攻。农民军在信阳大败，数万人降明。张献忠败走南阳。在此之前，罗汝才因与张献忠不合，已往投李自成部。张献忠在信阳败后，不能自立，也去投依李自成。

(三)农民战争的高潮,新顺
与大西的建号

一、李自成农民军的再起

一六三九年,李自成离张献忠去后,即在川、陕边境立足。次年七月,杨嗣昌在彝陵招降,被李自成拒绝。九月,明军以重兵来攻,李自成被围困于巴西鱼腹(巴东县之西的奉节)山中。部众多出山降明。部将刘宗敏等誓死拥戴李自成继续作战。这年,河南连续发生旱灾和蝗灾,饥民四处起义。李自成乘间率五十骑突围出山,经郧阳、均州,转战到河南。

李自成入河南,当地起义军小袁营、袁老山、瓦罐子、一斗谷、李好等部闻李自成威名,相继率众来附。各地饥民从者数万人。崇祯十三年(一六四〇年)十二月,李自成军先后攻下宜阳、永宁(洛宁)、郾师等地,击败熊耳山以西四十八寨地主武装,进而攻占卢氏、陕州、灵宝、渑池,声势大振。各地起义农民及矿工、手工业者纷纷参加起义。数月之间,李自成军迅速发展到数十万人。一六四一年初,已是一支雄踞河南的强大队伍。

农民军起义以来,在各地流动作战,并无固定的据点和严密的组织,也没有提出过明确的战斗目标。只是由于地主阶级的残酷压榨和明朝的不断派饷派差,

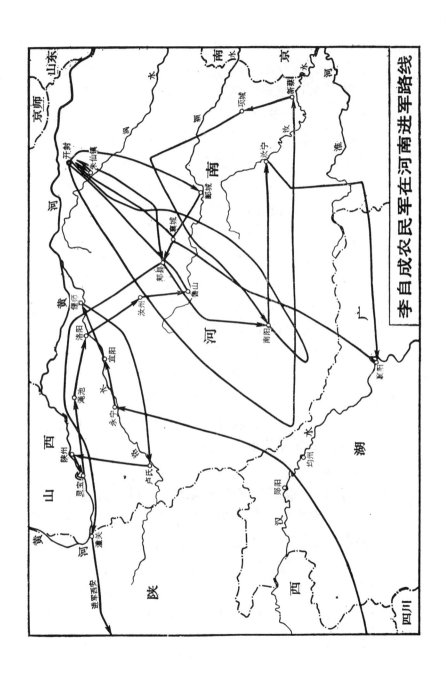

李自成农民军在河南进军路线

迫于天灾人祸的各地饥民相继起而反抗，农民军才得以在失败后又迅速重新结集。李自成在河南再次聚众获胜后，军中文士牛金星（河南宝丰人，善星算）与李岩（籍贯及前期身世不详）向李自成建策，提出"均田免粮"的战斗口号。"均田"即夺取地主豪绅的田地分给贫苦农民；"免粮"即农民军驻地不再征收钱粮（一说减半征收，一说三年或五年不征）。"均田免粮"这一朴素的口号，恰好反映了农民群众的迫切愿望，从而产生了巨大的政治影响。民间到处传说："开了大门迎闯王，闯王来时不纳粮。"（《明季北略》卷二三）极大地便利了农民军的发展。李自成还提出农民军"平买平卖"的口号，以争取手工业者和商贩的支持。

崇祯十四年（一六四一年）正月，李自成军攻占洛阳附近州县，围攻重镇洛阳。农民军以炮火攻城。城中明军士兵响应，烧毁城楼。农民军顺利占领洛阳，捕杀明福王常洵。打开官府仓库，把粮食和钱财分散给当地农民。李自成获得广泛的支持，农民军发展到百万人。

二月，李自成军从洛阳出兵攻下汝州、鲁山，围攻开封。李自成亲临前线作战，猛攻七昼夜不下。李自成左目中箭负伤。明保定总督杨文岳等领兵来援开封，农民军解围撤走。

不久之后，罗汝才率领四、五万人离张献忠部来投。李自成得战将，兵力益盛。八月间，张献忠在信阳战败，也来投附，不为李自成所容。张献忠愤而离去，罗汝才赠他五百骑随行。此后，张献忠向南方求发展，独立作战。李自成在襄阳建号称王。张献忠在武昌称王。

二、李自成军的发展与建号称王

一六四一年四月，明朝任命陕西总督丁启睿为兵部尚书，代杨嗣昌督师，原兵部尚书傅宗龙为陕西总督，领兵镇压李自成。保定总督杨文岳率总兵虎大威等军与傅宗龙在河南会师，陕西总兵贺人龙、李国奇所部已在河南，统属傅宗龙指挥，合击李自成军。

九月，傅宗龙与各部军在新蔡会合，准备渡过洪河进击。李自成侦悉敌人动向，将精锐部队埋伏在新蔡通往项城的要道孟家庄附近的丛林中，另派一支军兵在洪河上游架设浮桥，佯作向汝宁（汝南）进军。明军以为农民军怯战，于九月六日全军出动追击。行至孟家庄卸甲休息。埋伏在丛林中的农民军四起冲杀，明军大败。贺人龙率部逃往沈丘。李国奇战败，偕虎大威部溃逃。傅宗龙和杨文岳率亲兵驻火烧店，杨文岳乘夜率残部逃往陈州（淮阳）。傅宗龙被李自成包围，粮尽援绝，被农民军捕斩。

十一月，李自成攻陷南阳。十二月底，李自成和罗汝才部再次围攻开封。农民军制造高与城齐的炮台，昼夜攻打。又在城墙拆砖挖洞，内置火药轰城，名为

"放进"。因城垣坚厚，不能奏效。开封明军筑起"夹城"防御，向明朝告急请援。

崇祯十五年（一六四二年）正月，明廷再起用孙传庭为兵部侍郎，督京军援救开封。又急调左良玉、杨文岳及新任陕西总督汪乔年等军增援。左良玉从荆襄北上，偷袭了农民军的军资重地临颖守区。李自成遂解开封之围，往攻左军，将左良玉围困在郾城。

汪乔年统率西北边防军三万人，由固原总兵郑嘉栋、临洮总兵牛成虎、援剿总兵贺人龙三人率领，日夜兼程进据襄城，企图与左良玉东西呼应，夹击李自成农民军，以解郾城之围。

李自成留小部分兵力牵制郾城的左良玉，率主力向襄城挺进。汪乔年阵势未整，农民军迅速出击，明军部署全被打乱。贺人龙、牛成虎撇下主帅汪乔年先自逃走。汪乔年率残兵坚守，农民军在城下挖洞轰倒城墙，攻入襄城，全歼守敌，捕杀汪乔年和起义军叛徒李万庆（射塌天）。

四月，李自成率领百万雄师，第三次围攻开封，以主力阻击增援的明军，坐毙城中守敌。

崇祯皇帝把前兵部尚书侯恂从监狱释放出来，让他督河南、河北、山东、湖广诸路援军驰援开封。又令督师丁启睿、总督杨文岳、总兵左良玉等率部前去开封增援。六月，丁启睿会合杨文岳，率领左良玉、虎大威、杨德政、方国安四个总兵，调集了明朝在中原地区的所有精锐部队进援开封,麇集在开封西南的朱仙镇。

李自成侦知明军向朱仙镇聚集,分出一部分兵力围困开封,派遣一支军兵伪装左良玉的援军,通告城内明军不可轻出,以切断开封驻军与援军的会合。李自成亲自统率大军南下迎战,抢先占领有利地形,在交通要道上挖掘深沟长堑,环绕百里,做好切断明军粮运和拦截溃兵的准备。

明军将帅商讨作战方略,左良玉主张缓攻,虎大威坚持速战,主帅丁启睿奉命急速救汴,迫令诸将同时出战。接战后,左良玉首先拔营溃退,狂奔八十里,遇到农民军预先挖掘的深宽各二寻(每寻八尺)的大壕沟,骑马不能跃过。李自成亲统大军从背后掩杀,左军士兵争相弃马过沟,自相践踏,多被农民军击毙。左良玉率残兵逃窜到襄阳,马骡器械都为农民军所得。左良玉以善战著称,所部素称精悍。左军败溃,各路明军不战自乱,相继败阵。农民军追击四百余里,俘获明军数万,骡马七千余匹。

朱仙镇战后,农民军斗志旺盛,加强了对开封的围攻。城内明巡抚高名衡和周王朱恭枵等守敌突围不成,密约驻在河北的严云京、卜从善军挖开朱家寨黄河大堤,企图引水冲击农民军阵地。农民军也凿马家口大堤,打算灌城。适会大雨经旬不止,两口并决,一万多农民军战士和数十万居民被淹死,朱恭枵、高名衡等乘机溜走。

明军在中原战场上连战连败。九月，明廷命总督三边军务孙传庭（四月任命）带领郑嘉栋、高杰、左勷、牛成虎、白广恩等将领和新募集的三边军队东出潼关。十月，在郏县柿园遭到李自成军的袭击，逃回陕西。

长期转战在江、淮、豫、楚一带的农民军有兵数万人，由左金王贺锦、革里眼贺一龙、老回回马守应、乱世王蔺养成、争世王刘希尧等领导，号称"左革五营"。一六四一年秋，曾与张献忠合兵。柿园之战后，"左革五营"加入了李自成农民军，使兵力大为加强。十一月，李自成率本部和"左革五营"合攻汝宁，击毙总兵虎大威，生擒总督杨文岳和崇王朱由樻等人，胜利结束了在河南的战役。

李自成在河南大获全胜后，随即在十二月间挥军南下，攻占了湖北重镇襄樊。

襄樊是左良玉的守区。左良玉在朱仙镇大败后，到襄樊地区招兵买马，拥众二十万。明朝政府只发给二万五千人的军饷，兵士全靠四出劫掠过活。当地人民对左军痛恨至极，听说李自成农民军到来，即放火烧毁左军战舰，带领农民军绕过埋设的地雷，从白马渡渡过汉水。左良玉抢劫一批商船，拔营逃窜到武昌。襄樊人民杀牛羊，备酒浆，迎接李自成大军进城。

农民军顺利占领襄樊，江汉人民纷纷起义响应。农民军连续攻占德安（安陆）、夷陵（宜昌）、黄州（黄冈）等地，杀死明巡抚宋一鹤。农民军所到之处，势如破竹，明军非溃即降。在三个月的时间内,占领了南至澧州、常德,东到麻城、黄州,西达光化、均州的广大地区。

李自成占据襄阳重镇及湖广广大地区,统治河南黄河以南地区,军队发展到近百万人。胜利的形势要求农民军必须建立起军事行政组织和必要的纪律, 才能巩固已经取得的成果,争取更大的胜利。崇祯十六年(一六四三年)正月,李自成改襄阳名襄京,自称奉天倡义大元帅。罗汝才称代天抚民德威大将军,权位仅次于自成。大元帅之下,设立行政和军事机构,任命各级官员。

行政机构——农民军中枢设上相国一员, 以降附的明进士张国绅充任。牛金星为左辅, 明降官知县来仪为右弼。绍兴人徐在为军师,孔贞运(明杨文岳部下降官)、王畿为侍中。仿明六部,下设兵、吏、礼、工、刑、户六政府。六政府官员称侍郎、从事。地方官有防御使、府尹、州牧、县令。

军事机构——全军挑选十五到四十岁经过训练、勇于作战的士兵,配以良好的武器装备,称为精兵,组成农民军的主干。六十万大军中,以六万马步精兵为主干,分编为前、后、左、右、中五营。中营又称“标营”或“中权亲军”、“中权营”,是五营中最强的一营。五营统由正副权将军统率,由田见秀、刘宗敏二将充任。各营的首领称制将军,分别由李岩、刘芳亮、刘希尧、袁宗第、李过担任。又有果毅将军、威武将军等协助制将军指挥各营。每营的基层组织称“小队”。中营有一百个

119

小队，其他各营有三十多个小队，共计二百三十余个小队。每小队有骑兵五十名，步兵一百到一百五十名。

军中另设有裁缝队、打粮队、打马草队等担负军需后勤事务。随军家属编为老营，少年编为孩儿军，进行训练。

行军纪律——军中规定：各营战士必须每日四更起床吃饭，听候军令，有事时行军打仗，无事则操练武艺，称为"站队"。每天下午，各队派一人到营将那里听候命令，决定扎营、行军等事项，称为"议事"。每天晚上，各队在营帐外点燃大火，防备敌人偷袭，称为"打亮"。军队驻扎时，派出放哨骑兵在百里内巡逻，称为"巡山"。各营轮流值勤，日夜严密防守。

军中还规定：出兵作战缴获财物，不准私藏。必须在军帐驻扎，不准私住民宅。进驻投降的城市，不准烧杀淫掠。骑兵不准践踏百姓的禾苗。行军时除随带家属外，不准携带其他妇女。

李自成还为农民军制定了跋山涉水时的行军规则和作战的阵法。三万骑兵列为三道防线，称为"三堵墙"。三万步兵伏后。骑兵诱敌退走，步兵夹击，称为"打倒翻"，等等。农民军积累了作战经验，显著地提高了战斗能力。

一六四三年三月，李自成称新顺王，准备建国称帝。对罗汝才说：我和你起于草泽，不自量至此。今当图关中，割土以王。罗汝才回答说：我等横行天下为快耳，何必据土！（《绥寇纪略》卷九）。罗汝才是自张献忠部来投的猛将，战绩卓著，但满足于游击掳掠，与李自成不和。李自成借故杀罗汝才。又杀与汝才相善的原"左革五营"将领贺一龙。罗汝才部将杨承祖不能自安，率部投降明朝。驻守荆州的大将马守应闻罗汝才被杀，愤而离去，投依张献忠。这年五月，小袁营（袁时中）不服调遣，将李自成派去的使者献给明军。李自成怒斩袁时中，并其部众。

李自成得襄阳后，称王建制，加强了军事和政治组织。但农民军内部自相残杀，削弱着自己。军中的矛盾和弱点，逐渐暴露了。

三、张献忠称王建号

一六四一年八月，张献忠在信阳败后，自河南东下。一斗谷、瓦罐子诸小部来附。九月，与"左革五营"合兵，声势复振。一六四二年二月，攻下全椒。三月，围舒城。四月，攻六安，不下。五月，攻下庐州。明廷逮安庐巡抚郑二阳入狱，命马士英提督凤阳。八月，张献忠攻下六安，击败明总兵黄得功、刘良佐的援兵。九月，在潜山被刘良佐战败。"左革五营"往投李自成。十月，张献忠部又为刘良佐所败，西走蕲水。

崇祯十六年（一六四三年）正月，张献忠乘夜攻陷蕲州。三月，攻下蕲水、黄州，占据麻城。招募兵士，得数万人。进取武汉。武汉是明朝重镇，宗室楚王朱华奎在此建府，广积金银财宝，但府库竭蹶，守卫空虚。五月，张献忠部攻下汉阳，接连攻下武昌。六月，执楚王投入长江，没收金银百余万两。这时，李自成已在襄阳建号称王。张献忠也在武昌称大西王，铸"西王之宝"印，改武昌为天授府，建立制度。

大西依仿明制，设立六部，各部设尚书。地方仍设府州县，官员为知府、知州、知县。军制也仿明制设五军都督府，置总督、巡抚、都督等官。又在武昌开科举，考取进士，授州县官，以建立各级政权。选募十五岁至二十岁的青年从军，以扩大队伍。

张献忠在武昌建号称王，与李自成军接境。李自成对张献忠不释前嫌，视若仇敌。张献忠破汉阳，李自成出榜示众，说能擒献忠者赏千金。张献忠破武昌后，李自成又写信给他说：曹操、革里眼都已被我杀死，就要轮到你了。张献忠派遣三百骑向李自成献重礼求和，李自成扣留使者，不予回答。武昌的大西王与襄阳的新顺王形成并立的两大势力。

张献忠并没有能在武昌占驻多久。七月，明总兵方国安等从蕲州来攻，在大冶败张献忠军。张献忠率部西走，留谢凤洲等守武昌。八月，明左良玉部攻入武昌，谢凤洲自杀。张献忠军向岳州进军，被左良玉追及，损失甚重。张献忠自岳州攻下长沙，明总兵尹先民、何一德等投降。长沙成为大西农民军的新据点。

张献忠在长沙封授官员，开科取士，设置州县官吏,并告谕民众免三年饷粮。沿途收降明军,编为新附营,军容较武昌更盛。张献忠军控制了湖南全省,并及于湖北南部、广东广西北部广大地区。数月之后,张献忠又放弃长沙北走。崇祯十七年(一六四四年)正月,攻入四川。

(四)大顺建国与明朝的覆亡

一、大顺建国

一六四三年,李自成在襄阳建号后,随即计划进取北京,推翻明朝的统治。左辅牛金星主张攻占河北,直取北京。礼政府侍郎杨永裕(明降官,钦天监博士)主张先占领南京,断明粮道,再出兵北伐。兵政府从事顾君恩建策先取关中,占领陕西为基地,再经山西攻取北京。六月,李自成采顾君恩策,向潼关进军。

明廷任陕西总督孙传庭为兵部尚书,总督七省军务,出潼关截击。孙传庭在郏县被李自成军击败,退守关中。陕西士绅上书指责他"玩寇靡饷",孙传庭被迫出关迎战。七月,孙传庭命总兵牛成虎、副将卢光祖为前锋,自陕西向河南进军,与河南总兵陈永福在洛阳会合。又令左良玉自九江北上,至汝宁夹击李自成军。陕西巡抚冯师孔督率甘肃总兵马𬴊、四川总兵秦翼明出兵商洛。孙传庭自领大兵出潼关攻入河南,三军形成犄角之势。孙传庭制造装有火器的战车二万辆,称为"火车"，以抵挡农民军的骑兵。"火车"总兵白广恩、副总兵高杰随孙传庭出战。

面对明军的大举进攻，李自成将主力屯驻襄城，家属集中于唐县。派出一支农民军驻内乡阻挡马炉、秦翼明部，另一支出闵乡迎敌，且战且退，诱敌军入河南腹地。九月，孙传庭领兵至汝州，农民军都尉李养纯降明，泄露李自成的部署。明军袭击唐县，残杀农民军家属。农民军群情激奋。李自成见战局变化，派出一支精兵袭击敌后交通要冲白沙，截断明军粮道，迫使明军困守郏县。孙传庭急从小路向洛阳撤军，白广恩的"火车"军自大路撤退。李自成乘势追击，白广恩部士兵丢弃"火车"，四向逃散。孙传庭陷入重围，突围西走，农民军追杀四百余里，明军死伤四万余人。明军辎重兵器数十万，均被农民军缴获。孙传庭见全军溃败，自杀未遂，逃入潼关。李自成军攻破潼关，孙传庭在渭南败死。驻守西安的明军起义，迎接农民军入城。李自成顺利占领西安。

李自成进驻西安，随即派出三路大军，追击逃敌。李过领兵北上追击高杰部，高杰逃往山西。李过军攻下榆林，明宁夏总兵官官抚民投降。另一路由田见秀南下追击，明高汝利部投降。西路军由刘宗敏、贺锦率领，攻入甘肃，明兰州、庄浪、凉州等军相继投降。贺锦部攻下甘州，斩明甘肃巡抚林日瑞和总兵马炉。白广恩率残部逃至固原投降。关中之战，李自成军获得全胜，陕西、甘肃全境及青海、宁夏的部分地区均为农民军所占有。

李自成收降白广恩，优加礼遇，并要他去劝说逃敌陈永福归降。陈永福以前在开封作战，其子陈德曾射伤李自成左目。李自成折箭为誓，不念前恶。陈永福来降。

一六四四年（崇祯十七年）正月元旦，李自成在西安正式建国，国号大顺，年号永昌，自称大顺王，改名自晟。称西安为西京。大顺国铸造自已的铜钱永昌通宝行用。又制定历法，称甲申历（是年甲申）。

李自成任牛金星为天祐殿大学士，主持政务。宋献策为军师（牛金星所荐文士，能占卜）。六政府增设尚书一人，分管各部。又增设弘文馆、文谕院、验马司、知政司等多种机构分司各项事务。大顺国还建立侯、伯、子、男等爵位，分封作战有功的将领。

永 昌 通 宝

大顺国在西安下令严禁军士抢掠。军兵纵马踏田禾者处死。陕西是李自成的故乡，所到之处慰谕父老。军兵妄杀民众者偿命。对官僚富户，则勒令出钱作军饷，名曰"追赃助饷"。责令渭南大族南氏，出饷银一百六十万两。处死明工部尚书南居益等官僚。

李自成在西安建国，整饬军纪。每天亲到校场阅兵，加强训练，作灭明称帝的准备。

二、垂危的明朝

明王朝自崇祯帝即位，诛灭客、魏，一时颇有意于振兴朝政，挽救危亡。但魏忠贤败后，阉党仍企图操纵朝政，长期延续的党争并没有消除。崇祯帝对文臣多所疑忌，对武将任意杀戮，屡逐朝臣，屡斩败将。统治集团长期动荡，上下官员贪贿风行，军兵日益虚溃。内外交困的明朝，临近了它的末日。

党争的继续　崇祯二年（一六二九年）十二月，崇祯帝特旨任命周延儒为礼部尚书兼东阁大学士，入参机务。周延儒是万历时的状元，曾为少詹事掌南京翰林院事。崇祯帝即位后，为礼部右侍郎，上言辽东防务，多合帝意。钱龙锡获罪后，周延儒于一六三〇年（崇祯三年）九月，又进为首辅。原礼部尚书温体仁，得周延儒之助，于同年六月兼东阁大学士辅政。温体仁与吏部尚书王之光请起用魏党王之臣。周延儒沮议，说："若用之臣，崔呈秀也可昭雪了。"崇祯帝因而止议。温体仁蓄谋倾复周延儒，指使言官弹劾周延儒徇私纳贿。一六三三年（崇祯六年）六月，周延儒辞官出阁。温体仁进为首辅，得到魏忠贤余党的支持，再来贬斥东林。被指为东林党人的朝官原以杨涟、左光斗为领袖，

126

杨、左被害后，最有威望的人物是文官文震孟。文震孟，天启时状元，授修撰，曾上疏弹劾魏忠贤，遭受廷杖，免官。崇祯帝即位，召为日讲官，上疏指责王之光等欲翻逆案。一六三五年(崇祯八年)七月，特授礼部左侍郎兼东阁大学士。温体仁佯为优容，在崇祯帝前借故陷文震孟落职。温体仁独专相权。

温体仁排斥文震孟等东林官员出朝，便又蓄谋控制复社。复社是继东林之后的又一个文人社团。明末各地文士纷纷结为文社，江苏的应社、复社等合并组成复社，标榜"复兴古学"，评选文章。入社者称为同志。太仓人张溥(字天如，号西铭)乡试第一，为时所重，主选时文。与同里进士张采(字受先)同为复社领袖。一六二九年(崇祯二年)，复社在吴江尹山召开大会，次年又在金陵集会，一六三二年在苏州虎丘大会。这时复社势力已自江苏发展到江西、福建、湖广、贵州、山东、山西等省，各地到会同志多至二千余人。张溥于一六三一年(崇祯四年)中进士，改庶吉士。复社同志除二张外，吴伟业、吴昌时、陈子龙等均成进士，为一时名士。复社品评官员，议论时政，被称为"小东林"。东林文士多援助复社，考试的举子也多依附复社以求得中。复社逐渐形成影响科举的议政集团。不得入复社的人攻击复社"党同伐异"。温体仁将兴大狱查治复社。但他也随即遭到宦官曹化淳的弹劾，指斥他结党营私。一六三七年(崇祯十年)，温体仁被免官归里，次年病死。

温体仁先后任相八年，是崇祯朝任相时间最长的首辅。温体仁去后，礼部尚书刘宇亮为首辅，左金都御史薛国观为礼部侍郎兼东阁大学士。陕西韩城人薛国观，万历时进士，天启时依附魏忠贤仇视东林。崇祯时，又参与大治魏党，反对起用魏崔党人，因温体仁之荐入阁。一六三八年（崇祯十一年），刘宇亮出朝督师，以罪罢职。次年二月，薛国观为首辅。复社吴昌时为礼部主事，与东厂理刑吴道正揭发薛国观行贿事。一六四〇年六月，崇祯帝罢薛国观，放归里。八月，又以行贿有据，处死。张溥与吴昌时等复社官员支持在家闲居的周延儒再次出相。吴昌时交通内监，劝崇祯帝起复周延儒入阁。一六四一年二月，周延儒恢复原职，九月，以吏部尚书、中极殿大学士进为首辅。周延儒依复社所荐，起用黄道周、刘宗周等东林旧官，又起用魏党马士英督师凤阳。吴昌时得周延儒信用，交结厂卫，纳贿揽权。周延儒奏请罢废厂卫缉事，颇得人望，却招致厂卫和宦官的忌恨。锦衣卫骆养性与宦官交结，弹劾周延儒、吴昌时贪贿之罪。一六四三年，周延儒削官，赐自尽。吴昌时处死。首辅改任庸碌无能的陈演。薛国观的门生魏藻德入阁辅政。明朝的末日已经到来了。

崇祯朝自周延儒以下历任宰相以至大小官员，贪污纳贿，成为不可抑止的颓风。崇祯帝向官员们提出"文官不爱钱"。户科给事中韩一良上疏说："皇上平台

128

召对，有文臣不爱钱之语，然今世何处非用钱之地，何官非爱钱之人？向以钱进（纳贿得官），安得不以钱偿（贪污）？"他还说："县令为行贿之首，给事（谏官）乃纳贿之魁。"（《三朝野记》）崇祯帝对臣下疑忌甚多，责罚甚严。有人弹劾，即或杀或逐。在位十七年间，任相者（内阁大学士）前后更换五十人，被处死和被流放的各二人。刑部尚书先后更换十七人。崇祯帝专擅自用，臣下多求避祸自保。明王朝中枢的统治，日益陷于土崩瓦解之中。

军兵虚溃　万历天启以来，各级军将虚报兵额，贪污军饷，作战的精兵越来越少。一万兵额通常只有六千，另四千作为家丁的粮饷。家丁即军将私养的兵丁，成为军队的中坚。锦州总兵吴襄（吴三桂之父）所领兵士，按册有八万，其实只有三万。三万人中只有三千可用，即是家丁。吴襄对崇祯帝说，这三千人都是"细酒肥羊"，"纨罗绫绮"，衣食华美。所以一年需饷百万，还嫌不足。（《绥寇纪略补遗》卷上）

明初，各镇的主兵（正兵）即足以镇守其地，后来不足，增加募兵；又不足，再增加客兵。客兵越来越多，军饷也逐年增长。明初边饷约需五十万两。万历时，增加到二百八十五万六千两。天启时，又增加到三百五十三万七千余两。朝廷杂项开支，万历时不过三十四万；崇祯时已增加到六十八万。朝廷总开支共五百余万两，岁入不过三百二、三十万。朝廷财政，入不敷出，即拖欠军饷不发。一六一〇年至一六二七年间，京运银饷积欠达九百多万两。一六二八年，陕西兵饷积欠三十多个月。一六二九年（崇祯二年），延绥、宁夏、固原三镇欠饷至三十六个月。朝廷长期欠饷，军官再从中贪扣，士兵每月仅得饷银五钱，而一斗米价银至六、七钱。一六三七年（崇祯十年），卢象升奏报说：山西的士兵饥寒迫体，"馁而病，僵而仆者，纷纷见告矣。"（《卢忠肃公奏议》卷八）这样的军兵，当然无法战胜强敌。迫于饥寒的军兵，或四出劫掠扰民，或哗变反抗。崇祯一朝，到处发生。官员奏报说："今调官兵剿贼，本以为卫民也。乃官兵不能剿贼，反以殃民，以致民间有'贼兵如梳，官兵如栉'之谣。"（《烈皇小识》卷四）一六四二年（崇祯十五年），左良玉部至武昌，向宗室楚王索要兵饷二十万。楚王不应，左良玉纵兵劫掠，火光照江中，宗室士民均逃奔山谷。官兵以"剿贼"为名，劫掠扰民。李自成针锋相对地提出"剿兵安民"的口号，被迫害的人民纷纷投向起义军。士兵大举哗变之事，自天启至崇祯时，前后有数十次。兵士哗变，明朝即重责官员，补发粮饷来平息。袁崇焕在崇祯二年的奏疏中即指出："凡请饷之疏，俱未蒙温谕。而索饷兵哗，则重处任事之臣。一番兵哗，一番给发，一番逮治。哗则得饷，不哗则不得饷。"他还指出，"哗不胜哗，诛不胜诛。外防虏讧，内防兵溃。""如秦之大盗，哗兵为倡，可鉴也。"（《明清史料》甲编第七册）士兵逃跑之事也不断发生。

山西巡抚耿如杞率领五千士兵入援京师，抵抗金兵。兵士到良乡，三日不得粮饷。五千人一哄而散，逃回山西。延绥镇的士兵也因缺饷哗变，逃回陕西。明兵"剿贼"，李自成军"剿兵"，互剿的结果是农民军越战越强，明兵越来越弱了。

明军将领在对清作战和镇压农民起义中，稍有失误，即被崇祯帝免官下狱，以至处死。兵部尚书王洽颇负时望。清兵陷遵化，崇祯帝责王洽事先侦探不明，下狱，瘐死。领兵总督自袁崇焕以下，前后被处死八人。巡抚被处死十一人。《明史·流贼传序》说崇祯帝"败一方即戮一将，隳一城即杀一吏。责罚太明而至于不能罚，制驭过严而至于不能制。"明军作战屡败，军将或战死或被处死。增兵日多，而善战的将领日少。崇祯帝末年，文臣武将杀逐殆尽。虚弱腐朽的统治集团已经完全无力维持自己的统治。

加派赋税 天启时，因辽东战事，屡次加派"辽饷"。每亩增税银至九厘，共加派五百二十万两。崇祯时，朝廷入不敷出，军饷不继，又多次加派税银。一六三〇年（崇祯三年）辽东军兴，在原增亩税九厘外，又增辽饷三厘，共加派税银一百六十五万两。一六三七年（崇祯十年），明廷命熊文灿围剿农民起义军，因议增兵十二万，增饷二百八十万，称为"剿饷"。崇祯帝下谕说："不集兵无以平寇，不增赋无以饷兵，勉从廷议，暂累吾民一年。"（《明史·杨嗣昌传》）一年之后，农民军更

131

加壮大。明廷继续征收"剿饷",只是饷额减半。一六三九年(崇祯十二年),廷议又以军兵虚弱,请练边兵。崇祯帝命杨嗣昌定议,边镇及畿辅、山东、河北四总督、十七总兵官,共抽练额兵七十三万余。郡县设练备、练总,训练民兵。练兵的费用,又加派到当地人民身上,称为"练饷"。每亩加税银一分,各地共增七百三十万两。一六四二年(崇祯十五年),兵部通计各镇额兵一百二十三万八千五百二十四人,缺额十六万五千二百二十一人。"辽饷"、"剿饷"、"练饷"每年共征二千三百余万两。户科题本指出添饷之后,"究境(竟)旧伍空虚,未闻清核。新兵募练,未见充强。小民卖儿贴妇,剥肤敲髓之脂膏,徒为行间歌舞行乐、结交窟穴之具而已。"(《明清史料》乙编第五本)明廷一再加征税银,并不能强兵,而只是增加对人民的敲剥。广大农民再也不能生活下去,明朝也再不能统治下去了。

烽烟四起 崇祯时,中原有李自成领导的大规模农民起义,西南有张献忠和彝族起义,东北面临清军的严重威胁,东南沿海则有"海寇"出没。明王朝陷于四面受敌的危境之中。崇祯末年的形势是:

东北和北方——清国以辽东为基地,不断扩军。连年到山海关内掳掠人畜,深入到河北、山东。蒙古诸部也继续与明朝为敌。

西北和中原——李自成领导的农民军在西北建立大顺,控制陕甘。河南地区和湖北北部均为大顺军所

132

占有。

西南——一六二七年，崇祯帝即位时，彝族首领奢崇明、安邦彦等再次起兵反明。九月，明廷任朱燮元总督军务，移镇贵阳。次年，奢崇明自号大梁王，安邦彦称四裔大长老，合兵十余万，据有鸭池，进兵永宁。明云南、四川驻军与贵阳军分路出兵夹击。八月，击败彝兵，奢崇明、安邦彦败死。安位降明。

一六四四年（崇祯十七年）初，张献忠农民军攻入四川。四月，在忠州击败明军。六月，攻下涪州，占领重庆。八月，攻占成都。四川州县均为大西军所占有。

东南沿海——福建、广东、浙江沿海自天启时，即有"海寇"在海上活动，阻截商船，并在沿岸登陆。所谓海寇多是无告的民众，纠聚在海上依恃强劫谋生，发展成为职业。他们多来自福建，主要在广东海上往来，也有少数人北至浙江沿海。江西南部的山中，多有反抗的农民聚集。福建"海寇"登陆和他们保持联络。大股的"海寇"拥有大船，并有火器。明朝的兵船不敢接近，只能严守海门，防止登陆。

一六四四年初，当李自成在西安建制练兵，准备灭明时，明王朝已处在四面包围之中，失去了对全国的控制能力。只有作为经济基地的江浙东南地区，还为明室藩王所统治。

三、大顺推翻明朝

李自成领导的大顺军在西安建制练兵，经过月余的准备，崇祯十七年（一六四四年）正月开始攻取北京。李自成派遣刘宗敏、李过领兵入山西。山西明兵多次哗变，军力空虚。刘、李军顺利攻占山西西南部的三十多个州县，为大军出师开辟了道路。二月初，李自成亲率几十万大军由韩城禹门渡黄河，入山西境，迅速占领太原。

大顺军在太原向山西、河南各地发出文告，揭露明朝："公侯皆食肉纨绔，而倚为腹心；宦官悉龁糠犬豕，而借其耳目。狱囚累累，士无报礼之施；徵敛重重，民有偕亡之恨。"（《怀陵流寇始终录》卷十七）并宣布农民军"五年不征，一民不杀"，"贵贱均田"（《罪惟录·李自成传》）。又派遣士兵扮作小商贩到各地揭露明朝恶政，宣传大顺农民军"不杀人、不爱财、不奸淫、不抢掠、平买平卖、蠲免钱粮，且将富家银钱分赈穷民。"（《明季北略》卷二十）山西人民纷纷支持大顺军。

大顺军兵分两路，攻取北京。李自成亲自统率主力军取道忻州、代州、大同、宣化，由北路经居庸关取北京。偏师由刘芳亮率领，东出固关，经真定（正定）、保定自南道北上进攻北京，与李自成会师。

李自成农民军到忻州，州民开门迎降。进至代州，明总兵周遇吉退守宁武关。农民军经过激战，擒斩周

1640年底-44年李自成农民军进军路线示意图

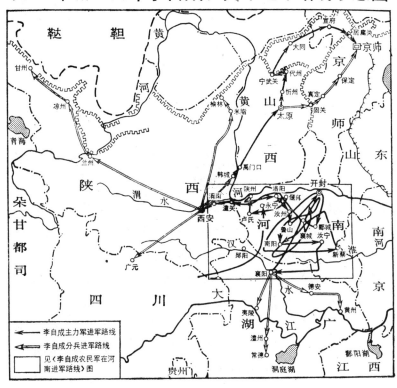

遇吉。大同总兵姜瓖、宣化总兵王承胤相继投降，巡抚朱之冯自杀。农民军经过阳和、柳沟，到达居庸关。居庸关守将总兵唐通、监军太监杜之秩开门迎降。

刘芳亮率领的偏师出固关后，真定知府邱茂华、游击谢素福出降，内阁大学士李建泰也在保定投降。三月十七日，南北两路大军先后到达北京城外，包围北京。

明朝守卫京城的三大营溃散。大顺军缴获明巨炮轰城。城内防守力量薄弱，士气不振。大顺军猛攻西直门、平则门（阜成门）、彰义门（广安门）等处。守城明军在城上避而不战，迁延时日。

十八日，农民军与城外的百姓填平濠沟，发动更加猛烈的进攻。明守军士兵拒不与农民军作战，只向城外放空炮，或挥手让农民军避开再行射击。

大顺军命令少年组成的"孩儿军"攻城。砍倒杨树作云梯，手持短刀爬城。守城明军狼狈奔逃，或脱下军服，丢弃武器投降。当时流传着这样的歌谣："孩儿军师孩儿兵，孩儿攻战管教赢；只消出个孩儿阵，孩儿夺取北京城。"（《明季北略》卷二十三）

农民军首先攻下彰义门，占领外城，继续向内城发动猛攻。崇祯皇帝见末日来临，逼死皇后，亲手杀死几个嫔妃，砍伤自己的女儿，然后换上太监衣帽，企图与太监王承恩一同出逃。走到崇文门不能出城，又到朝阳门，声称太监奉命出城。城上守军疑为"奸细"，张弓下射。崇祯帝又走到安定门，也不得出去。只得返回宫中，换上皇帝袍服，敲钟召集百官议事。这时，官员们都已脱下官服，换上贫民服装四处躲藏，无一人再来上朝。崇祯帝见大势已去，同王承恩登上万岁山（煤山，即景山），在一棵槐树下自缢而死。（南明谥思宗，后改毅宗。清谥怀宗，后改庄烈帝）明朝自太祖即位，凡二百七十六年，至此宣告了它的灭亡。

三月十九日上午，大顺军攻开内城各城门。李自成命令大军整队入城，不得杀掠。刘宗敏首先率领大军从宣武门进入内城，队伍整齐，军纪肃然。老百姓张灯结彩，摆设香案。张贴"大顺永昌皇帝万岁！万万岁！""永昌元年，顺天王万万岁！"等标语，热烈迎接农民军的到来。

李自成依然保持农民军的本色，头戴毡笠，身穿青布衣，骑着杂色黑马，在数百名骑兵护卫下，和大顺的官员们进入北京城，经承天门进驻皇宫。

大顺农民军攻占北京，推翻明朝，是巨大的胜利。在整个中国封建时代的农民战争史上，也是一个辉煌的成就。农民军自陕西进军，所到之处，明朝官员开城出降，取得胜利是迅速的。但是，大顺军顺利攻占北京，显然缺少取代明朝、建立全国统治的足够的政治准备和必要的军事部署。农民军继承自发起义的朴素传统，对内和对外都缺乏有效的措施，自身的弱点也很快地暴露了。

内部措施——李自成进驻北京后，随即采取了如下的一些措施：（一）废除亡明的政治制度，实行大顺的官制，六政府尚书分别管理政务。权将军刘宗敏统一节制文武官员。国中大事由李自成与刘宗敏、李过等议定。（二）限令明朝文武官员一概报名汇察。不愿仕者听其自便。愿仕者照前擢用。违抗不出者，处死。明朝兵部尚书侯恂因与农民军作战失败被明朝下狱。大顺释放侯恂，任为尚书。四品以下官员任用者百余人。外任州县的五十余人。（三）礼政府开科考试举人，吏政府录用五十人，以安人心。（四）由刘宗敏、李过等主持向官员富户"追赃助饷"。明朝官员除被录用者外，均交刘宗敏发落，勒令献出金银。勋戚大臣献银不足，即加拷掠追逼。被夹者多至数百人。明外戚周奎（周皇后之父）献银五十万两，仍被夹死。巨商大贾以至当铺、饭馆，均被搜掠。徽商被拷掠者多至千人。被捆绑追索的人，不绝于道，京城一片恐怖。

大顺军录用明朝官员、考试举人，多少起到争取敌人的作用。"追赃助饷"又抵销了这些作用。农民军起义时，怀着朴素的阶级仇恨，自发地夺取官员富户的财富，是可以理解的。李自成在行军过程中，提出"均田免粮"的口号，不征赋税以争取人民的支持，"追赃助饷"以济军用，也是行之有效的措施。但是，推翻明朝后继续发展这些措施，而不及时制定政策，显然不利于大顺政权的巩固。农民军无休止地追索钱财，也造成了军纪的败坏。李自成曾企图禁止，将士们对他说："皇帝让你做，金银妇女还不让我们么!"据说，大顺军在北京追得助饷银七千万两。自将军至战士也各有私囊。《明季南略》卷五记载说："腰缠多者千余金，少者亦不下三百、四百金，人人有富足还乡之心，无勇往赴战之气。"农民军进北京一月有余，竞相夺取私财，战斗力大为削弱了。

　　大顺又派出州县官员到占领区的畿内和河南、山东各州县任职，推行"均田免粮"和"追赃助饷"。据山东诸城的一个地主丁耀亢记载，大顺所行均田，即将地主霸占的农民田地，退还给农民。田产不论久近，农民认为祖产即可占有（《出劫纪略》）。另据《顺治史书》记载，诸城和日照的地主，明副总兵厉宁在两县所有田产四十余顷，当大顺官员到来后，也为农民所占有。农民夺回地主占据的田地，是完全正当的措施。农民群众也由此得到实际利益。但各地拷掠官绅，"追赃助饷"的资财，则全为农民军所得。山东等地的地主不断举行反扑。德州地主贡生马元骙等借口农民军"征比饷银酷急"，纠结当地地主杀死大顺派遣的官员。附近四十余州县也相继杀逐大顺官员。临清明地方官得商人资助，募兵三千杀大顺防御使，占领临清、济宁。山东、河北以至河南的地主纷纷组织武装，与大顺军为敌。大顺所属各州县面对地主阶级的反攻，面临着艰巨的斗争任务。

外部形势——大顺军进驻北京时，已经占领了北起长城，南抵江淮，西至甘肃，东至山东沿海的广大地区。但在这个地区的周围，也还存在着与大顺并立和对立的几大势力。(一)张献忠的大西军占有四川，雄踞西南，构成农民起义军的又一支巨大的力量。但李自成与张献忠素不相容。大顺推翻明朝后，并没有去联合大西，壮大农民军以对付内外的敌人。(二)山海关是明清交界的要冲，明宁远总兵吴三桂在此镇守。李自成逮捕在北京的吴襄(三桂父)，要他写信招三桂来降。并派降将唐通去与吴三桂联络。吴三桂行至滦州，听说家室被掳，愤而降清。并发布檄文，声讨李自成。(三)辽东的清国，正处在发展的时期，军力强盛，久已蓄谋灭明，占领中原。农民军占领北京后，清军正在准备入关。(四)江南地区仍为明室势力所统治。明总兵左良玉驻守武昌。总兵高杰及刘泽清驻守江淮下游。李自成以大顺国王名义招降左、高、刘等，不成。四月初一日，明南京兵部尚书史可法等官员，在南京誓告天地，议立新君，复辟明朝。

大顺军攻占北京后，取代明朝而处于四面受敌的被动地位。特别是北面的清国和江南的明室残余，构成了夹击大顺的严重形势。但大顺军的领导者们却没有足够的警惕，骄躁轻敌，甚至认为山海关是弹丸之地，"不足当京师一角，用脚尖踢倒耳"(《谀闻续笔》卷一)；江南地区，不需重兵，即可"传檄而下"(《平寇志》

卷十）。北京城内的大顺礼政府正忙于筹备李自成做皇帝的登极大典，军士们则竞相"追赃"积财，准备还乡。大顺强敌压境，而军心涣散，失败不可免了。

第五节　清军对农民军的攻战
与人民的抗清斗争

（一）清朝对农民军的镇压与
明王朝的重建

一、顺治帝即位，清军攻占北京

李自成大顺军推翻明朝占领北京之前，清国确立了小皇帝福临（清世祖）的统治，政权操纵在贵族多尔衮等人的手里。

一六四三年（崇德八年）八月九日，皇太极病死。满洲贵族曾为争夺皇位而发生了争议。掌管两红旗的礼亲王代善推戴皇太极长子肃亲王豪格继帝位，得到掌管镶蓝旗的济尔哈朗的支持。原属皇太极统领的两黄旗的一些大臣，也坚持拥立皇太极之子。豪格因固山厄真谭泰、护军统领图赖、启心郎索尼等统率两黄旗的将领们依附睿亲王多尔衮而辞不受位。多尔衮拥有两白旗，实力最强。硕讬（代善子）、阿达礼（代善孙）和多尔衮的同母兄弟阿济格、多铎等拥戴多尔衮继帝位。多尔衮只获得部分贵族的支持，亦无力统御八旗。多尔衮提出立幼辅政的建策，说："当立帝之第九（原误作三）子（福临），而年岁幼稚，八高（固）山军兵，吾与右真王（济尔哈朗）分掌其半，左右辅政。年长之后，当即归政。"（《沈阳状启》）这样，拥多尔衮派贵族控制了朝政实权，拥豪格派的贵族也因皇太极之子继位，得到部分权利。贵族之间取得妥协而结束了皇位之争。

一六四三年八月十四日，年仅六岁的福临（世祖）即位，改明年为顺治元年。经诸王贝勒公议，济尔哈朗与多尔衮辅理国政，誓告天地。

大清建国前后，就已把消灭明朝作为目标。一六三五年，汉臣张文衡曾向皇太极建策说，中原之地，唯有此时可取。因为明朝"文武大小官员，俱是钱买的。文的无谋，武的无勇。管军马者克军钱，造器械者减官钱。军马日不聊生，器械不堪实用。"（《天聪朝臣工奏议》卷下）明朝的腐朽，早已不堪一击。但满洲贵族奴隶主着意于掳掠人口和财富，清国的力量也还不足以取代明朝的统治。因而皇太极时，主要还是做逐步灭明的准备。顺治帝① 即位后，多尔衮与济尔哈朗随即发动了灭明的战争。当年九月，济尔哈朗率清军攻取中后所和前屯卫，斩明守将吴良弼和总兵官李辅明。驻

---

① 清朝顺治以后历代皇帝，都只用一个年号，不再改元。习惯上以年号称帝（如顺治帝、康熙帝）而不用庙号（世祖、圣祖）。本书沿用惯例，以便读者。

守中前所的明总兵官黄色弃城逃走。宁远总兵吴三桂领兵拒守，清军不得前进。

清军分别招抚吴三桂和陕西李自成农民军，以便南下灭明。多尔衮命降清的洪承畴和吴三桂的舅父祖大寿、兄吴三凤、表弟祖可法等写信劝吴三桂投降，被吴三桂拒绝。顺治元年（一六四四年）正月，又派迟起龙到陕西榆林向李自成农民军递送国书，说："兹者致书，欲与诸公协谋同力，并取中原。倘混一区宇，富贵共之。"（《明末农民起义史料》页四五五《清帝致西据明地诸帅书稿》）。三月三日，迟起龙到达榆林，会见农民军将领，请求转呈李自成。李自成不予答复。

大顺军经由山西、河北向北京进军，明朝急令吴三桂放弃宁远，入卫京师。吴三桂率领军兵四万、丁口七八万人，撤离宁远。清国闻讯，即修整军器，储粮秣马，准备四月初乘机大举南侵。大学士范文程上书多尔衮说："有明流寇踞于西土，水陆诸寇，环于南服，兵民煽乱于北陲，我师燮伐其东鄙。四面受敌，其君若臣，安能相保耶？""盖明之劲敌，惟在我国，而流寇复蹂躏中原。正如秦失其鹿，楚汉逐之。我国虽与明争天下，实与流寇角也。"（《清世祖实录》卷四）

范文程提出争夺中原的主要敌手是大顺农民军。并且认为要战胜农民军，"当申严纪律，秋毫无犯"，"官仍其职，民复其业"，维护汉地原有的封建秩序。（《清世祖实录》卷四）三月十九日，李自成占领北京。四月初,清军"急聚兵马而行,男丁七十而下,十岁以上,无不从军。"(朝鲜《李朝仁祖实录》七)多尔衮亲自统率约占三分之二的满洲、蒙古八旗兵和降将孔有德、耿仲明、尚可喜、沈志祥(毛文龙部将,崇德三年降清)的汉军南下,范文程、洪承畴、祖大寿等同行。行至辽河,多尔衮向洪承畴徵询进军策略。洪承畴上书说:"宜先遣官宣布王令,示以此行特扫除乱逆,期于灭贼","不屠人民,不焚庐舍,不掠财物。"建议清兵"出其不意,从蓟州、密云近京处疾行而前,贼走则即行追剿,倘仍坐踞京城以拒我,则伐之。"(《清世祖实录》卷四)多尔衮采纳洪承畴策,加速了进军日程。

吴三桂率领宁远军入卫明廷,三月二十日到达丰润。得知李自成进据北京,立即退驻山海关。李自成命吴襄写信招降,得吴三桂允诺。李自成遂派唐通带白银四万两犒师,调两万起义军去山海关接防。吴三桂带领兵民由永平来京,途中得知大顺拘禁了他的父母和爱妾陈圆圆,拷掠明朝大臣,又疑虑反悔,随即返回山海关,击败接防的农民军,举兵反大顺。

吴三桂举兵的消息传到北京,大顺诸将意见不一。牛金星说:"我新得京师,人心震叠,彼必不敢轻动。亟即真而颁爵赏,示激劝,偏师往击,未晚也。"(《谀闻续笔》卷一)刘宗敏、李过等将领也互相推诿,不愿率先出征。李自成以为"三桂与北兵(清军)久相仇杀,必不相救。"(《辛巳丛编·吴三桂纪略》)他命令牛金星留守北

144

京，四月十三日亲率大军六万，号称二十万，带着崇祯帝太子、永王、定王及吴襄等仓卒东征。宋献策劝阻说："皇爷去，皇爷不利；三桂来，三桂不利"（《东明闻见录》)，自成不从。吴三桂见大顺军来战，派副将杨坤、游击郭云龙向多尔衮请兵，镇压大顺农民军。

四月十五日，清军师次翁后，遇到吴三桂的请兵使者。多尔衮喜出望外，给吴三桂回信说，他要"沉舟破釜，誓不返旌，期必灭贼，出民水火。"（《清世祖实录》卷四）随即改变进军路线，日夜兼程向山海关进发。

山 海 关

二十一日，李自成农民军赶到山海关。当日即在石河西和山海关的外围城东罗、北翼，分三路围攻，与吴三桂军展开激战，吴军困苦难支。是日夜间，清军到达山海关外，吴三桂剃发降清。

二十二日，李自成从北山至海滨列一字长蛇阵。多尔衮命吴三桂军去打头阵。农民军伸展两翼围吴军数重，展开激战。中午时分，忽起大风。清英王阿济格、豫王多铎率军出战，自侧翼猛攻农民军。农民军阵势大乱。李自成立马高冈观看，顿足叹息说："此必北兵也。三桂真挟北兵来耶！"（《烈皇小识》卷八）急策马先走，大顺军败溃。

李自成退至永平，斩吴襄。二十六日返回北京。二十九日，李自成在武英殿仓促举行典礼，宣布即皇帝位，接受文武官员朝贺。三十日，大顺军撤出北京，经真定入山西，向陕西转移。

多尔衮与吴三桂军自山海关南下。范文程向各地官员传檄宣布："义师为尔复君父仇，非杀尔百姓，今所诛者唯闯贼。吏来归，复其位；民来归，复其业。师行以律，必不汝害。"（《清史稿·范文程传》）清军下令"不许擅取为奴，不许跣剥衣服，不许拆毁屋舍，不许妄取民间器用，……犯此令者，杀一儆众。"（《沈馆录》卷七）清军南下途中，明永平、抚宁、昌黎、滦州、玉田、蓟州、丰润等地官员相继投降。多尔衮和吴三桂五月一日顺利到达通州。五月二日，多尔衮率清军由北京东城门朝阳门进入京城。多尔衮在明皇宫武英殿升座，明朝官员跪降。多尔衮在通州派吴三桂与谭泰部清军追击李自成，至真定受阻，五月二十二日返回北京。

清军从大顺农民军手里夺取了北京，随即发布文告，宣称农民军是明朝臣民"不共戴天的仇人"，清军是为明朝报君父之仇。并且陆续采取了一系列的措施，争取明朝降官和汉族地主的支持，以稳定其统治。

一、殡葬崇祯皇帝和皇后，官民带孝三天，追谥崇祯皇帝为怀宗端皇帝，墓号思陵，以示对亡明的尊重。

二、宣布"官来归者复其官"，降清的汉族文武官员，都升级任用。明朝革职官吏及山林隐逸（没有做官的失意士人），也一概录用。

三、实行科举考试。宣布会试（进士考试）定在辰、未、戌、丑年，乡试（举人考试）定在子、卯、午、酉年。凡是被黜革的举人，仍准会试。第二年闰六月，浙江总督张存仁说："读书者有仕进之望，从逆（抗清）之心自息。"（《清世祖实录》卷一八）行科举旨在招纳文人，消弭反抗。

四、宣布"民来归者复其业"，即恢复汉族地主的田产。第二年三月，又颁布了更为具体的命令：凡是农民在战争期间将地主霸占的土地夺回者（即"均田"），一律要退还给地主，否则以党"寇"（对农民起义军的蔑称）治罪（《清世祖实录》卷一五）。

五、宣布按照明朝会计簿（万历初年张居正所定的租税簿）租税额，征收地亩钱粮。正额之外，蠲免"三饷"等一切加派，以减轻土地所有者的负担。

六、宣布文官衣冠，暂用明制。原来，清军占领北京的当天，曾颁布过剃发令，引起汉族人民的反抗。五月二十三日，宣布撤消剃发令，以缓和人民的反抗情绪。

清朝的这些政策，对争取汉族地主阶级的支持，取得一定的效果。顺天巡抚宋权对他的部下说："我封疆臣，国亡无所属，复故主（崇祯皇帝）仇者，即吾主也。"（《碑传集》卷七）他投降清朝前后，捕杀和瓦解境内农民起义军数千人。山西巡抚李鉴、大同总兵姜瓖、背叛大顺降清的唐通，先后在各地袭击大顺农民军，投降清朝。明朝在籍官员，大学士谢陞（山东德州人）、吏部尚书田维嘉（河北饶阳人）、兵部侍郎谢启光（山东章邱人）、侍读孙之獬（山东淄川人）、给事中李鲁生（山东霑化人）等都在原籍组织地主武装，捕杀大顺地方官，镇压当地抗清义军，归降清朝。清军变掳掠为招降，汉族地主官员相继降清。农民军的抗清斗争更加困难了。

九月，清顺治帝自盛京到北京。十月初一日祭告天地，定都北京，建立起清朝的统治。加封多尔衮为叔父摄政王，济尔哈朗为辅政叔王，太祖十二子阿济格进封为英亲王，太祖十五子多铎为豫亲王。太宗长子豪格，因反对多尔衮，经固山厄真何洛会告发，曾被削去王爵。因在中原作战有功，又恢复肃亲王的爵位。

顺治帝建都北京后，全国各地仍然遍布着反抗清军的武装力量。李自成大顺军回到陕西，在准备反攻。明宗室福王在南京建号，准备恢复明朝的统治。张献忠领导的农民军在四川建立大西国，在西南地区得到

148

发展。

清朝随即派出大兵由多铎和阿济格率领，去攻打大顺军和江南的福王。

二、大顺军反攻的失败

李自成率领大顺军自河北西出固关，到达山西平阳，整顿军马。部署大将陈永福守太原，康元勋守汾州，自领大兵进驻西安。不久，清兵入山西，陈永福被擒。李锦（即李过）败于大同，领兵入陕西，驻守绥德。李自成以陕西为基地，仍有兵数十万人，积极准备反攻。

大顺军自北京败退后，占领区内的地主豪绅纷纷组织武装，杀害大顺官员，乘机反扑。河南境内的洛阳、开封、南阳等地各有地主武装数十百起，多者数万人，少者千人。大顺将军李岩请求领兵去河南镇压。大学士牛金星密告李自成说，河南是李岩故乡，请领大兵，是要谋反。李自成听信谗言，斩李岩。大顺军制定政策，多出李岩之手。负有声威的李岩无辜被杀，军中将士多怀不平。刘宗敏、宋献策怒骂牛金星擅杀大将，应该处死。大顺军败退后处于困境，文臣武将不能同心戮力，反而互相疑忌攻讦。李自成举兵反攻更加困难了。

一六四四年七月，李自成率领大顺军大举反攻清军，发布北伐文告，声称要打到辽东，消灭清朝。说："从长安起马，三路行兵，指日前来，先恢剿宁武、代州、大同、宣府等处，后赴北京、山海，剿除辽左。至叛逆官兵，尽行平洗。顺我百姓，无得惊遁。"（《明清史料》甲编第一本）这年八月，山西的大顺军攻克井陉；陕北的大顺军，在李锦指挥下进攻府谷，直逼大同。十月，河南的大顺军渡河进攻怀庆。李自成率军在韩城居中策应。清宣大总督吴孳昌飞启告急说："闯贼现在韩城，欲催兵渡河，复攻山西。""流贼蔓延，已至绛州地方。""伏望皇上轸念残疆，于平、蒲之间驻真满洲兵（八旗兵）三二千，以遏狂氛而固重地。"（《清代档案史料丛编》第六辑）

一六四四年冬天，清军发动钳形攻势。英王阿济格和吴三桂、尚可喜率兵经大同边外草地，向榆林、延安进攻；豫王多铎和孔有德、耿仲明率兵由河南怀庆进攻潼关。两路企图会师西安，围歼大顺军于关中。十二月，多铎由孟津渡河，经过洛阳，二十二日到潼关城外立营，大顺军立即将清军的前锋营三千人包围。李自成亲自赶到潼关指挥作战，依山列阵，在城外挖濠树栅，防备清兵的冲击。次年正月初四日，刘芳亮领兵攻击清营，五六两日连夜劫营。十一日，清军用炮轰击潼关，大顺军的骑兵横冲敌军，又包抄敌人后路，屡次获得胜利。这时，阿济格带兵从保德州结筏渡河，突破大顺军的北部防线，败李锦军，经过绥德、延安，进逼西安。大顺军处于腹背受敌的局面，李自成率大顺军由蓝田，出武关，向湖广转移。清军十三日进潼关，十八日到西安，李自成已于五天前撤走了。

李自成领兵出武关，进驻襄阳。阿济格、吴三桂率领清军追击。农民军在邓州、承天、德安等地迎战，不胜。撤出襄阳。牛金星降清。四月间，明左良玉部自武昌东下。李自成率大军乘虚进驻武昌城。各部将领在武昌聚集，仍有兵三十万人。清兵追来，大顺军又弃武昌南下，在富池口战败，刘宗敏被俘牺牲，宋献策俘后降清。五月，李自成率轻骑二十余人，登上通山县九宫山察看地形，遭到地主武装（乡兵）的突然袭击。李自成被害牺牲，年四十岁。大顺军丧失领袖，各部分散活动。郝摇旗、田见秀、袁宗第等部在湖南。李自成侄李锦与自成妻弟高一功率部在荆州继续抗清。

李自成自一六三〇年投身起义军，坚持战斗了十五年。作为农民领袖，他先后率领近百万的起义群众，向着地主阶级和明王朝的统治展开殊死的搏斗，占领了陕西、河南等地广大地区，并终于推翻了腐朽的明王朝，取得巨大的胜利，在中国历史上写下了光辉的篇章。李自成本人始终保持起义农民的本色，身先士卒，不慕荣利。进驻北京时，仍然布衣毡笠，跨马入城，而不象黄巢入长安那样乘舆衣锦，在农民领袖中也是罕见而难能可贵的。但是，李自成领导的农民军长期处于自发斗争的状态，只满足于免赋和"均田"（夺取田地）而缺少必要的斗争纲领和有效的政治措施。随着农民战争的胜利，农民军的许多严重的弱点逐渐暴露，显示出勇于作战的领导者们缺乏远见和政治才能。面对着明清两国和满汉两族统治阶级的进攻，农民战争终于遭到镇压而失败。农民起义推翻明朝的成果，被满洲贵族所篡夺。广大农民依然处在封建地主阶级的压迫之下。历史再一次证明，没有先进阶级的领导，农民阶级即使发动了象李自成起义这样规模巨大的农民战争，要取得本阶级的胜利和解放，也是不可能的。

三、福王复明的失败

大顺军进北京推翻明朝后，明朝陪都南京的文武大臣议立新君，图谋复明。兵部尚书史可法、兵部侍郎吕大器、左都御史张慎言、詹士姜曰广等主张拥立潞王常淓；凤阳总督马士英结纳靖南伯黄得功及高杰、刘泽清、刘良佐等将领主张拥立福王由崧。两王这时均在淮安。马士英发兵护送福王到仪征。一六四四年五月初二日，胁迫诸臣拥立福王在南京监国。五月十五日，福王在南京称帝，定明年为弘光元年。史可法、高宏图、姜曰广、马士英、王铎并为大学士。十九日，史可法到扬州督师，马士英主持内阁。福王集团有兵五十万人，控制着淮河下游以及长江以南的广大地区。

福王集团把大顺军看作是他们的主要敌人，声称要"讨贼复仇"。六月间，得知清军已占领北京，便派遣兵部侍郎左懋第、左都督陈洪范、太仆寺卿马绍愉去北京通使致谢，并"相约杀贼"。内阁议定与清朝谈判的原则是：（一）不屈膝辱命，要保持天朝体统；（二）山海关外土地割让给清朝；（三）每年赠给清朝岁币银十万两。

七月间，使臣左懋第等出发，携带金一万两、银十万两、绸缎一万匹作为酬谢清朝"破贼"的礼品；还带有晋封吴三桂为蓟国公的敕书和赏赐吴三桂的银币。

清朝的回答是，协同"讨贼"是可以的，重建明朝是不允许的。十月十四日，清大学士刚林接见左懋第等，指责说："我国发兵为你们破贼报仇，江南不发一兵。突立皇帝，这是何说？"左懋第辩解说：当今皇帝乃神宗嫡孙，臣民拥戴，应承大统。现在"整练兵马，正欲北来剿贼。传闻贵国已发兵逐贼，以故不便前来，恐疑与贵国为敌。特令我等来谢，相约杀贼耳。"刚林说："毋多言。我们已发大兵下江南。"使臣要祭告陵寝，也被阻止（《北使纪略》）。十一月，清朝扣留了持节不屈的左懋第（次年闰六月被杀）和马绍愉，放回了暗地投降的陈洪范。清朝进攻江南的意图已十分清楚。史可法向福王上奏说：清朝是那么强，我们是这样弱。清行仁政（指替明朝报仇），我们渐失人心。臣恐恢复无期，就是偏安也未必能办到（见《明季南略》卷七）。

福王政权被马士英等揽权行私、贪财好货的人所把持。福王深居宫中，天天以演杂剧、饮醇酒、淫幼女为乐。他命令大学士王铎书写楹联："万事不如杯在手，一年几见月当头"（《小腆纪年》卷八）。国破家亡，大敌当前，福王依然沉湎酒色。马士英等借口筹集兵饷，搜括民财，兴修宫殿，卖官鬻爵。民间流传："都督多似狗，职方（兵部管地图官员）满街走，相公止爱钱，皇帝但吃酒"（《续幸存录》）；"扫尽江南钱，填塞马家口"（《豫变纪略》卷六）等谚语。民众对福王腐朽集团已经厌弃。集团中人，也还在相互攻击。

马士英荐举原附阉党的阮大铖参加内阁，排斥东林官员高宏图、姜曰广、张慎言等人。江北四镇的将领刘泽清、高杰、黄得功、刘良佐争夺地盘，相互火并。马士英命刘泽清驻淮北，管辖淮海区；高杰驻泗水，管辖徐泗区；刘良佐驻临淮，管辖凤寿区；黄得功驻庐州，管辖滁和区。每镇额兵三万人，粮饷就地自筹，所得城池，即归本镇管辖。马士英还教唆刘泽清等人联名攻击东林官员吕大器、刘宗周，词连姜曰广。朝廷内外，都卷入派别纠纷之中。

史可法受命督师扬州，四镇并不听节制。他断定清军必然要南下，只能鼓励高杰领兵北上。弘光元年（一六四五年）正月，高杰被降清的叛将许定国谋杀。二月间，清廷命令追击李自成的多铎军移兵河南，大举南侵。

亡明与农民军作战的平贼将军左良玉驻守武昌，有兵数十万，与马士英对立。东林官员多依附左良玉，以求自保。三月底，左良玉自武昌领兵东下，声讨马士英。自汉口至蕲州，列舟船二百余里。武昌被李自成

154

攻占。马士英急调江北各镇抵御左军，而不对清兵设防。四月初，清多铎攻占归德，淮南告急。史可法奏告说：左良玉并不敢与朝廷为难，清兵一来，国必灭亡。福王也对马士英说："良玉虽不该进逼南京，我看他的奏章，原不曾反叛。如今还该守淮南。"马士英大声反对，说："这都是左良玉死党的谬论，不可听信。我已派黄得功、刘良佐渡江了。宁可君臣死于清兵，也不可死于左良玉之手。谁敢说守备淮扬，斩首不赦"（《明季南略》卷八）。

这时，清军别部由固山厄真准塔率领，从山东进攻徐州，史可法部将总兵李成栋败降。又攻淮安，刘泽清兵败，降清。通州、泰州等地均为清军所占有。四月初五日，多铎军从归德进攻泗州，渡淮。十八日，到达扬州城下。

驻守扬州的史可法，这时被福王调离，去抗御左良玉军。史可法行至浦口，闻清军来攻，急速返回扬州，调令各镇来援。各镇均不听命。只有总兵刘肇基率兵二万，同扬州官民防守城池。十九日清军攻城，史可法领导军民抵抗七昼夜。刘肇基领兵巷战。二十五日城破，无一人投降。清兵在城中杀掠十日，繁华的扬州，被焚毁殆尽。史可法在巷战时被俘。多铎向他劝降，说："前次写信诣见，先生不从。现在先生对旧朝忠义已成，当负重任替我大清收拾江南。"史可法严词拒绝，说我此来只求一死。三日后被杀。

五月初九日，清军渡江。十五日到达南京，马士英逃往浙江，福王出奔芜湖，大学士王铎、尚书钱谦益等投降，跪迎多铎进城。沿途降清的将官有二十三人，马步兵二十三万八千人。多铎派兵进攻芜湖，黄得功战死。五月二十二日，总兵田雄、马得功献出福王和王妃降清。福王被押解到北京，次年被清朝处死。福王集团完全失败了。

史可法手迹

左良玉在四月间行至九江病死。五月，子梦庚在九江率马步兵十三万降清。

马士英率兵士四百人，拥宗室潞王常淓等至杭州。阮大铖等人继至。多铎命贝勒博洛领兵追击。闰六月，清军占领杭州。潞王降清，马士英、阮大铖等逃走。

（二）各地人民与南明宗室的抗清斗争

以顺治帝和多尔衮等为首的满洲贵族篡夺了李自成农民起义的果实，并击败了明室福王的复辟企图，占领了长江中下游广大的地区。但各地人民反抗清朝的斗争仍在继续发展。江南地区江阴、嘉定等地的人民掀起壮烈的斗争。福王败后,明室官员先后拥立鲁王、唐王、桂王等宗王,在两广、福建地区,举起抗清复明的旗帜,史称南明。李自成死后,各地的大顺农民军分别在李锦、高一功、郝摇旗等将领率领下,抵抗清军,进而投附到南明的旗帜之下。张献忠领导的大西军在四川建立大西国,进而占领了云南、贵州,也联合南明抗清。斗争形势的变化是:原来反明的农民起义军转而拥明抗清;原来企图联合清军镇压起义军的明王室转而联合农民起义军,抵抗清军。战争延续了十余年之久。斗争的结果是:清军先后消灭了起义农民和南明王室这两大敌人,在人民的血泊中,建立起清朝的统治。

下面,分别叙述各地抗清斗争的发展及其失败。

一、江阴、嘉定人民的抗清斗争

一六四五年六月,清军消灭福王集团后,降臣赵之龙、钱谦益等向多铎建策说:"吴下民风柔弱,飞檄可定,无烦用兵。"(《嘉定屠城纪略》)他们的门客并奉命去苏州招降。清朝将南京改为江南省,应天府改为江宁府。阿济格在收降左梦庚等后即班师回京,多铎也在六月班师。七月,清朝命贝勒勒克德浑为平南大将军,与固山厄真叶臣去江南代多铎。

这年六月,清朝重颁剃发之令,引起了江南人民的反抗。明朝汉人男子都蓄长发梳髻。满族的传统是男子将顶发的四周剃去寸余，中间长发分三绺编成一条长辫，垂于脑后。除父母丧和国丧百日内外，四周边缘的头发必须时时剃除，不许养长，叫做"薙（剃）发"。金国和清国在辽东时期，按照氏族部落的习惯，收降汉人如同收养氏族成员。因此汉人降清的臣民，均须剃发，改为满族发式，以示降顺。剃发或不剃发，于是成为投降或不投降的一个政治标志，规定"有不薙发者，察出处死。"（《清太宗实录》卷六）满洲贵族强迫汉人遵从满族风俗作为建立统治的象征，明朝官员和汉族民众则把不剃发视为保持民族传统的大义所在。围绕剃发与不剃发，展开了激烈的斗争。

清军入关后，满洲贵族曾把剃发制度推行到关内。清军和吴三桂联军在山海关战败李自成的当天，多尔衮即令山海关城内军民剃发。到北京后，又命令："投诚官吏军民，皆著薙发，衣冠悉遵本朝制度"，并向近京各州县发布文告说："檄文到日，薙发归顺者，地方官各升一级"，"有虽称归顺而不薙发者，是有狐疑观望之意，……显属抗拒。"（《清世祖实录》卷五）这一命令，遭到汉族人民的强烈反对，一时间人情汹汹，有的伺机外逃，有的酝酿聚众起义。清廷不得不下令"自兹以后，天下臣民照旧束发。"（《清世祖实录》卷五）降清的地方只需呈献户口、兵丁、钱粮册籍，官民不必剃发。剃发令的暂时停止，缓和了满汉民族间的矛盾。清朝消灭福王集团，占领南京后，以为天下大局已定，又恢复实行剃发。

一六四五年（顺治二年）六月五日，清廷遣官到南京往谕多铎，命令江南降顺官员、军民全部剃发，倘有不从，军法从事。十五日，多尔衮又向全国发布命令说："向来薙发之制，不即令画一，姑听自便者，欲俟天下大定，始行此制耳。今中外一家，君犹父也，民犹子也。父子一体，岂可违异！若不画一，终属二心。"规定自布告之日起，京城内外限十日，直隶各省自部文到日亦限十日，全体官民，"尽令薙发，遵依者为我国之民，迟疑者同逆命之寇，必置重罪。若规避惜发，巧辞争辩，决不轻贷。"又规定"其衣帽装束，许从容更易，悉从本朝制度，不得违异。"二十八日，又传令江南、江北未定地方从速归顺，下诏说"仍立与限期，近者一月，远者三月，各取薙发投顺遵依文册汇奏。"（《清世祖实录》卷十七）从此以后，剃发成为不可稍缓的法令，而且越来越严。有的地方限三日剃完，有的则关起城门，强令一日全剃。剃发不如式或剪而不剃者，罪至论死。在苛法滥刑的威逼下，江南各地人民纷纷起来反抗，江阴、嘉定两城人民的斗争尤为壮烈。

江阴人民的斗争 一六四五年六月二十八日，降清的江阴知县方亨强制推行剃发令。次日，江阴居民要求留发，遭到拒绝。群众当场指斥他说："你是明朝进士，头戴纱帽，身穿圆领，来做清朝知县，羞也不羞？丑也不丑？"（赵曦明《江上孤忠录》）闰六月初一日，城北青年在季世美、季从孝、王试、何常、何泰等率领下，持械鸣锣进入城中。在县衙门前后，放枪呐喊，四门有一万多人响应。揪出方亨，扯破他的冠服。方亨诡称备文详请免剃，骗过民众。清军在各处宣称"留头不留发，留发不留头。"秀才许用等百余人在文庙集合，提出"头可断，发决不可薙"（《江上孤忠录》）的口号。四乡人民闻风响应，参加反剃发斗争的群众达数十万人之多，虽三尺童子，也誓死战斗到底。群众推举典史陈明遇为城主，部署城乡防务。

七月初五日，清朝常州知府派兵三百，偷袭江阴，在路上就被反清的农民消灭了。清朝又派马步兵千人，并调来舟师配合进攻江阴。初七日，季世美率领"冲锋营"，在虞门外迎击，清军受阻，不得前进。初八日，双桥农民歼灭了舟师，沉重地打击了清军。

清朝继续增调军兵攻城。七月初九日，陈明遇邀请前典史阎应元进城，领导抗清斗争，整顿队伍，加强城防。四乡农民听到消息后，带着武器、粮食进城，参加守卫。城内居民，争先供应各种军用物资。徽州商人陈璧先后捐银十七万五千两，并自告奋勇，到洞庭、徽州等地去请援兵。在阎应元的领导下，江阴各界人民团结抗清，增强了战斗力量。

七月初，守城战斗已经非常激烈。清军在降将刘良佐率领下攻城，在炮火的掩护下，架云梯爬城。守城战士用长矛大刀，砍杀登城敌人，并投掷砖石、火罐，发射毒箭,打击城下敌人。清兵惊慌失措,说:"我们从北京打到南京,未遇劲敌,想不到江阴这块弹丸大的地方,竟有这么大的力量!"清军屡次攻城不能取胜,便由刘良佐出面劝降。阎应元坚定地回答他说:"有降将军,无降典史。"(《江上孤忠录》)城上火箭齐发,刘良佐狼狈逃命。当时,清军已经攻陷松江、昆山等地,就调集兵力围攻江阴。江阴人民守城三个月,八月二十日城破,居民继续展开激烈的巷战。陈明遇战死,阎应元受伤被俘,英勇牺牲,全城无一人投降。清军在城中屠杀数日,江阴城被破坏无余。

据说,清军此次攻城,兵力共用二十四万人,战死七万五千多人。当地还传说,江阴人民打死了清朝三王十八将。这虽与史实不符,但反映了人民群众对江阴抗清英雄们的赞颂。

嘉定人民的斗争 清朝的剃发令传到嘉定。闰六月十三日,嘉定各村人民组织起来进行反抗。王家庄有兵七百人,石冈兵一千人,南翔兵二千人,罗店、葛隆兵各千人,外冈、娄塘兵更以善战闻名。十四日,向驻在东关的清军(李成栋驻吴淞,部下梁得胜于初八日驻此)发动进攻,击毙八十四人,焚毁船只四十多艘,清军残兵败将狼狈逃窜。这时,太仓士绅已经率先剃发,四乡农民起而反对,封锁了城乡交通,使各地清军失去联系。十五日,李成栋派骑兵四十多人,向太仓告急,路经罗店被农民包围。突围后又在时家坟遭到袭击,掉头后退，被罗店、月桥农民截击，大部分伤亡，只有少数人逃归吴淞。嘉定人民又在罗店、北关、娄塘与清军进行了三次大规模的战斗。娄塘战役，参加战斗的人民在砖桥会师，多达十万人。

闰六月十七日，嘉定人民推举进士黄淳耀、前通政使司左通政侯峒曾主持城防，集众公议，划地分守，城楼上悬挂起"嘉定恢剿义师"的大旗。七月初三日，清军猛烈攻城，用重炮轰击。城墙坍塌，城内人民用木料堵塞，守城军士伤亡，就立即补充。初四日五更大雨，城上军士已露立三昼夜，两眼肿烂，遍体淋湿，饮食断绝，身疲力尽，昏晕难以支持。清军乘机登城，拥进城内，侯峒曾仍在城楼上指挥战斗，声色不变。二子在旁问道："事急了，怎么办？"峒曾回答说："死就是了，有什么说的！"（《嘉定屠城纪略》）随后，投河自尽。黄淳耀也自缢于僧舍。军士无一人投降。

清军攻进嘉定城，大肆屠杀，掳夺财物。李成栋用三百只大船运走了他掠夺的金帛子女。但是，清军的残暴行为，吓不倒英雄的嘉定人民。二十天后，江东人朱瑛自称游击将军，带兵五十人回到城里，会同市民赶走了从太仓来的清兵。李成栋赶忙派万国昌领兵到葛隆，驻守织女庙。葛隆、外冈、马隆等地人民，重新集结，捕杀剃发的人。二十四日，葛隆、外冈人民联合出击，奋勇杀敌，赶走了屯驻在织女庙的清军。二十六日黎明，清军乘人民武装力量尚未集合时，偷袭葛隆镇、外冈镇。二十七日,清军攻进嘉定,再次屠城。八月十六日,明把总吴之蕃起兵江东,反攻嘉定,失败,嘉定又遭到第三次大屠杀。嘉定人民先后有十几万人参加武装抗清斗争,前仆后继,不屈不挠,牺牲两万人。被人们称为"嘉定三屠"的历史事件,不仅表示了清军的暴行,也表示了广大人民不甘屈服的战斗传统。

江南地区人民抗清斗争此伏彼起。一六四五年六月剃发令下,生员陆世钥毁家充饷,募集二千余人在太湖起兵抗清。清军占领吴江,县丞朱国佐投降。诸生吴鉴直入县署骂国佐,国佐执送苏州府。知府逼吴鉴招出党援,吴鉴大声说:"孔子、孟子、张睢阳、颜平原皆是也。何问为?"(《南疆逸史》卷三十六)遂被杀。明职方主事吴易率众杀朱国佐,与举人孙兆奎等聚千余人在长白荡举起抗清义旗。随后,吴易与陆世钥、明松江提督吴志葵合兵进攻苏州。时在苏州的清侍郎李延龄、巡抚土国宝指挥清军反攻,吴易等败绩。明中书舍人卢象观(象昇弟)拥宗室朱盛沥起兵,率军攻打南京,战败,进入太湖坚持斗争。

闰六月,清兵破池州。明御史金声与诸生江天一集义勇起兵绩溪,郎中尹民兴与生员赵初浣坚守泾县,阻挡清军向前推进。贡生吴应箕题壁曰:"韩亡子房奋,秦帝鲁连耻"(《明季南略》卷九),奉宗室朱盛浓起兵,收复被清军占领的建德、东流。

这些抗清斗争虽然不久失败,但延缓了清军的进攻日程，使浙东、福建的明朝官员得以重建南明，组织抗清力量。

二、南明的再建与农民军抗清斗争

清朝占领南京和杭州后，浙东和福建的明朝官员又拥立明宗室鲁王和唐王，建立政权抗清。大顺诸军也相继南下，并与南明相结合。张献忠在四川率领的大西军，也树起了反清的旗帜。一六四五年十一月，清廷命洪承畴驻防江宁（南京）。代多铎领兵的勒克德浑与叶臣进军湖广，追击大顺军。又命何洛会为定西大将军，进兵四川，去攻打张献忠部。一六四五年秋至一六四六年秋季约一年多的时间，各地人民与清军展开了又一个回合的搏斗。

浙东鲁王 一六四五年五月，福王败亡。明兵部尚书张国维在东阳起兵，吏科给事中熊汝霖在余姚起兵，刑部员外郎钱肃乐与举人张煌言等在鄞县起兵，纷纷组织义军，据地抗清。六月，共同迎立在台州的鲁王以海至绍兴，建立临时政权，号为监国，不立年号。定海总兵王之仁率领的官军成为鲁王政权的主力军，与浙东义师多次抵抗清兵，获胜。南京陷后，总兵方国安逃跑，也自浙西来会。闰六月，福州唐王聿键建号称帝，向鲁王颁诏。张国维、熊汝霖主张两王军都是抗清义兵，倘若奉诏，即不能以鲁王名义号令军兵。钱肃乐以为大敌当前，不可互相对立，应称皇太侄报命。诸臣因而不和。方、王率领的官兵取得地丁正饷，各地义兵只能由富户捐输义饷。方国安甚至并取义饷。各军因争饷也彼此不和。马士英、阮大铖等逃依方国安，求附鲁王。鲁王拒不接见。一六四六年三月，清兵入钱塘，张国维与王之仁抗清获胜。进而领兵攻打杭州，不胜，回师。五月，清将博洛遣图赖等来攻方国安营；方国安与马、阮等劫持鲁王逃跑。鲁王中途脱身入海，由石浦守将张名振扈从去舟山。张国维退守东阳，败死。清兵占领绍兴。王之仁兵败，至南京，大骂洪承畴后就义。方国安与马、阮等降清，被清朝处死（一说阮大铖自杀后被戮尸）。鲁王至舟山，守将不纳，转到中左所（厦门）。由总兵官郑芝龙的从子郑彩送入长垣，仍保持监国的空衔。鲁王政权抗清复国的企图失败了。

福州唐王　一六四五年闰六月，原镇江总兵郑鸿逵、泉州总兵官郑芝龙、礼部尚书黄道周、福建巡抚张肯堂等，拥立唐王聿键在福州即皇帝位，建元隆武，称福州为天兴府。唐王曾经赞赏江阴人民的抗清斗争说："我家（明宗室）子孙，遇到江阴的三尺童子，也要尊敬"。慨然以"复仇雪耻"为务。但是，控制唐王政权的郑芝龙，原是泉州海盗，接受明朝招抚，有兵二十余万，垄断海上贸易。他总揽军政大权，搜括财物，田园遍布闽广两省，又增置庄仓五百余处。郑芝龙只求保存财产禄位，并不想奋力抗清。唐王和大臣的出师抗清之议，都被他阻挠。

九月间，大学士黄道周亲率门生亲故百余人出师北伐，郑芝龙不派兵、不供饷，只有唐王空札数百道，用以招兵筹饷。沿途农民携带锄头、扁担参军，被称为"扁担兵"。出杉关时，已有万余人。到广信以后，获悉徽州失守，分道出兵，伤亡很大。十二月，在婺源被清总兵张天禄俘虏，解送江宁（南京）。洪承畴亲自来见，黄道周大呼道："洪承畴早在松山战死了，先帝（崇祯）曾哭祭过，哪还能活着！这是无耻小人冒名顶替吧！"他拒绝了清朝的诱降，于次年三月在江宁被杀。

　　唐王政权由于得到大顺农民军的支持，而展开了抗清的斗争。

　　一六四五年夏季，李自成牺牲前后，大顺军各部分别向湖北的大江南北集结。李锦屯兵西山（湖北巴东一带），准备大举进攻清军。高一功率领部队由夔府来与李锦合营，攻克荆门、当阳等地。七月，农民军万人围攻荆州。大顺军田见秀、刘芳亮、吴汝义、袁宗第、刘体纯、郝摇旗、张鼐、党守素、蔺养成、王进才、牛万财等部，从四月间即陆续向大江以南转移。李自成牺牲后，他们"结盟同心"，准备与李锦合营。清朝官员报告说，他们在岳州湖上，"又以不薙头为名，号召叛党，聚集亡命"（《明清史料》丙编第六本）。清朝多次招降，都被农民军拒绝。

　　唐王政权建立后，各部农民军分别与南明湖广总督何腾蛟和巡抚堵胤锡联络，共抗清军。刘体纯、郝摇

166

旗率兵至湘阴，何腾蛟派部将万大鹏单骑前来洽谈。堵胤锡在常德也与李锦、高一功进行联络，愿与农民军"同心协力，以建立功业"。何腾蛟等向唐王报告，唐王大喜，命何腾蛟督师湖广，堵胤锡总制李锦、高一功军。李锦赐名赤心，高一功赐名必正，晋封侯爵，佩龙虎将军印。李自成妻高氏（在高一功军中）封为贞义夫人，李锦部赐名忠贞营。农民军投依南明抗清，不再用大顺国号，但李锦的书疏，犹称李自成为先帝，高氏为太后，以示尊崇。何腾蛟整编李锦、郝摇旗（永忠）、袁宗第、王进才（以上是农民起义军）、黄朝宣、张先璧、刘承胤、董英（何腾蛟旧部）、曹志建（故巡抚刘熙祚旧部）、马进忠、马士秀、王允成、卢鼎（左良玉旧部）等部为十三镇，组成十余万人的强大抗清队伍。

一六四五年冬，南明军向湖北清军发起攻势。明军各部仍驻守自己的防地，何腾蛟率领郝摇旗、王进才留在长沙；堵胤锡驻常德，分治湖南；李锦屯兵公安附近地区，加强对荆州进攻的力量；刘体纯、袁宗第向清军发动新的进攻。他们在江陵以西渡江，攻彝陵，过荆门，进军郧西。沿途人民纷纷响应，声势很大。驻防湖北的清军，惶恐不安，内部动摇。十一月十五日，刘体纯、袁宗第进攻襄阳、承天，攻破城池。次年正月，进攻邓州。二月，清将王斌在房县老寨起兵反清复明。刘体纯、袁宗第率领的农民军，影响遍及南阳、兴安、汉中等地。

清廷在一六四五年十一月，调遣贝勒勒克德浑、固山厄真叶臣，到湖北武昌进攻李锦农民军。李锦部围攻荆州清军达半年之久。一六四六年二月，兵败解围。田见秀、张鼐、李友、吴汝义等在彝陵降清。三月，平西将军何洛会在山阳、商州与农民军两次激战，不能阻止农民军的发展。何腾蛟率郝摇旗、张先璧等进攻岳州、藤溪、湘阴，准备分兵收复武昌和江西的吉安。并请唐王亲自赴赣州，力取江西。

一六四六年六月，鲁王政权败灭。七月，清军博洛部占领金华、衢州，分兵两路进攻福建。这时，郑芝龙已暗中投降清朝，写信密告洪承畴说："遇官兵撤官兵，遇水师撤水师，倾心贵朝非一日也。"(《小腆纪年》卷十二)清军经仙霞岭、分水关，郑芝龙撤去守兵，清军长驱直入。唐王自延平出发，去赣州督战。八月行至汀州，被清军追及杀死。赣州被攻破，泉州、福州也全被清博洛军占领，郑芝龙率官兵投降。清朝在福建建立军政机构，博洛迫令郑芝龙等携带家口进京，断绝他和福建的联系。

唐王聿键死后，弟聿𨮁浮海逃往广州。十一月朔日，原大学士苏观生等拥立聿𨮁称帝，年号绍武。十二月十五日，清兵由降将李成栋率领攻陷广州。苏观生自杀，聿𨮁被俘，绝食死。称帝仅四十五日。

四川大西 张献忠率领大西军数十万人于一六四四年初进入四川夔州，沿江而上，占领万县。由于河水暴涨，在此停留约三个月之久。李自成攻下北京推翻明朝后，张献忠闻讯，即向重庆进军。在涪州击败明驻军曾英部，明四川巡抚陈士奇在重庆四十里外的铜锣峡抵抗。大西军击溃明军，占领重庆。八月，攻占成都，进驻明蜀王府。派遣大西军将领孙可望、李定国、刘文秀、艾能奇等分取四川州县。十一月十六日，张献忠在成都称皇帝，国号大西，年号大顺，以成都为西京。颁行《通天历》，铸"大顺通宝"钱行用。

大西国设左、右丞相、六部，分理政务，开科取士，委派地方官员。又整顿军兵，编为一百二十营。孙可望为平东将军，领十九营；李定国为安西将军，领十六营；刘文秀为抚南将军，领十五营；艾能奇为定北将军，领二十营。四将军所属兵营是大西军对外作战的主力。四人拜张献忠为义父，均改姓张。张献忠亲自统领老营军兵，称为御营。另设宿卫兵驻防。军兵制定《禁约》，严明军纪，禁止扰害地方。大西国缉拿明宗室和逃匿官员，拘押乡绅大户，追罚饷银。四川各州县地主豪绅或杀害大西官员，或组织武装反扑。大西国严厉镇压了反抗的地主、官员，巩固了对四川的统治。

大顺通宝

清朝攻占北京后，即出兵追击李自成军和攻打南京的福王。一六四五年夏，福王政权灭亡。十月，清朝向

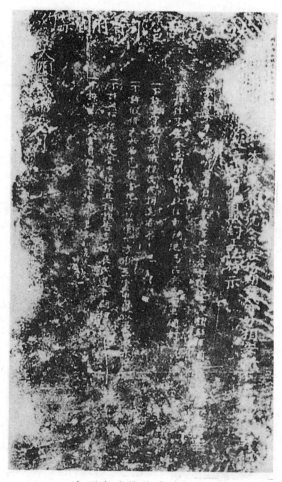

大西骁骑营禁约碑拓本

大西颁诏招抚,说:"张献忠如审识天时,率众来归,自当优加擢叙,世世子孙,永享富贵。"(《清世祖实录》卷二十一)张献忠置之不理。十一月,清廷派何洛会领兵进攻四川。顺治三年(一六四六年)正月,又命肃亲王豪格为靖远大将军，领兵向四川进军。何洛会部中途与归附唐王的农民军作战。豪格军三月到达西安，五月攻占汉中。

大西国面临着清军的严重威胁。九月间，张献忠决策，命四将军各领兵十万人，自成都北上迎敌。十一月，大西叛将刘进忠，自汉中引清兵入四川，偷袭大西军。张献忠在西充凤凰山，突遇敌兵，中箭牺牲。

孙可望等四将军急领兵由顺庆南下，经重庆败明曾英军，斩曾英。渡江南下，至綦江。次年正月，进军遵义。三月，占领贵阳。四将军以孙可望为首，向云南发展。

三、广西、云贵和福建地区的反清斗争

一六四五年夏，李自成被害死，南明福王败亡，清朝赢得了第一个回合的胜利，攻占了陕西和江浙。一六四六年冬，张献忠战死，南明唐王败亡，清朝又赢得了第二个回合的胜利，攻占了四川和福建的部分地区。一六四七年在广西重建的南明桂王政权率领投依南明的原大顺军，向清朝展开了大规模的反攻。

南明的反清斗争　一六四六年八月唐王死后，十月，两广总督丁魁楚、广西巡抚瞿式耜以及王化澄、马吉祥、吕大器等人，在肇庆拥立桂王朱由榔监国，一个月后即位称帝，建元永历。清李成栋军在十二月攻入广州，次年正月，李成栋攻占肇庆，向桂林进军。桂

王自肇庆逃出，经过桂林，逃到武冈，急调湖南的何腾蛟率兵援救桂林。何腾蛟奉桂王诏，由长沙撤退，领兵至衡州。三月，进攻桂林的李成栋军被瞿式耜打退。清平南大将军孔有德等领兵，由岳州攻克长沙、湘潭，进军衡州。六月，

永历帝"敕命之宝"

何腾蛟在衡州调遣诸将抵御，只有郝摇旗、王进才率兵赶到，被清兵战败。几个月中，清军攻占了衡州、宝庆、武冈、靖州等广大地区。桂王由武冈逃往柳州、象州，然后返回桂林。十一月，清军进攻全州。何腾蛟重新整顿队伍，统率郝摇旗、焦琏、赵印选、胡一青、卢鼎诸部，连营三百里，分道出击，大败清军。一六四八年二月，清兵攻破全州，三月，向桂林进兵，被何腾蛟、瞿式耜打退。这时，清朝将领李成栋因不满满洲贵族的凌辱，在广东叛清归降南明。清江西总兵官金声桓也在二月叛清附明。湖南清军兵力空虚。五月，何腾蛟督师收复全州。何腾蛟、堵胤锡随即在湖广境内，对清军发动了进攻。九月，何腾蛟亲自督率张先璧、胡一青、焦琏，收复永州、衡州。王进才收复宝庆。十月，马进忠收复常德。堵胤锡令李锦从夔州东下，在湘潭打败清将线国

安，收复湘潭、益阳、湘乡、衡山等县，进围长沙。何腾蛟与堵胤锡等议定，何腾蛟等督率马进忠等攻长沙；堵胤锡带领李锦等攻袁州、吉安，进军江西，声援金声桓抗击清军。十一月，李成栋自广东南雄出兵，攻打赣州。十二月，清大同总兵官姜瓖在大同叛清，宣告归附南明，震动了北方。

一六四七年至一六四八年间，清朝失去了长江以南湖广的广大地区。广东和江西的汉族降将相继反清附明，大同的附明更造成严重的威胁。清朝接连派出满汉将官分领大兵出击。

金声桓在江西反清后，一六四八年三月，清廷即派遣固山厄真谭泰与何洛会领兵向江西进军。五月，攻占九江、饶州。一六四九年初，清军至南昌，金声桓战败，投水自杀。李成栋领兵来援，三月，与清军在信丰相遇，李成栋败死。江西州县，又都被清军占领。

一六四八年十二月，清廷命阿济格领兵围攻大同姜瓖，不下。一六四九年二月，多尔衮亲自领兵征大同。三月，攻下浑源州，回师。阿济格与尼堪、博洛等继续围攻大同。大同被围困至八月，姜瓖被部下杀害，清军征服山西。

南明进军湖广。一六四八年九月，清廷命济尔哈朗为征远大将军，领兵征湖广，进攻李锦部。次年正月，进攻湘潭。这时，何腾蛟前往李锦的忠贞营，途中被清军俘掳。何腾蛟严厉拒绝济尔哈朗的劝降，被清军处死。南明失何腾蛟，军中无帅了。李锦在茶陵，被清军战败，经衡州、永郴转移到广西。这年秋季，长沙、衡州、辰州、宝庆、靖州、全州等地都被清军占领。十二月，南明焦琏军反攻全州，被清军击败，清军进占道州。

李锦退回广西，屯驻宾州、横州。南明桂王朝廷依靠大顺军的来归，在反清斗争中一度取得胜利。但内部矛盾重重，文官武将互不合作。拥立桂王的明臣与反清归明的李成栋部下相互猜忌，明臣对原大顺军也存有戒心，多方牵制。高一功甚至被迫宣称，要把军兵交兵部。何腾蛟死后，被改编的诸军失去统帅，各自离散。刘体纯、袁宗第、郝摇旗等领兵自宝庆北走常德、澧州，返回荆西。刘芳亮、刘希尧等自宁远北走，军兵在宁远、宜章一带溃散。李锦不久病死。高一功因遭疑忌，在一六五〇年从庆远往荆西。途经黔北，遭到保靖土司彭朝柱的袭击，战死。李锦义子李来亨率领军兵到巴东的西山，与郝摇旗、刘体纯等会师。在郧西坚持抗清斗争的王光兴、王光昌等与郝摇旗、李来亨等联合抗清，号称夔东十三家军。桂王政权失何腾蛟，又失大顺诸军，难以自保了。

一六五〇年五月，清朝加封辽东降将孔有德为定南王，领兵进攻广西。耿仲明为靖南王，尚可喜为平南王，进攻广东。十一月，耿仲明行至吉安，自杀。同月，尚可喜等攻入广州，孔有德攻入严关。瞿式耜邀明将赵印选防守桂林,赵印选带兵逃走。清军攻入桂林,瞿式耜与总督张同敞被俘,囚禁四十日后被杀。桂王由肇庆逃往浔州,经南宁,辗转到达广西西部的濑湍,得到贵州大西军的接应。江西、湖南、广东、广西的重要城镇,均被清军占领。

大西在云贵的建设 大西四将军在一六四七年三月占领贵阳,随即移兵进驻云南。

当时,云南阿迷州土司沙定洲起兵反明,攻占省城昆明。明副将龙在田(原石屏土司)败走大理,听说四将军领兵至贵州,便派人请兵入滇。三月,四将军进兵破交水(霑益旧城)、曲靖,沙定洲放弃昆明逃走。四月,四将军占领昆明,分兵两路攻打云南各地。西路兵由孙可望率领,五月攻克大理,七月攻占永昌,护送自昆明逃来永昌的明黔国公沐天波返回省城,声称要"共扶明室,恢复江山"。(《西南纪事》卷十二)东路由李定国率领,攻克南宁(曲靖)、晋宁、通海、河西等地,进而占领阿迷、蒙自、临安(建水)。几个月之内,四将军已控制了云南除普洱、东川以外的十六个府,收纳彝族兵士,军队发展到二十万人。李定国捣毁了沙定洲据守的城寨,灭沙氏。

一六四八年至一六五二年春的四年时间里,清军集中兵力在湖广与南明桂王作战。大西四将军得以在云贵地区训练军兵,建立政权,进行建设。

(一)政权建设 四将军进入云贵时,孙可望称平东王、李定国称安西王、刘文秀称抚南王、艾能奇称定北王。他们推孙可望为主，彼此往来通称兄弟。每公事聚会，四将军并坐，赏罚各营将官，都由孙可望出面处理。一六四七年八月，建置四王府，又建立太庙，祭祀张献忠。凡有大事必先告庙，然后行动。明致仕御史任僎归附四将军，倡议称孙可望为国主，用干支纪年，设立六部，管理军政大事，并建立州县政权机构。

（二）澄清吏治 四将军在云南经常派人秘密查访，对清官立即提升，对贪官严加惩办。姚安知府谢仪贪赃枉法，马上砍头，传示各州县。设立登闻鼓，鼓励人民对地方行政提出意见。不利的措施，立即废除。

（三）减轻赋税 明朝后期，实行一条鞭法，丁役摊入地亩，一并征收。后来摊派愈来愈多，人民负担沉重。四将军在云南实行"条编半征"法以减轻农民负担。又把近省田地和井盐，由原来官民对半分收改为四六分收。凡金、银、铜、铁矿藏，鼓励商民开采，差官抽税。

（四）训练军队 四将军部下有在陕西参加农民起义的战士一万人作为骨干，又在云南招募汉、彝各族人民入伍，编练新军。兵马三日一小操，五日一大

四将军"兴朝通宝"

176

操，进行严格训练。招收各行工匠,设立什造局四所,制造兵器。兵马给养在各州县就地供应,兵丁每日给米一大升,家口酌量减少,马料每日一至三升不等。兵丁每人各给一袍,没有家口的还给鞋袜各一双,大帽一顶。军队纪律严明,规定:一不杀人,二不放火,三不奸淫,四不宰耕牛,五不抢财货。得到人民的拥护。

大西军人家口住在云南,都与当地农民一起参加生产,缝制军服。当时人称赞说:"其俗,兵不扰民,将不欺士。崇尚礼义,视民如子。往来有体,安置有方。"(《永历纪事》)大西行政,"事尚苟简,文案不繁,官绝贪污馈送之弊,民无盗贼掠夺之端"(《滇南纪略》),人民称便。

早在一六四八年,李定国便对孙可望建策说:"闯(李自成)献(张献忠)二帝,辛苦二十年,蹂躏遍天下,至今身死业隳,究无寸土;而清人坐享渔人之利,甚可悲也。""今挈滇、黔、蜀归就明室,诚心辅佐,恢复旧京,荡清海内,则半生流贼之耻辱可雪,将来竹帛之垂名可图也。"(《晋王李定国列传》)这个建议,得到刘文秀等的支持。孙可望于一六四九年四月即曾派人与桂王政权联系。一六五〇年十一月,清兵攻陷桂林。一六五一年桂王逃至南宁,同年十二月,又逃至濒湍。次年正月,孙可望派兵接应,护送到贵州安隆。大西军接受南明永历年号,举起了复明抗清的旗帜。

四将军北伐 四将军在云贵经过几年的准备,于一六五二年三月，出师北伐，向清朝发动了大规模的进攻。大军分两路进兵，一路由刘文秀、王复臣率领马步兵六万，向四川出兵，直指关中。一路由李定国、冯双礼率领马步兵八万出师湖广，向全州、桂林进军。孙可望移驻贵州，指挥全军（艾能奇已病死）。

刘文秀率领的一路，入川攻破重庆，占领成都。清朝急调吴三桂领兵入川。吴三桂自一六四八年即受命与清定西将军李国翰驻守汉中。七月，吴三桂与李国翰出兵夺取重庆，攻打成都。刘文秀领兵走，与王复臣领彝汉兵，攻打叙府（叙州）。吴三桂领兵来援。王复臣命步兵左右夹攻，驱大象直冲清军。象吼马惊，清军大败，退守保宁。刘文秀乘胜追击，至保宁城东北列阵。不听王复臣劝说，不等援兵到来，即匆忙攻城，被清兵战败。王复臣战死，刘文秀败退。吴三桂不敢追击，对人说："生平未见如此劲敌。"孙可望罢免刘文秀，命驻云南。另派耿三品领兵镇守嘉定。四川一路未能取得进展。

李定国、冯双礼率领的北伐军，五月占领武冈。清宝庆守将逃走，李定国军进而攻克全州，大败清兵。驻守广西的清军孔有德部三次出兵迎战，都不能阻止李定国前进。六月二十九日，孔有德亲自领兵到严关，与李定国决战。李定国指挥部队进攻，驱大象突击，清兵溃败，孔有德逃回桂林。李定国领兵急速追击，七月初二日一举攻破桂林，孔有德兵败自杀。李定国分兵攻占平乐、梧州等地。南明将官赵印选、胡一青、马宝等和左右两江人民纷纷响应，十几天里，就收复了广西全省。八月，李定国北伐湖南，取衡州，派马宝东攻阳山、连州，曹志建旧部收复临武。冯双礼、马进忠北攻长沙，别部出宁乡，收复常德。十月，马进忠趋岳州，分兵攻克江西永新、安福、永宁、龙泉，包围吉安。李定国出师七个月，攻克十六府、三十二州县，收复土地近三千里，取得重大的胜利。

清朝任命尼堪为定远大将军，领兵十万，进军湖广。李定国命令冯双礼退出长沙，伏兵白杲市，诱清军渡湘江、过衡山后，再绕出敌后，跟踪前进。预定李定国在蒸水拒敌，与冯双礼、马进忠前后夹击，歼灭清军。清军进攻衡州，李定国退走。尼堪亲自率兵追击，十一月二十四日李定国埋伏的部队，突然出击，尼堪败死。

桂林与衡州之战，李定国连获全胜。清朝连丧孔有德、尼堪两员大将，为入关以来所未有。这时，孙可望忌李定国功高难制，密令冯双礼退宝庆，马进忠不知底细，也跟着西去。李定国被迫退守武冈。

清军连遭挫败，一六五三年初，任命贝勒吞齐为定远大将军，统率尼堪遗留的军兵，据守湖南。又调安西将军阿尔津为定南将军，由汉中到湖南协同作战。任命固山厄真陈泰为宁南靖寇大将军，镇守荆州。任命驻防江宁的喀喀木为靖南将军，到广东协同尚可喜部驻防。吴三桂、李国翰还守汉中。五月,又任命大学士洪承畴(一六四八年自江南还京师,本年为内翰林弘文院大学士)经略湖广、两广、云贵地方,驻守长沙,居中调度。他在十一月报告说:"满洲援剿官兵,岂能久留?将来有恢复州县,何以分守?兵至则贼退,兵去则贼复合。彼逸我劳,甚犯兵家之忌。"(《清世祖实录》卷七十九)因此,他主张进兵要安全慎重,不急求事功,而用力于"招抚"。

清兵不敢轻易南下,孙可望、李定国等据有云贵、广西和湖广、四川的部分地区,与清朝对峙。

李定国的抗清斗争 孙可望、李定国等所取得的胜利局面,随即由于自相残杀而逐渐瓦解。

大西军在取得胜利的时刻,重又走上了大顺军的老路,将领之间,日渐不和。孙可望被推为主,嫉李定国功高势大。孙、李之间,矛盾日深。南明桂王属下的明臣,乘机从中离间。桂王扈从总兵邓凯称赞他们是"离间逆党,奋发忠义于临时。"(《求野录》)南明官员对农民军的敌视和破坏,加深了内部的冲突。一六五三年二月,孙可望领兵至沅州,邀李定国前来议事。刘文秀派人密告李定国,孙可望有意加害,李定国拒不来会,写信给孙可望说:"今虽大局稍有转机,而敌势方张,成败尚未逆睹,正吾侪同心协力,共策复兴之秋,不宜妄听谗言,自相残害,以败坏国家。"(《晋王李定国列传》)领兵自湖南退入广西,向广东进取。清军乘机占

180

领了湖南的一些州县。李定国攻打肇庆,进围桂林,不下。八月,驻军柳州。一六五四年,自柳州出兵,攻破广东高州、廉州、雷州,围攻新会。清广东守将尚可喜向清廷告急。清朝派遣靖南将军朱玛喇从江西来援,李定国大败。一六五五年春,退守南宁。

南明桂王空无实力,只是大西军复明抗清的一面旗帜。明臣马吉翔向孙可望建策,迫令桂王禅让,由孙可望称帝。桂王大学士吴贞毓得知后,请桂王自安隆急诏李定国领兵入卫。孙可望立斩吴贞毓等明臣十八人,一六五六年初,命刘文秀去安隆,迎桂王来贵州。三月,李定国领兵至安隆,刘文秀转而依附李定国,同送桂王去云南,驻在昆明的沐天波迎桂王入昆明。桂王加封李定国为晋王,刘文秀为蜀王。李定国派部将白文选去贵州,往见孙可望讲和,被孙可望扣留。孙、李的矛盾不可调和了。

一六五七年七月,孙可望起兵反桂王。领兵十四万进攻云南,李定国在曲靖迎击。白文选单骑来见,说已与孙部诸将密约,临阵倒戈。九月,李定国派骑兵五千攻打孙部马惟兴营。马惟兴部与李定国合兵攻孙可望,临阵大呼:"迎晋王! 迎晋王!"孙可望军溃败。十月,孙可望去长沙见洪承畴,叛变降清,并向清朝献策进攻云贵。

一六五八年三月,清朝派贝子洛讬为宁远绥寇大将军,会同洪承畴从湖南进兵。吴三桂、李国翰进兵四川。卓布泰、线国安从广西进兵。

　　四月间，孙可望旧部王自奇、关有才、张明志等在永昌起兵反南明。李定国亲自率兵平定，因而不及增援贵州，给清军造成了进攻的机会。七月，三路清军都进入贵州。九月，清朝派信郡王铎尼到贵州统率清兵，议定：铎尼自贵阳取道关岭为中路；吴三桂自遵义取水西为北路；卓布泰自永顺取黄草坝为南路；洪承畴、洛讬驻守贵阳。十月，李定国派冯双礼守鸡公背，阻击中路清军；派张先璧守黄草坝，阻击南路清军；派白文选守七星关，牵制北路清军。十一月，李定国率兵三万到南路增援，与清军在罗炎、凉水井（今册亨西）大战，先胜后败。前线传闻孙可望扈卫康国臣充当清军前导，军内孙可望旧部猜疑不安，全线动摇，被清军打败，损失很大。冯双礼、白文选、张先璧诸军也先后战败。十二月十三日，李定国退回昆明。

　　李定国全线溃败，急商对策。这时，刘文秀已病死，遗书建策入蜀与夔东十三家联合。李定国主张走广南，沐天波等则主张逃奔滇西。十二月十五日，李定国拥桂王撤离昆明，向滇西逃走。

　　清军跟踪追击。吴三桂军攻陷永昌，编筏渡过潞江。李定国设伏于磨盘山，吴三桂渡江上山，将入伏中。明大理寺少卿卢桂生，从李定国军中逃出，向清军投降告密，清军前部已入二伏。吴三桂立即下令，骑兵下马，发炮攻击伏兵。李定国率伏兵力战，自卯至午，

182

短刀相杀,清固山厄真沙里布阵亡,清军败退。李定国的大将窦明望、王国玺也英勇牺牲。李定国在打击了清军后,便到腾越整顿部队,转战滇缅边境,桂王逃往缅甸。

一六六〇年四月,吴三桂上"三患二难"疏,请清朝出兵消灭桂王,以杜后患。一六六一年,清军进入缅甸,缅甸献出桂王。李定国出兵截击,失败,六月二十七日死于勐腊,时年四十二岁。次年,吴三桂在昆明杀桂王。

郑成功、张煌言的抗清斗争 桂王、李定国败后,据守福建地区的郑成功、张煌言等又在一六五九年,发动了进军长江的战斗,形成又一次的抗清斗争,也是最后一次高潮。

一六四六年清军进攻浙东,鲁王政权的方国安逃跑后,鲁王由张名振等扈从,被郑彩接到中左所(厦门),转至长垣。次年,郑彩、郑联兄弟出兵反清,先后攻占福建的建宁、邵武、兴化三府,福宁一州,漳浦、海澄等二十七县,温、台一带沿海人民响应,声势很大。郑彩奉鲁王,仍用监国纪年。一六四八年,清朝调两广、江浙兵,三路进攻,福建州县多被占领。鲁王大学士钱肃乐死。九月,张名振等占领舟山,接鲁王来住。一六五一年七月,清将张天禄出崇安分水关,马进宝出台州海门,闽浙总督陈锦全军出定海,分路进攻舟山。张名振拥鲁王带领战船攻吴淞,留守大学士张肯堂领兵六千守舟山。八月，清军趁着雾天进螺头门（即蛟门，亦名定关），安洋将军刘世勋、左都督张名扬率领精兵五百，义勇数千，在舟山背城奋战，互有伤亡。城中火药用完，中军金允彦、主事邱元吉跳城，投降清军。清军全力攻破城防，张肯堂全家二十余人，壮烈牺牲。事后，攻城的清兵说："我军南下，江阴、泾县、舟山三城，最不易攻。"张名振闻讯，回师救援，舟山已经陷落，便与兵部侍郎张煌言扈从鲁王前往厦门。

厦门这时由郑芝龙子郑成功（原名森）驻守。

一六四六年郑芝龙降清时，二十四岁的郑成功与郑芝龙断绝父子关系，宣言"背父救国"。与陈辉、张进等九十余人，乘船往南澳（广东南澳县）地方，得到沿海人民群众的支持，组成九千人的队伍，奉唐王隆武年号抗清。一六四七年到鼓浪屿，与郑鸿逵（芝龙弟）部联合进攻泉州、同安、漳浦等地，连续袭击闽粤沿海州县。一六五〇年围攻潮州，不下，返回厦门，合并了从兄郑彩、郑联的队伍，自称招讨大将军。

张名振、张煌言拥鲁王到厦门。张煌言对郑成功说："招讨（郑成功）始终为唐，真纯臣也！"郑成功回答说："侍郎（张煌言）始终为鲁，岂与吾异趋哉？"（《鲒埼亭集》卷九）郑成功与二张消除唐、鲁二王之间的旧隙，相互推重，真诚合作，集中力量反攻长江两岸。

一六五二年二月，郑成功攻海澄，清浙闽总督陈锦率兵来援，被郑成功打败，逃回泉州。三月，郑成功攻诏安、南靖、平和，遂围困漳州。清金衢总兵马进宝带兵救援，郑成功纵之入城，增加围城兵力近二十万人，围困漳州达八个月之久。陈锦领兵增援，受到郑成功部队的阻击，顿兵漳州灌口不能前进。家丁库成栋刺杀陈锦，把他的首级送给郑成功，福建的清朝文武官员惊慌失措。十月，清朝驻防浙江的固山厄真金砺，率领援军来漳州解围，郑成功退守海澄。一六五二年冬，张煌言秘密回到吴淞、天台，联络各地抗清斗争力量。一六五三年春，张名振带兵进入长江，郑成功派陈辉等领兵二万，进屯崇明，攻破镇江，登金山，遥望石头城（南京），拜祭明孝陵。原来长江上游约定响应的抗清义师，没有动静，遂退兵到崇明的平阳沙。十二月，崇明清兵万人，乘冻涉江来攻，张名振、张煌言亲自领兵左右冲击，全歼来犯的清军。

顺治十一年（一六五四年）正月，长江上游有人送来愿为内应的腊书，张名振、张煌言与陈辉等会合，率海船数百艘，再进长江，攻瓜州、仪真，一直到燕子矶（南京江边），等待上游消息。四月，还没有动静，便率水师东下，进攻崇明。郑成功派陈六御、程应蕃增援，复进镇江，焚毁小闸，到仪真烧粮船六百只，获得船只达五百艘。张名振带砂船六十只，泛海到登莱，远及朝鲜沿海。这三次进军长江，在江浙地区影响很大，有不少人参加抗清斗争。原福王政权中的诚意伯刘孔昭，也跟随张名振、张煌言进长江作战。当时有人反对这件事，张煌言解释说："孔昭之罪与马、阮等，然马、阮再卖浙东，而孔昭以操江亲兵，栖迟海上者盖累年矣。则其心尚有可原。"(《鲒埼亭集》卷九）一六五五年，郑成功推张名振为元帅，陈辉、洪旭、陈六御为副，率领二十四镇兵，再进长江。清朝宁波守将张洪德、舟山镇将巴臣功、台州副将马信等先后投降。不幸张名振中途病逝，第四次进军长江的计划，又未能实现。

郑成功曾被唐王赐国姓朱，因而又被人称为"国姓爷"。他始终以忠于明室，复兴明室为职志。改厦门为思明州，依明制设立六部分管政务。一六五五年，鲁王去监国称号，次年移居南澳。桂王被李定国迎入云南，鲁王向桂王上表称臣。郑成功自一六五〇年即与李定国互通声息，接受桂王的号令，配合作战。一六五八年，桂王加封郑成功为延平郡王，张煌言为兵部左侍郎。清军进攻云贵，郑成功与张煌言大举出兵，展开了向长江地区的第五次进攻。

一六五八年秋季，郑成功、张煌言率领大兵十七万，其中五万人习水战，五万人习骑射，五万人习步击，以万人往来策应，万人为"铁人"。"铁人"披铁甲，耸立阵前，专砍马足，最为精锐。大军到浙江，攻克乐清、宁海等地，在羊山遇到台风，损失巨舰百余艘，漂没战士八千余人，郑成功、张煌言被迫撤回厦门。

桂王、李定国败后，一六五九年五月，郑成功、张煌言进军长江，再次发动对清军的进攻。当月，攻克瓜州、镇江。六月二十二日到达江宁，从仪凤门登陆，在岳庙山屯营。张煌言建议说："师久易生他变，宜分兵袭取句容、丹阳等城。"郑成功未能采纳这个正确意见。七月初五日，芜湖降书至，郑成功命张煌言带兵控制上游，防备江楚援兵。张煌言审度形势，分兵出击。一军出溧阳，攻广德；一军镇守池州，截断上游援军；一军攻和州，保卫采石；一军入宁国，攻徽州。他传檄大江南北，各地人民响应，清官归降，一举收服了太平、宁国、池州、徽州等四府、三州、二十二县。张煌言考察官吏，安抚地方，一时各地人士都到军门接受指示，参加抗清斗争，江南震动。

郑成功在江宁城下看到的情况是：巡抚以下官员都要逃走，松江水师提督马逢知已经送到降书，总督郎廷佐也来信接洽投降，其实是缓兵之计。郑成功临阵轻敌，误认为大局已定，江宁旦夕可下，不攻城，不打援，八十三营大军牵连立屯，警戒不严。清廷此刻则如临大敌，顺治帝甚至准备领兵亲征。清廷命令自贵州回京路过江宁的军队进入江宁城内，增强作战力量。一六六〇年六月二十三日，清军骑兵出击，攻破郑成功的前屯余新营。次日黎明，清军倾城出击，郑成功已命令部队离营，屯扎山上，摆设挨牌、火炮，列阵迎敌。清军来攻，郑成功退却，大将甘辉被俘牺牲。郑成功撤走镇江等地驻军，从长江出海。

张煌言得知郑成功出海，清总督郎廷佐已派水师截断长江，便决定进军鄱阳湖，号召江楚人民进行抗清斗争。八月初七日，船到铜陵，被清援军打败。抗清义士魏耕请赴英霍山寨，张煌言焚舟登陆，率军数百人前进。不久，被清军冲散，张煌言与一卒一童，从建德、祁门乱山间，经休宁、严陵、东阳、义乌，出天台，到达浙东海滨，招集散亡，在台州沿海的小岛上暂驻。次年春初，回到临门。

郑成功在十六年中六次进军失败，东南沿海州县，屡得屡失。江宁败归，更加自感难于发展。台湾通事何斌建议东取台湾，说：台湾沃野千里，可以立国。张煌言在临门写信劝阻，说"军有寸进而无尺退。今入台则两岛（金门、厦门）将来恐并不可守，是孤天下人之望也。"（《鲒埼亭集》卷九）郑成功不听。一六六一年三月，留子郑经守厦门，亲率大军三万乘海船百艘，进取台湾。

明朝在台湾设有巡检所统辖，驻兵澎湖。万历、天启以来，福建即有大批居民移住台湾。一六二四年，荷兰海盗殖民者窃据台湾西南的海港鹿耳门。次年，又侵入台南修建赤嵌城（今台南）。一六二九年（崇祯二年），福建大旱。郑芝龙招集流民数万人去台湾垦荒，收取租赋（《鹿樵纪闻》、黄宗羲《行朝录》）。这时，台北的鸡笼（基隆）等地，被来自吕宋的西班牙海盗所占据。一六四二年（崇祯十五年），荷兰殖民者又从西班牙殖民者手中，夺取了鸡笼和淡水，对居民进行残暴的掠夺。一六六一年四月，郑成功军经澎湖，到达鹿耳门，得到当地人民的支持，顺利击败荷兰殖民者，进而攻占赤嵌。荷兰殖民者以揆一为首，据守王城（台湾城，今安平），郑成功军围攻九个月。十二月十一日，揆一投降。郑成功放揆一回国，逐走荷兰殖民者，收回台湾全部领土，改称台湾城为东都，设一府二县。次年五月，郑成功在台湾病死，年三十九岁。子郑经自厦门去台湾，继承郑氏的统治。张煌言继续在临门坚持抗清。鲁王寄居金门岛上。

第六节　清朝统治的建立

清世祖顺治帝在位十七年间，完成了一件大事，即从辽东打到广东，基本上占领了明朝的全境。清朝统治者面临的新问题是，对待广大的汉族居住区如何进行有效的统治。这里存在着满族传统的奴隶制与汉族地区封建制两种制度的矛盾，满族与汉族两个民族、两种文化的矛盾。满族统治集团内部和满汉官员之间，也存在着多种矛盾与冲突。清王朝在人民反抗和满汉贵族间的反复斗争中，逐步建立起它的统治。

顺治帝幼年即位，朝政由摄政王多尔衮所掌握。一六五〇年多尔衮病死，顺治帝亲政。顺治一朝前后经历了摄政期与亲政期两个阶段。

(一)多尔衮摄政时期

　　清在辽东建立国号,即面临着攻取明朝的课题。满洲贵族由此出现了两种不同的主张。清太宗皇太极时,以镶蓝旗贝勒济尔哈朗(舒尔哈齐子)为首的贵族,主张举兵深入明境,"焚其庐舍,取其财物"。固山厄真和硕图更明确地主张:"杀其人,取其物,务令士卒各餍所欲"。(《清太宗实录》卷十四)这些主张,实际上是反映了满族奴隶主阶级的利益,把掳掠奴隶和财物作为对明作战的目标。两白旗的多尔衮和两红旗的代善长子岳讬等贵族则主张夺取中原为久驻之计。皇太极志在灭明立国,但无法限制奴隶主的强大势力。一六三五年,降附的汉官文士纷纷奏请出兵灭明,以成大业,期望皇太极作金世宗、元世祖。皇太极以为灭明时机来到,告谕汉官高鸿中、鲍承先、宁完我、范文程等说:"倘蒙天佑,克取燕京,其民人应作何安辑?我国贝勒等皆以贪得为心,应作何禁止?此朕之时为厪念者也"。(《清太宗实录》卷二十二)又命文馆诸臣,择要翻译辽宋金元四史所载治国用兵的方略,以备观览。一六四三年六月,贝勒阿巴泰等去山东掳掠后班师,各旗将士因分配财物不均,引起争论。皇太极告诫诸贝勒不可以掳掠为生计,立国之本为有土有人,厚生之道全在勤治农桑。皇太极在临终之年的这些议论,显示着

190

他已逐渐意识到限制奴隶制的发展，是灭明立国所必需。但在他一生中，对明作战基本上还是奴隶制性质的掳掠之战。

皇太极在位时，多尔衮得到信用，加封睿亲王。一六四三年八月，皇太极病死。六岁的福临被拥戴即位。多尔衮与拥戴豪格的济尔哈朗共同辅政。次年，规定诸王大臣奏本，先奏多尔衮。在一六五〇年顺治帝亲政以前，多尔衮是清朝实际上的最高统治者。多尔衮的同母兄阿济格，同母弟多铎掌握强大的军兵，足以与豪格、济尔哈朗一系相抗衡。

多尔衮摄政日记

顺治帝即位，多尔衮掌握军政大权，清朝具备了夺取中原的主观条件。李自成大顺军推翻明朝，立国不稳，又为清朝准备了客观条件。清军因而得以顺利地攻入山海关，轻而易举地从农民军手中夺取了北京。但是，多尔衮攻占北京后，在建都问题上，满洲贵族间仍然存在意见分歧。朝鲜文学李稑在一六四四年八月间回国后向朝鲜仁祖报告清军情况说："八王(阿济格)言于九王(多尔衮)曰：初得辽东，不行杀戮，故清人多为辽民所杀。今宜乘此兵威，大肆屠戮，留置诸王以镇燕京，而大兵则或还守沈阳，或退保山海，可无后患。九王以为先皇帝尝言：若得北都，当即徙都，以图进取。况今人心未定，不可弃而东还。两王论议不合，因有嫌隙云。"(朝鲜《李朝仁祖实录》七)阿济格是多尔衮倚信的贵族，属于同一政治集团，但他提出的大肆杀掠后返回沈阳的主张却是反映了奴隶主贵族的守旧观点。持有相同观点的贵族，仍然是强大的力量。多尔衮进驻北京后，北京城内到处传说，将"放抢三日，杀尽老壮，只存孩赤"。(《清世祖实录》卷八)多尔衮多次晓谕民众，禁止杀掠，说这些流言都是"流贼奸细，潜相煽惑"。事实上，这些流言都来自满洲贵族。八月间，顺治帝自盛京启程来北京，宣布迁都。九月到达北京。十月初一日，在明皇宫武英殿举行登极大典，建都称帝。多尔衮召集汉官们说："小民讹传于八月间屠民。现在人民无不保全，众所共见，还会怀疑有抢掠之事么！"定都北京禁止杀掠的事实驳斥了民间的"流言",多尔衮战胜了满洲贵族中的守旧派。

一、满族南迁与反"圈地"、"投充"的斗争

顺治帝定都北京,并不是一般的迁都,而是伴随着满族的大规模迁徙。辽代契丹族与元代蒙古族,在王朝建立后,大批居民仍居住在本族的故地。金代女真族,在海陵王、金世宗后,大举南迁汉地与汉族杂居,从而加速了民族间的融合。顺治帝与多尔衮,命令满洲八旗诸王贵族以至兵丁奴仆大举南迁,是对退居沈阳的守旧主张的彻底否定,也对此后满族和清朝历史的发展,产生了深远的影响。

满族在辽东实行奴隶制性质的计丁授田制。据说"沈中禾稼颇登",因而南迁时"多有怨苦者"。(朝鲜《李朝仁祖实录》七)满族迁居北京及京畿地区,继续推行计丁授田制,这就不能不侵占汉族的大量田地。两种制度、两个民族的矛盾由此激化了。

"圈地" 清军占领北京的第二天,下令北京内城的汉人居民一律迁居外城,内城由满洲八旗驻防。顺治元年(一六四四年)十二月,谕户部:"我朝建都燕京,期于久远。凡近京各州县民人(汉人)无主荒田,及明国舅皇亲、驸马、公、侯、伯、太监等死于寇乱者,无主田地甚多。尔部可概行清查。若本主尚存,或本主已死而子弟存者,量口给与,其余田地尽行分给东来诸王、

勋臣、兵丁人等。此非利其地土,良以东来诸王、勋臣、兵丁人等无处安置,故不得不如此区划。然此等地土,若满汉错处,必争夺不止。可令各府州县乡村,满汉分居,各理疆界,以杜异日争端。今年从东来诸王各官兵丁及见在京各部院衙门官员,俱著先拨给田园。其后到者,再酌量照前与之。"(《清世祖实录》卷十二)这个上谕确定了分配田地的具体办法,近京各府州县由此全面展开了对民间田地的占夺,称为"圈地"。照此上谕的规定,有主田地,只是按照满族的计丁授田制"量口给与",其余田地全部没收。这就严重侵犯了汉族地主的利益。原属明朝贵族的所谓"无主田地",实际上在农民战争中多已为贫苦农民所占有。上谕规定,概行清查没收,分配给清朝的贵族官员,这实际上是从农民手中夺取田土。"满汉分居"的规定,是采纳顺天巡按柳寅东的建策,但满洲贵族大片圈占田地后,汉族农民所有的小块土地也因此而被圈占。广大农民从土地上被驱逐,迫令迁徙。上谕还规定,此次圈占后,满族陆续迁来者,照前给与田地。因此,顺治二年(一六四五年)十一月,又展开第二次圈占,扩展至河间、滦州、遵化等地。顺治四年(一六四七年)正月,又下令顺天、保定等四十二州县,圈占田地,给与当年东来满洲官员兵丁。在三次大规模圈地中,由圈占无主田地扩展到有主田地,由圈地进而圈占房屋,甚至"圈田所到,田主登时逐出,室中所有皆其有"(史惇:《恸余杂记》)。据统计,三次圈地，共没收了汉人田地十四万六千七百六十六顷（二百七十七万七千九百五十二晌），包括北起长城，南至河间，东起山海关，西达太行山的广大地区。清朝统治者与这一地区居民的矛盾，大大激化了。

编庄与投充　清朝统治者圈占了大量田地后，继续推行辽东的编庄制度，役使奴仆壮丁从事生产。汉族农民投靠满洲贵族为奴，称为"投充"。因有此制度，满洲贵族和庄头，即以投充为名，强迫失去田地的汉族农民，充当奴仆。顺治帝曾在顺治二年四月，给户部的上谕说："前听民人投充旗下为奴者，原为贫民衣食开生路也。……今闻有满洲威逼投充者。又有愚民惑于土贼奸细分民屠民之言，辄尔轻信，妄行投充者"。又说："又距京三百里外，耕种满洲田地之处，庄头及奴仆人等将各州县庄村之人逼勒投充，不愿者即以言语恐吓，威逼迫胁。各色工匠尽行搜索，务令投充，以致民以不靖。"（《清世祖实录》卷十五）汉族农民被迫投充，或不得已而带地投充，使满洲贵族扩大了对奴隶的占有。据《直隶通省赋役全书》（畿辅条鞭赋役全书）统计，"投充"人的总数为九千九百九十五丁，连同家口当有数万人。从旗地庄田数目可以约略地推算出满洲贵族所占有的奴仆壮丁的数量：（一）内务府共圈占土地二十二万零一百六十六晌，设粮庄四百余所，银庄一百三十二所，果园二百五十所，瓜菜园九十余所。每庄有地一百三十四晌（后增为三百晌）、庄头和壮丁十人，耕

195

牛八头，依此计算应有一万六千四百三十人。庄头在圈地时，一庄占地二三十顷至四五十顷不等，也役使相当数量的壮丁，估计内务府官庄的壮丁，大概有两万人左右。（二）宗室王公圈地二十二万二千三百零九晌，共设整庄一千四百零九所，半庄和园八百二十三所。王庄有的是从内务府拨给的，田地与壮丁数目与官庄相同；有的是按每丁五晌，拨给田地建立的。折中计算，王公占有的壮丁大概在三万人左右。（三）八旗官兵共圈占土地二百三十三万五千四百七十七晌，先是每丁给地六晌，后改为五晌，多出的一晌，拨给新来的人丁。依此计算，授田丁额是四十六万七千一百人。在进关前后，八旗满洲、蒙古、汉军共有五百九十四个牛录，每牛录二百人，正身旗人为十二万左右，户下人就有三十四万七千一百人。据上三项统计，皇帝、王公、官员和正身旗人占有的壮丁，在畿辅地区就接近四十万人，连同他们的家口至少也有一百几十万人。其中大部分是自盛京迁来和战争俘掠。户下人属于主人所有，主人可以随意把他们出卖。子女的婚姻也不能自主，要听命于主人。主人杀死户下人不需偿命，只是受到鞭打或罚俸等处罚。满洲贵族在京畿广大地区圈地编庄、强迫"投充"，把辽东的奴隶制推行于封建制的汉地。奴隶制与封建制两种生产关系的矛盾，八旗户下人与满洲贵族的矛盾，都随之激化了。

逃人　满族南迁到京畿地区，带来大批的奴隶。

196

这些奴隶主要是满洲贵族历年入关掳掠的汉族人民（犯罪被罚为奴或买卖为奴者只是少数）。圈地之后，他们便纷纷逃跑。被逼勒投充的汉族奴隶也陆续逃出。于是出现所谓"逃人"问题。一六四六年五月，多尔衮谕兵部说："只此数月之间，逃人已几数万"，命定新法。新制定的逃人法规定，查获的逃人鞭打一百，归还原主。隐匿逃人者"从重治罪"，本犯处死，家产没收。"邻佑九家、甲长、乡约，各鞭一百，流徙边远"。首告者给赏。所在州县官降级调用（《清世祖实录》卷二十六）。逃人法重在处治隐匿逃亡奴隶的窝主，这显然是沿袭满洲奴隶制的惯例。一般说来，在奴隶制的社会中，奴隶逃亡是一种反抗的方式。收容逃人是奴隶主之间相互争夺奴隶的一种方式。它被认为是不道德的和不合法的行为。但是，此时满洲贵族的汉族奴隶多是来自封建社会的人民，他们的逃亡已不会是再投依其他奴隶主，而是逃回家园隐匿或聚众自保。旨在严惩窝主的逃人法并不能禁止他们继续逃亡。一六四九年满洲官员纷纷控奏，原来在战争中俘掳的奴隶，"俱已逃亡"。多尔衮慨叹说："自入主以来，逃亡已十之七八，不严此令，必至无复一人"。（《恸余杂记》）汉族奴隶的大批逃亡，瓦解着满洲的奴隶制，给予满洲大小奴隶主以沉重的打击。

人民起义 清朝定都北京后，清军占领区的各地人民即不断开展武装斗争。起义的人民大部分是满洲贵族的逃亡奴隶,即八旗户下人。他们逃出后,无处投奔,即聚众起义。另一部分是圈地后,无地可耕无家可依的农民。官员们指出:"地被圈占,所余无多。民久逃亡,仅存孑遗"。"野有流鸿,崔苻之剽窃时告"。(《中藏集·奖荐汇纪》)遭到清军镇压的各地农民军的流散队伍与逃亡的奴隶、农民相结合,在北方地区四处点起起义的烈火。

一六四四年五月,三河县农民首先起义。昌平州红山口农民起义,清朝派重兵镇压。北京西郊农民起义,使西山的煤炭不能运往京城。

保定地区香炉寨钱子亮、乔家寨赵建英自称大王起义。大顺军的余部康文斗、郭壮畿在饶阳自称扫地王,组织队伍进行武装斗争。在河南省,大顺军将领王鼎铉驻守内黄、联合苏自兴等组织的抗清队伍,从内黄进攻顺德,与山东抗清斗争相互呼应,给清朝很大的威胁。在山东省,嘉祥满家洞的宫文彩,高举起大顺军的旗帜起义。滕县的王俊、曹州榆园的马应试,都组织了几万人的武装力量,不断进攻县城。大顺军的旗鼓(司旗鼓的军士)赵应元领导青州人民进行抗清斗争,杀死清朝招抚山东的户部侍郎王鳌永。

一六四六年颁行逃人新律后,各地人民的起义更加发展。边远地区也爆发了回民的起义,以反抗清朝的统治。一六四七年各地人民的武装起义,规模较大者如下:

198

河间起义——一六四七年三月，河间人民举行武装起义，攻破县城，处死官吏，转战到邹平。

三河起义——三河县人民在女领袖张氏和杨四海、王礼、张天宝等领导下起义，进攻静海、沧州等地。天津巡抚因而被清朝撤职。

山东榆园起义——起义军由李化鲸率领，与河南抗清义军联合，进攻大名。次年，攻下曹州、定陶、城武等县。

淄川起义——谢迁领导的起义军，攻下山东淄川，处死剃发降清的兵部尚书孙之獬，攻下宿迁，震动了江淮地区。

栖霞起义——山东栖霞人民在于七领导下起义。次年攻下宁海等县。

山西起义——山西抗清义军攻下太原、汾州和周围的五十余县。

甘肃起义——清军追查李自成余部，株连甘肃回族人民。当地回民在米喇印、丁国栋率领下，在甘州起义，杀死清巡抚张文衡，攻占巩昌、临洮、兰州等要地。

"投充"、"圈地"的停止　清朝建都北京后，在广大汉人地区实行圈地，迫令投充，激起了人民广泛的、多种形式的反抗。人民斗争的日益高涨，迫使清朝统治者不得不下令停止投充和圈地。一六四七年的诏谕说："前令汉人投充满洲者，诚恐贫苦小民，失其生理，困于饥寒,流为盗贼","自今以后,投充一事,著永行停止"。同年的另一诏谕说:"今闻被圈之民流离失所,煽惑讹言,相从为盗,以致陷罪者多,深可怜悯。自今以后,民间田屋,不得复行圈拨,著永行禁止"。(《清世祖实录》卷三十一)清朝统治者停止圈地、投充,实质上是宣告了在汉地推行奴隶制的失败。但此后满洲贵族依然恃势强占田地,俘掠奴仆,残存的奴隶制仍在各地推行。

二、政治制度的改订

多尔衮率领清军占领北京后,曾宣布任用明朝官员,招集流民,减轻赋税等措施。定都后,又依仿明朝政体,集中权力,改订制度,颁布法律,以适应对汉人的统治。

削弱诸王 清太宗皇太极时,八旗固山厄真,合称八大臣,与诸王贝勒共议国政。诸王兼领六部事。一六四三年,顺治帝即位后,多尔衮与济尔哈朗辅政,随即以诸王议政,"纷纭不决,反误国家政务"为理由,由多尔衮与济尔哈朗当权,宣称"所行善惟我二人受其名,不善亦惟我二人受其罪"。(《清世祖实录》卷二)同时,停止诸王兼理部务的制度,并贝子、公等管理部务亦宣布停止。六部各任命尚书、侍郎管领。满洲诸王贵族的政治权力由此受到极大的削弱。一六四四年三月,由济尔哈朗宣谕,诸大臣奏事先奏睿亲王多尔衮。

九月，顺治帝定都北京，尊多尔衮为叔父摄政王。随后，又罢免郑亲王济尔哈朗辅政。中枢政权集中到多尔衮的手里。一六四八年十一月，顺治帝又尊多尔衮为皇父摄政王（满语作"汗的父王"）。

改革政体　皇太极时设立内三院（国史、秘书、弘文），各设大学士一人，分别管理诏令、文书诸事，实际上仍是原来文馆的扩大，不参予军国政务。多尔衮集中权力后，依仿明制，内三院为六部之首，有如明朝的内阁，成为中枢机构。大学士兼领六部尚书衔。六部尚书原由满洲官员中任命。一六四八年，增设六部汉人尚书，满汉兼用。一六四九年又规定：满洲诸大臣如有干预各衙门（六部）政事及指摘内外汉官者，即行治罪。

皇太极时，已在辽东地区陆续收纳了范文程、宁完我、洪承畴等汉族降臣，委以重任。多尔衮攻占北京后，大批任用明朝的降官，多方招纳。亡明文渊阁大学士兼户部尚书、涿州人冯铨，因谄事魏忠贤免官。一六四四年，多尔衮亲自写信征召。冯铨以大学士衔佐理要务。次年，授任弘文院大学士兼礼部尚书，成为多尔衮倚用的要员。河南商丘人宋权，为亡明进士、顺天巡抚。多尔衮入京，宋权降清仍为巡抚，领兵追击李自成部。一六四六年擢任国史院大学士。内秘书院大学士仍由范文程充任。满洲正黄旗刚林、镶白旗祁充格分任国史院与弘文院的满人大学士。各部尚书以下的官职，也任用了一批汉人降官。在满汉兼用的政治体制中，满人官员当然处于优越的地位，但多尔衮任用大批汉官，也使满洲贵族势力受到一定的限制。

地方官也依明制，设置总督巡抚和州县官。边疆地区则由将军统辖。

制定法律 清朝建都北京后，即命廷臣详译明律，参酌满汉条例，修定清律。一六四六年五月，修定大清律成，称为《大清律集解附例》，共分三十门，四百五十七条。刑分笞、杖、徒、流、死五等。死刑有斩与绞两种，各有"立决"与"监候"之别。较徒流为重，仅次于死刑者称为充军，发边远安置，或边外为民，发边外安置。法律总要从属于一定的社会制度。大清律基本上沿袭明律，起着维护汉地封建秩序的作用。

继奉帝统 一六四五年三月，多尔衮命户部尚书英俄尔岱代顺治帝祭祀历代帝王。自太昊、伏羲至明太祖共二十一帝。明朝祭祀前代开国的帝王，将元世祖忽必烈列入，而无辽金两代皇帝。多尔衮依礼部奏请，增入辽太祖、金太祖、金世宗和元太祖，并将明太祖迁入历代帝王庙奉祀。祭祀历代帝王，显然旨在表明清王朝继承历代王朝的正统。增祀辽、金、元诸帝，旨在表明正统的帝王非只汉族。汉族降官多次期望清帝效法金世宗实行汉法。清朝特将金世宗列祀、也正是表明多尔衮所实行的政策有据。皇太极时，即与诸王大臣研究明太祖的统治术，增祀明太祖不仅表明清王朝是明朝的直接继承者，而且表明它将继续实行明朝的统治制度。顺治三年（一六四六年）正月，编译《明洪武宝训》一书，用满汉字刊刻颁行。称其"彝宪格言，深裨治理"，以顺治帝名义作序文刊于编首。

尊孔崇儒 多尔衮入北京后，即遣官祭祀孔子。一六四四年十月，顺治帝在北京称帝的次日，即命孔子六十五代孙允植袭封衍圣公。亡明进士、清国子监祭酒李若琳请恢复元朝加封孔子"大成至圣文宣王"的封号，顺治二年，定号为"大成至圣文宣先师"，多尔衮亲诣孔庙致祭。一六四六年四月，又诏修盛京（沈阳）孔子庙。多尔衮一再表示对孔子的尊崇，即是表示对汉文化的尊重，借以取得汉人士大夫的拥戴。

顺治帝建都北京后，修建明国子监北监为太学，依仿明制，广收生徒入国学读书。满洲贵族八旗子弟也可入国子监学习。因满洲贵族住在内城，又在八旗各建学舍，立书院。各佐领下取官学生一名。以十名读汉书，其余习满书。国子监所习汉书，有四书、五经、《资治通鉴》和程朱理学，考课则以经书为主。科举考试也考五经。尊孔还只是对汉文化的尊重，八旗子弟习读经书，则是在满洲贵族中传播儒学了。

满汉通婚 清太祖、太宗曾娶蒙古女为妃，但宫中不蓄汉女。顺治帝选汉官之女入宫为妃，并准满汉官民相互婚娶。一六四八年八月谕礼部："方今天下一家，满汉官民，皆朕赤子。欲其各相亲睦，莫若使之缔结婚姻。自后满汉官民有欲联姻好者,听之"。又规定满洲官员之女嫁汉人或汉人官员之女嫁满人,须先报礼部。无职者听其自便。顺治帝和多尔衮允准满汉通婚,虽然在当时还未必能普遍实行,但表示了他们企图缓和满汉矛盾的政治观点。

三、满洲贵族间的斗争

清朝建都北京,多尔衮一系贵族取得了胜利。但满族南迁后,在汉地实行"圈地"和"投充",加剧了与汉族人民的矛盾。改革政体,实行明朝制度,提倡汉文化,又不能不加剧与满洲贵族守旧势力的矛盾。前一种矛盾形成人民的武装反抗。后一种矛盾则形成为满洲贵族间的斗争。这一斗争与贵族间的权力之争相结合,发展到极其激烈的地步。

罢济尔哈朗——顺治帝在满洲贵族间的权力争夺中即帝位。多尔衮与济尔哈朗共同辅政。多尔衮领兵占领北京后,逐渐掌握朝政。一六四七年十月,以济尔哈朗"府第逾制"为名,罚银二千,罢去辅政。舒尔哈齐一系由此失去政柄。多尔衮同母弟多铎继为辅政王。多尔衮一系掌握了全部权力。

诛豪格——皇太极长子豪格,努尔哈赤时随从征讨。皇太极时是对明作战的重要将领,掌握两黄旗,在贵族中具有强大势力。在皇太极死后,与多尔衮同具继承帝位的资格。多尔衮摄政后,一六四四年四月,即削去豪格的肃亲王王爵。十月,因豪格功大势大,恢复原封。一六四六年,多尔衮命豪格为靖远大将军,领兵西征,攻打李自成余部和张献忠部。豪格连年作战,占领陕西和四川。一六四八年二月,得胜还朝。多尔衮加豪格以"徇隐部将冒功"的罪名,逮捕入狱。三月,死于狱中。顺治帝即位后,代善曾揭发子硕托等谋立多尔衮为帝,将硕讬处死。多尔衮处死豪格后,又查处曾经谋立豪格的贵族,兴起大狱,涉及多人。济尔哈朗也被株连,议罪当死。从轻处置,降为郡王。多尔衮除豪格,贵族间的矛盾更为尖锐了。

济尔哈朗出征——济尔哈朗一系仍拥有相当的势力。一六四八年闰四月,济尔哈朗又恢复郑亲王的王爵。九月,多尔衮命他为定远大将军领兵南下,出征湖广。济尔哈朗南下作战获胜,直至广西。顺治七年(一六五〇年)正月,胜利还师。这时,多铎已死,多尔衮只有同母兄阿济格领有重兵。朝政则倚信满达海(代善子,封巽亲王)、博洛(阿巴泰子,封端重亲王)、尼堪(褚英子,封敬谨亲王)处理,称"理政三王"。这年十二月,多尔衮在哈喇城病死,年三十九岁。顺治帝亲政,贵族间的斗争又进入了新的阶段。

(二)顺治帝亲政时期

多尔衮执政七年间,决策攻打北京,占领中原,迁

205

都立业,依仿明制建立对汉地的统治,实际上奠立了清王朝的基业。多尔衮死后,顺治帝命以皇帝礼治丧,上尊号为"敬诚义皇帝",称颂他"平定中原,至德丰功,千古无二"。顺治帝福临十四岁开始亲政。顺治帝亲政期间,满洲贵族之间的矛盾、满汉制度与满汉官员之间的矛盾又在发展。

一、济尔哈朗派的反击

顺治帝亲政,济尔哈朗成为最显赫的贵族,对多尔衮一系展开了反击。

诛阿济格——多尔衮同母兄阿济格(太祖十二子),自努尔哈赤以来屡立战功,是满洲贵族中的一员猛将。顺治元年,进封英亲王。领兵击败李自成农民军,斩刘宗敏,俘宋献策。又为平西大将军,败大同姜瓖部。多尔衮执政时,阿济格即与济尔哈朗不和,曾提出济尔哈朗不当称辅政叔王,并要求加给他自己"叔王"称号。多尔衮死后,阿济格成为两白旗一系最有声威的贵族,是济尔哈朗的最大的政敌。阿济格被控告以兵胁迫多尔衮旧部附己,临丧佩有小刀等罪,被削爵幽禁,在狱中赐死。阿济格被诛,多尔衮一系遭到沉重的打击。

追议多尔衮——济尔哈朗除掉阿济格后,一六五一年二月,即与理政三王巽亲王满达海、端重亲王博洛、敬谨亲王尼堪等上疏追议多尔衮之罪,指多尔衮

"独专威权，不令郑亲王（济尔哈朗）预政，遂以伊亲弟豫郡王多铎为辅政叔王，背誓肆行，妄自尊大"，"构陷威逼，使肃亲王（豪格）不得其死，遂纳其妃，且将官兵户口财产等项，不行归公，俱以肥己"。"凡一切政事及批票本章，不奉上命，概称诏旨，擅作威福，任意黜陟"，"又不令诸王、贝勒、贝子、公等入朝办事，竟以朝廷自居"，最后说："多尔衮显有悖逆之心，臣等从前俱畏威吞声，不敢出言，是以此等情形未曾入告。今谨冒死奏闻，伏愿皇上速加乾断，列其罪状，宣示中外。"（《清世祖实录》卷五十三）多尔衮旧部诸臣从而附和。固山厄真尚书谭泰奏言，何洛会依附多尔衮，曾骂詈豪格诸子。济尔哈朗与诸王贵族群起攻击多尔衮，顺治帝下诏追削多尔衮封爵，籍没家产入官。何洛会正法。多尔衮被议罪削爵，济尔哈朗等贵族取得了胜利。

杀逐诸臣——多尔衮议罪后，又定"阿附多尔衮诸臣"之罪，大学士刚林、祁充格俱坐罪处死。多尔衮一系满洲贵族被处死数十人。

理政三王原在多尔衮时即已执政。济尔哈朗攻讦多尔衮，三王联名附奏。不久之后，三王也得罪降爵，停罢理政。满达海与博洛病死，尼堪复王爵为定远大将军，领兵南征，在湖南衡州战死。从征诸将均以兵败论罪。吏部尚书谭泰也因"威权专擅"，一六五一年八月交刑部议罪。护军统领鳌拜揭发谭泰曾对多尔衮说过，"吾当杀身图报"，谭泰被处死，抄没家产。（《清世祖实录》卷五十九）多尔衮时期的满洲重臣几乎全遭杀逐。

四大臣议政——多尔衮被议罪后，原来遭到贬斥的贵族纷纷被平反复爵，或擢升。被多尔衮处死的豪格首先恢复了肃亲王的封号。一六五二年，济尔哈朗加封为"叔和硕郑亲王"。镶黄旗鳌拜，曾从济尔哈朗作战，进爵三等昂邦章京，多尔衮执政时，以谋立豪格罪论死，宽宥降爵。一六五二年被平反，晋爵二等公，授领侍卫内大臣，为议政大臣。正黄旗昂邦章京索尼，也曾因谋立豪格罪被夺官，贬守昭陵。一六五一年被召还，晋爵为一等伯，授内大臣，议政大臣，总管内务府。镶黄旗甲喇章京遏必隆，因忤两白旗诸王，被多尔衮革职，晋爵为一等公，领侍卫内大臣，议政大臣。正白旗的甲喇章京苏克萨哈，因揭发多尔衮有功，也晋授领侍卫内大臣，议政大臣。两黄旗与正白旗由顺治帝直接统领，成为新上三旗（原正蓝旗换出）。鳌拜、索尼、遏必隆、苏克萨哈四大臣领皇帝的侍卫，参预议政。以济尔哈朗为首的贵族，控制了议政王大臣会议。

二、满汉大臣间的斗争

满洲贵族相互倾轧的斗争中，汉族大臣涉及者甚少。满族大学士刚林、祁充格因附多尔衮被处死，株连大学士范文程。顺治帝只命夺官赎罪，当年即恢复原官。顺治帝自幼年倾慕汉文化，乐于接近汉族文臣。

亲政后，并未实行满洲守旧派贵族的排汉政策，而是更加信用汉族官员。在济尔哈朗等满洲贵族控制了议政王大臣会议的同时，汉族大臣的势力却在内三院和六部中得到了发展。

顺治帝亲政时，已与初即位时的情况不同。随着清军攻占了南方的广大地区，江南的明朝官员已有不少人陆续降清。因而在朝廷任用的汉族官员中，不仅有辽东降清编为"汉军"的旧臣，还有江南新附的汉人新官。江南溧阳人陈名夏，明崇祯时进士，官至户、兵二科都给事中。曾投降李自成，后附福王。一六四五年至大名降清。一六四八年初设六部汉尚书，陈名夏授吏部尚书。浙江海宁人陈之遴，明崇祯时进士。一六四五年降清，一六四八年为礼部侍郎。江南高邮人王永吉，明天启间进士，官至蓟辽总督。一六四五年降清。顺治帝亲政后起用为户部侍郎。经过相互推荐，大批的江南文臣进入了清朝政府。汉族文臣中汉军与汉人，北人与南人，在传播汉文化实行明朝制度等方面是一致的，但他们相互间也不能不发生各种矛盾。

一六五一年，刚林、祁充格被处死后，七月，陈名夏被擢任为内翰林弘文院大学士，次年因被弹劾夺官。陈之遴继为内翰林弘文院大学士。这时，范文程、宁完我、洪承畴并任大学士，满族大学士只有镶白旗富察氏额色赫一人。一六五三年初，顺治帝复任陈名夏为秘书院大学士。顺治帝在为满洲贵族鳌拜等平反复爵的同时，在南苑召见二品以上汉族官员和文臣赐宴，以表示对汉官的尊崇和倚任。召见陈名夏问以治国之道。陈名夏回答说："治天下无他道，惟在用人，得人则治，不得人则乱。"（《清世祖实录》卷七十一）顺治帝因吏部掌握用人大权，关系最重，命陈名夏以大学士署吏部尚书。又任陈之遴为户部尚书，王永吉为兵部尚书。内三院与六部是朝廷的执政机构，汉人官员逐渐掌握了执政的实权。

汉人官员权势日渐增长，不能不与满人官员发生矛盾。工科副理事官祁通格在顺治十年二月接连上疏，指责满汉官"其法不一"，"当一体立法"。詹事府少詹事李呈祥甚至提出："部院衙门，应裁去满官，专用汉人"。（《清世祖实录》卷七十二）顺治帝得李呈祥疏，对洪承畴说："李呈祥此疏，大不合理。""朕不分满汉，一体眷遇。尔汉官奈何反生异意？若以理言，首崇满洲，固所宜也。想尔等多系明季之臣，故有此妄言耳"。都察院副都御史宜巴汉等弹劾李呈祥"讥满臣为无用，欲行弃置。称汉官为有用，欲加专任。阳饰辩明，阴行排挤"，应予革职交刑部议处。刑部议李呈祥"蓄意奸宄，巧言乱政"，应当处死。顺治帝命免死，流徙盛京。（《清世祖实录》卷七十二）满汉官员的矛盾激化了。

同年四月，因审议任珍事件，满汉官又起争论。八旗旗下总兵官任珍，因罪贬谪，家婢控告他家居怨望，出言不轨，蓄有奸谋。刑部审议论死。顺治帝命九卿

210

科道官员复议。刑部及九卿科道的满官均议应如原拟处死。陈名夏、陈之遴、都察院左都御史金之俊等汉官二十七人另持一议，以为任珍俱不承认，不能据以定案，只能"坐以应得之罪"。顺治帝命陈名夏等明白复奏。陈名夏辩解说：本意是勒令自尽。顺治帝指斥他是"溺党类而踵弊习"，令再明白速奏。陈名夏被迫回奏："臣等之议，实属谬误。谨束身待罪。"顺治帝大怒说："朕览回奏词语，全是朦混支吾"，"踵袭宿弊，一至于此。"命内三院、九卿满汉官会议陈名夏等罪。众议陈名夏、陈之遴俱应论死。依附的汉官也应论死。顺治帝罢陈名夏吏部尚书职，仍留任大学士。陈之遴等削衔罚俸，仍供原职。以下官员分别议处。顺治帝随即令大学士范文程、洪承畴、额色赫等召集陈名夏等二十八人传谕说："尔等得罪，悉由自陷其身也。""凡事会议理应画一，何以满汉异议？虽事亦或有当异议者，何以满洲官议内无一汉官，汉官议内无一满洲官。此皆尔等心志未协之故也。本朝之兴，岂曾谋之尔汉官辈乎？"（《清世祖实录》卷七十四）

顺治帝亲政后，被多尔衮削弱了的议政王大臣会议重又得到加强。一六五一年以来，先后任命索尼、鳌拜等三十余名满洲官员为议政大臣。一六五三年十月，顺治帝任命汉官范文程为议政大臣。一六五四年二月，又特命汉官大学士宁完我"予满洲议政大臣之列"。辽阳人宁完我自努尔哈赤时降清，编入汉军旗，任职文馆，参予制定制度。顺治帝即位后授内弘文院大学士。多尔衮死后议罪，宁完我当夺职。济尔哈朗复议免罪。一六五一年，授内国史院大学士。范文程、宁完我以汉官受任议政大臣，这在此前是没有的，此后的清朝也不再有。宁完我得势后，转而打击以陈名夏为代表的南人汉官。一六五四年三月，宁完我弹劾陈名夏"结党怀奸，情事叵测"，揭发陈名夏曾说过："只须留头发，复衣冠，天下即太平"，及"删改谕旨"，"庇护同党"等七罪（《清世祖实录》卷八十二）。陈名夏受审成狱，论斩。顺治帝改绞刑处死。宁完我奏疏中曾说："名夏礼臣虽恭，而恶臣实深。"南北汉官矛盾日深，陈名夏案是对南人汉官的一个重大的打击。两年之后，弘文院大学士陈之遴也被御史弹劾"植党营私"，"市权豪纵"，发盛京居住。陈之遴上疏引罪，内称"南北各亲其亲，各友其友"。（《清史稿·陈之遴传》）这说明汉官中南人与北人，汉人与汉军已逐渐形成为不同的势力。

　　一六五七年的科场案，是对南人的又一次打击。这年顺天与江南的乡试中，权贵子弟贿赂考官，考官也欲结交权贵，但嘱托者多，而名额有限，结果引起内讧，被人告发，舆论大哗。科场舞弊本来是司空见惯的事，但清统治者借此兴狱，考官及中式者顺天案中有三十多人被流徙，江南案中有十九人被处死，八人流徙，其中大部分是江南名士。杜登春在《社事始末》中回忆说："江浙文人涉丁酉（一六五七年）一案不下百辈"，"一年之间，为槛车谋行李，为复壁谋衣食者无虚日"。这次科场案，是继陈名夏事件之后，对江南地主文人的又一打击。

三、制度改革的继续

顺治帝亲政后，时往内院与大学士等议论文史。一次，他到内院读《通鉴》，问范文程等："自汉高以下，明代以前，何帝为优？"范文程等回答说："汉高、文帝、光武、唐太宗、宋太祖、明洪武，俱属贤君。"顺治帝说："朕以为历代贤君莫如洪武。何也？数君德政有善者有未尽善者，至洪武所定条例章程，规画周详。朕所以谓历代之君不及洪武也。"(《清世祖实录》卷七十一)顺治帝称颂明太祖，意在实行明朝的条例章程。与此相反，以济尔哈朗为首的满洲贵族则主张继承满洲的传统。济尔哈朗上顺治帝的奏疏说："太祖武皇帝开创之初，日与四大贝勒、五大臣及众台吉等讨论政务之得失，谘访兵民之疾苦，使上下交孚，鲜有壅蔽，故能上合天心，下洽民志，扫靖群雄，肇兴大业。"他又引述太宗的话说："朕常恐后世子孙弃我国淳厚之风，沿习汉俗，即于惛淫。"他请求顺治帝"效法太祖太宗，不时与内外大臣详究政务得失"，"绍二圣之休烈"。(《清世祖实录》卷八十九)济尔哈朗的奏疏，旨在加强满洲贵族的权利，反对汉俗，用意是明显的。效法清太祖太宗，还是效法明太祖，实质上意味着发展满族传统的奴隶制还是实行汉族的封建制。这是两种不同的方针，两条不同的道路。顺治帝沿着多尔衮依仿明制以建立封建统治的道路，继续对清王朝的一些制度进行了改革。重要的有以下几项：

编审人丁——一六五四年，户部奏言："故明旧例，各直省人丁，或三年或五年，查明造册，谓之编审。每十年，又将现在丁地汇造黄册进呈。我朝定鼎以来尚未举行"，议请从顺治十二年（一六五五年）为始，编审人丁，凡故绝者开除，壮丁脱漏及幼丁长成者增补，其新旧流民俱编入册（《清世祖实录》卷八十七）。顺治帝接纳此议，一六五五年开始清查全国人丁户口，编审造册。编审人丁是实行赋税差役等封建剥削的措施。但人丁被编审入册，即不能任意俘掠或逼勒投充为奴，实质上也是对满族奴隶制残余的一种限制。

改定官制——一六五八年七月，顺治帝谕吏部改定朝廷官制。撤除弘文院、国史院、秘书院等内三院，销毁旧印。内三院满汉大学士改加殿阁大学士（中和殿、保和殿、文华殿、武英殿、东阁、文渊阁）衔，兼管某部尚书事，统称为内阁。另设翰林院掌管文翰，设掌院学士一员，学士若干员。朝廷官衙和官员名称，均满汉并用。内阁满语称多尔吉衙门。翰林院满语称笔帖黑衙门。尚书满语称阿里哈昂邦。侍郎称阿思哈尼昂邦。以下官员均各有满汉名称。

满汉官员原来各有品级，满官高于汉官。一六五

214

八年--并画一改定，实际上是提高了汉官的品级和地位。

八旗官员原来只用满语名称。一六六○年也确定汉称。固山厄真汉名都统。梅勒章京为副都统。扎兰章京为参领。牛录章京为佐领。乌真超哈称为汉军。

任用宦官——清太祖、太宗两朝不用宦官。顺治帝进驻北京后，任用宦官，由内务府统领。一六五三年六月，裁内务府改设十三衙门。谕旨说："宫禁役使，此辈势难尽革。""朕酌古因时，量为设置。"首为乾清宫执事官，次为司礼监、御用监、内官监、司设监、尚膳监、尚衣监、尚宝监、御马监、惜薪司、钟鼓司、直殿局、兵仗局。合为内十三衙门，兼用满洲近臣与汉人宦官。各衙门宦官官员不能超过四品。不许擅出皇城，不许交结外官。一六五五年六月，又命工部立内十三衙门铁牌，刻铸皇帝敕谕："以后但有犯法干政，窃权纳贿，嘱托内外衙门，交结满汉官员，越分擅奏外事，上言官吏贤否者，即行凌迟处死，定不姑贷。特立铁牌，世世遵守。"（《清世祖实录》卷九十二）明太祖曾立铁牌，禁止宦官干政。顺治帝效法明太祖，并在铁牌敕谕上明白举出明朝王振、刘瑾、魏忠贤等乱政以致亡国，"足为鉴戒"。明朝虽立铁牌，不免宦官干政，顺治帝任用宦官，也不免走上明朝的老路。一六五八年发生宦官吴良辅交结官员纳贿作弊等事件。大学士陈之遴涉及此案，以"贿赂内监"罪论斩，定为夺官流徙，死于徙所。这年三月，顺治帝谕吏部："内监吴良辅等交通内外官员人等，作弊纳贿，罪状显著，研审情真。有王之纲、王秉乾交结通贿，请托营私。吴良辅等已经供出，即行提拿。"（王先谦《东华录》顺治卷三十）但吴良辅等因得顺治帝的宠任和庇护，并未治罪。据顺治时汉人张宸《青琱杂记》记述，顺治十八年（一六六一年）正月初二日，顺治帝曾亲临悯忠寺（今法源寺）观吴良辅祝发为僧（孟森：《三大疑案考实》）。直至顺治帝死后，才将吴良辅处死。宦官制度是明朝导致亡国的弊政。顺治帝效法明朝，连弊政也一体继承了。

四、皇室纠葛

顺治帝亲政后，虽然追议多尔衮罪，为济尔哈朗一系贵族平反晋爵，但他在施政中仍然继续信用汉官，实行明制。这就又和满洲守旧贵族处在对立的地位。一六五五年五月，济尔哈朗病死。索尼、苏克萨哈、遏必隆、鳌拜等议政大臣兼领侍卫，传达皇太后懿旨，因而得以接近皇太后，逐渐得到皇太后的支持。

顺治帝的生母皇太后博尔济吉特氏（孝庄后），是蒙古科尔沁贝勒斋桑之女，太后守祖宗旧制，宫中不蓄汉女。朝廷官员升降，顺治帝先禀告太后，然后行事。多尔衮执政时，为顺治帝聘斋桑子科尔沁亲王吴克善之女，与皇太后为姑侄。一六五一年八月，册为皇后。顺治帝被迫完婚，对皇后极为冷遇。一六五四年八月，顺治帝竟废后为静妃，移居侧宫。大学士冯铨等上疏极谏，不听。皇太后与顺治帝由此不和。次年五月，又聘博尔济吉特氏科尔沁贝勒绰尔济之女（废后之侄女）为妃，六月，册为皇后。顺治帝又与之不睦。顺治帝宠幸内大臣鄂硕之女董鄂氏。董鄂妃生一子，三个月即死去。一六五六年九月，立董鄂氏为贤妃，十二月进封皇贵妃。顺治帝的另一妃子佟佳氏，原为汉人佟氏，编入汉军旗，改姓佟佳氏，父佟图赖为固山厄真。一六五四年三月生子玄烨（康熙帝）。佟佳氏得到皇太后的宠爱，说她"生子必膺大福"。皇太后与皇帝后妃之间，日益现出多种纠葛。

　　顺治帝陷于皇室与朝政的重重矛盾之中，性情暴烈。一六五九年郑成功兵临南京，顺治帝大怒，宣布亲征。皇太后加以斥责，顺治帝当面拒绝，拔剑誓志。后经僧人劝阻而罢（一说天主教士汤若望劝阻）。一六五七年以来，顺治帝信奉佛教禅宗，先后邀约江南禅师憨璞、玉林琇、茚溪森、木陈忞等来京，驻于万善殿，时往谈论禅机，自称"痴道人"。董鄂妃也奉佛法。顺治帝对她宠遇甚厚。一六六〇年八月，董鄂妃病死，顺治帝悲痛欲绝，得皇太后允准，追封为皇后，谥端敬。诸王大臣以次致祭。茚溪森和尚主持道场。董鄂妃死后，顺治帝决意出家为僧，由茚溪森和尚剃度净发。十月，玉林琇和尚自杭州来京阻止。顺治帝许再蓄发。次年正月初七日，顺治帝病痘而死，年二十四岁。

顺治帝死后，皇太后立八岁的皇子玄烨继帝位。索尼、苏克萨哈、遏必隆、鳌拜四大臣奉诏辅政。清朝政权因顺治帝之死而又转到满洲守旧派贵族的手里。

第 四 章

清朝统治的巩固与疆域的奠立

清朝在顺治时期，镇压了各地农民起义军并战胜南明，基本上占领了整个汉族地区。对待新占领的封建经济高度发展的汉族地区如何进行统治和管理，便成为满族统治者面临的新课题。是按照满族的传统制度，还是按照汉族的制度来建立统治，在满族贵族内部展开激烈的争议，并进而演为不同集团的相互倾轧。顺治帝的继承者康熙帝亲政后，依靠满汉官员的支持，成功地解决了这个复杂的历史任务。康熙帝基本上采用了适应汉族地区发展水平的封建统治制度，并对满族奴隶主势力的发展加以限制。由吴三桂发动的汉人军阀的反清战争即所谓"三藩战争"失败后，康熙帝进一步建立起完整的封建的政治制度，并采取措施以促进封建经济的恢复和发展。清朝的封建统治从而得到巩固。

康熙时期完成的另一巨大的历史任务，是建立了对边疆各民族地区的统治，从而基本上奠立了中国的版图。在东南，台湾郑氏降附后，台湾地区直接归于清朝统辖。在东北，制止了俄国的侵略，订立尼布楚条约，划定东北疆界。清朝在战胜蒙古准噶尔部之后，直接统属喀尔喀蒙古诸部，并建立起对西藏地方的统治。康熙时期的清朝作为统一的多民族的国家，已经基本形成。

康熙帝晚年，围绕太子的废立，满汉官员擢废无常，政局日益不稳。"宽仁"政策实施的结果，各级官员贪墨成风，吏治日益败坏。清王朝刚刚巩固起来的封建统治，很快显露出衰敝的征象。康熙帝的继承者雍正帝即位后，采取一系列的强硬措施，大力整顿吏治，清朝政局重新呈现振作的气象。雍正时，与俄国订立恰克图条约，划定北部疆界。击溃准噶尔部在西北的势力，并加强了对西藏的统治，为乾隆时期的强盛之局奠定了基础。

本章简要叙述康熙、雍正两朝的历史发展，着重在政治、军事方面。关于这一时期的经济、文化状况，将在本书第六、第七章中一并叙述。

第一节　清朝统治的巩固

顺治十八年（一六六一年）正月，顺治帝病死。三子玄烨（清圣祖）即帝位，改明年年号为康熙。议政大臣索尼、苏克萨哈、遏必隆、鳌拜四人辅政。顺治帝死后，由皇太后（孝庄后）颁布遗诏，对顺治帝的政绩做了全面的否定。这个所谓"遗诏"袭用顺治帝的名义，实际上显然出于皇太后和辅政大臣的意旨。它胪列顺治帝在位十八年的十四条罪状，第一条即是"不能仰法太祖太宗谟烈"，"且渐习汉俗，于淳朴旧制，日有更张。"其他各条的主要内容有：对满洲宗室诸王贝勒等"晋接既疏，恩惠复鲜；"对满洲诸臣，不能信任，委任汉官，以致满臣无心用事；任用宦官，设立十三衙门；对皇太后子道不终，对董鄂妃丧礼过从优厚，以及朝政不能听言纳谏，宫中未能节省，经营殿宇靡费甚多等等。这个所谓"遗诏"，是皇太后和守旧的满洲贵族对顺治帝、多尔衮采用汉族封建制统治制度的一个猛烈的抨击。它的实质，是公开宣布排斥汉官汉俗，恢复清太祖、太宗时的旧制。康熙皇帝即位后，鳌拜等辅政大臣，在太皇太后支持下，极力贯彻这个方针，清朝的统治向着满洲旧制的道路逆转。

（一）四大臣辅政

索尼、苏克萨哈、遏必隆、鳌拜四大臣，都不是满族宗室亲王。他们受命辅政，佐皇帝执掌国政，这在清太祖、太宗的旧制中也是没有过的。辅政大臣索尼，赫舍里氏，满洲正黄旗。苏克萨哈，纳喇氏，满洲正白旗。遏必隆，钮祜禄氏，鳌拜，瓜尔佳氏，两人俱隶满洲镶黄旗。上三旗的四大臣在顺治帝亲政后，已相继擢任议政大臣，或兼领侍卫内大臣（统率侍卫亲军，翊卫扈从），控制了议政王大臣会议。顺治帝死后，索尼等向满洲诸王贝勒说："今主上遗诏，命我四人辅佐冲主。从来国家政务，惟宗室协理。索尼等皆异姓臣子，何能综理。今宜与诸王贝勒等共任之。"诸王回答说："诏旨甚明，谁敢干预。四大臣其勿让。"顺治帝死后，四大臣由控制议政会议进而掌握了朝政。

四大臣中，索尼年最长，位最尊。一六六五年（康熙四年），索尼孙女被立为皇后，索尼一家成为显赫的贵戚。鳌拜恃有战功，结党擅权，遏必隆依附鳌拜。苏克萨哈原为多尔衮旧属，在政治上无一定的主张，且与索尼、鳌拜不和。索尼与鳌拜成为主要的决策者。自顺治十八年（一六六一年）至康熙六年（一六六七年）辅政时期，四大臣在仰法太祖、太宗的名义下，恢复了若干旧制。

一、恢 复 旧 制

革除十三衙门 顺治时设十三衙门，"遗诏"已列为一罪。一六六一年二月，四大臣辅政后即首先宣布革去十三衙门，"凡事皆遵太祖太宗时定制行，内官俱永不用。"（《圣祖实录》卷一）但实际上内廷仍用阉官，由内务府统领。

废内阁复三院 一六六一年六月，废除内阁和翰

222

林院,恢复太宗时旧制,仍设内三院。各设满汉大学士和满洲学士、汉军学士、汉学士。下诏说:"朕兹于一切政务,欲率循祖制,咸遵旧章。"内秘书院巴哈纳(满)、金之俊、胡世安为大学士,内国史院额色赫(满)、成克巩、卫周祚为大学士,内弘文院蒋赫德、李霨为大学士。汉大学士六员,以后有缺不再推补。定制为三员,即三院各一员。顺治时的汉军大学士范文程,已在一六五四年(顺治十一年)乞休,一六六六年(康熙五年)病死。洪承畴在康熙即位后乞致仕,一六六五年病死。

重定满汉官品级 满汉官员品级,太宗时满官高于汉官。顺治时满汉划一。四大臣辅政时,恢复太宗时旧制,满大学士为正一品,汉大学士为正二品。满尚书正一品,汉尚书正二品。以下各级的满官品级均高于汉官。但汉军官员即辽东编入汉军旗的官员与"汉人"官员,一体升转,不再区别。

更换圈地 圈地是在汉族地区推行满族计丁授田制的措施。一六五三年(顺治十年)已诏令永行停止。多尔衮执政时,将镶黄旗应得之地拨与正白旗。一六六六年鳌拜提出镶黄旗圈地在右翼之末,不合八旗次序,当与正白旗的蓟州、遵化、迁安诸州县地交换,正白旗地不足者,另外圈占民地补足。鳌拜之议传出后,有关地区农民恐换耕地,多抛荒不耕,惊惶奔诉。鳌拜称旨:将镶黄旗涿州壮丁迁至顺义等县。正白旗通州以东大路北边地拨给镶黄旗。差员将正白旗满洲地,投

223

充人地，皇庄地等丈量，秋收后酌议分拨。大学士兼户部尚书苏纳海（满洲正白旗人）、直隶总督朱昌祚、巡抚王登联等奉命经理。苏纳海上疏称地土分拨已久，且以前已有不再圈地的圣旨，请将鳌拜之议驳回。朱昌祚上疏请停圈换。王登联也密奏"旗地待换，民地待圈，皆抛弃不耕，"亟请停止。鳌拜大怒，将苏纳海及朱昌祚、王登联等处死。准户部拟议，镶黄旗迁出壮丁四万零六百名，拨地二十万三千晌，由蓟州、遵化、迁安三处正白旗地及民地、投充汉人地等拨给，不足者由延庆州民地拨补。正白旗迁出壮丁二万二千三百六十一名，拨地十一万一千八百零五晌，由玉田、丰润二县民地、汉人投充地、开垦地及永平等处汉人投充地中拨给。不足者由永平、滦州、乐亭、开平民地拨给。（《八旗通志》卷六十二）事实上正白旗与镶黄旗迁出的壮丁，并不是换到对方的田地，而是各自圈占了民地。所谓"圈换"，其实是在京畿地区恢复推行圈地制。继续占夺汉民土地。八旗人民也因迁移新地，弃业流离，造成极大的纷扰。鳌拜一举杀三大臣，康熙帝无法制止，鳌拜权势薰灼，不可一世了。

二、对农民军和抗清义军的镇压

夔东十三家的败灭　四大臣辅政，继续镇压抗清的农民军。一六六三年（康熙二年）消灭了李自成军的余部李来亨、郝摇旗等领导的夔东十三家农民军。

李自成军余部在一六五〇年，由高一功及李锦义子李来亨率领到达巴东的西山，与原在这里的郝摇旗、刘体纯部会师。郝摇旗、刘体纯等在西山与在郧西抗清的王光兴、王光昌等南明军联合，称为夔东十三家军。郝摇旗、刘体纯等据守荆巴大江以北，王光兴等据守大江以南，姚（一作摇）天动、黄龙领导的农民起义军与谭文、谭诣、谭宏领导的抗清队伍据守夔叙一带。十三家军公推刘体纯、王光兴总领军务。高一功在途中战死，李来亨率师来会，据守巴东的茅麓山，建立帅府。他们招徕流亡人民，开荒种地，训练部队，奉明东安王朱宗溒为主，号召"勤王灭虏（清朝）"，给清朝以很大的威胁。一六五二年十一月，洪承畴奏报朝廷，"湖广南有孙可望抗拒，北有郝摇旗、一只虎（李锦诨号，这里指的是李来亨）屯聚。"一六五九年，清军大举进攻贵州、云南，刘体纯、李来亨、谭文等十六营。溯江而上，围攻重庆，震动整个四川，牵制了南进的清军。由于谭诣、谭宏杀害谭文降清，破坏了十三家军的作战计划。

一六六三年初，清廷调集陕西、湖北、四川省兵力，进攻夔东十三家军。陕西总督白如梅、提督王一正，进攻房竹一带，遭到郝摇旗的阻击；四川总督李国英进攻昌宁一带，遭到刘体纯、袁宗第的阻击；湖广总督张长庚、提督董学礼由彝陵进攻西山，遭到李来亨的阻击。秋季，战争逐渐集中在湖广郧襄西山一带。清军由楚、蜀两路夹攻，李来亨等退守山寨，清军无法前进。李来亨命战士剃发,夹杂在商贩中,混入清军兵营。李来亨从山寨出兵攻击,清军迎战,大营中忽立大旗,呼号起火,清兵溃败。张长庚的楚军退守彝陵,李国英的蜀军也被郝摇旗打退。八月,清廷任命穆里玛为靖西将军、图海为定西将军,又调西安将军傅喀禅,率领八旗兵围攻西山。十月,李来亨、郝摇旗等向四川巫山发动进攻,川督李国英乞兵增援。十二月二十三日,清军集中八旗主力攻击天池寨,与十三家军决战。刘体纯战败自杀,郝摇旗、袁宗第在黄草坪被俘牺牲,明东安王被擒。李来亨军三万人陷入敌人包围,在缺粮断水的情况下,坚持斗争。穆里玛、图海指挥八旗兵和三省绿营兵进攻茅麓山,攻破山寨。李来亨全家举火自焚,壮烈牺牲。自李自成退出北京以来,大顺农民军坚持抗清斗争近二十年。李来亨、郝摇旗失败牺牲,农民军被最后消灭了。

南明的覆亡 顺治一朝已经基本上消灭南明旗帜下的各地抗清义军。康熙帝即位时,只有遁居缅甸的南明永历帝(桂王)和金门岛上的鲁王两支残余势力。

南明永历帝逃往缅甸后,云南永昌的李定国、白文选军仍奉永历年号,曾多次出兵入缅。顺治帝死后,李定国、白文选连兵入缅,迎永历帝,与缅兵大战,不能进。这时,吴三桂称王云贵,与缅甸盟誓,许在边地贸易。一六六一年九月,吴三桂派兵入缅,追击永历帝。白文选降清。十二月,吴三桂驻兵缅境。缅甸献出永历帝。康熙元年（一六六二年）正月，吴三桂向清廷报捷。四月，在昆明将永历帝及皇子皇孙等处死。李定国闻讯，愤恨呕血而死。

鲁王原曾上表永历帝，得张煌言等拥戴。郑成功在顺治十八年（一六六一年）十二月去台湾，一六六二年五月在台湾病死。子郑经继承王位。张煌言曾企图联络郑经，再奉鲁王监国，未能实现。张煌言孤军困守临门，曾三次向寄居金门的鲁王上书。临门与金门的海上通路被清军截断，一六六二年九月，鲁王死在金门。次年十月，清靖南王耿继茂等领兵攻打厦门，邀荷兰夹板船邀击。郑经军败走，清军攻占厦门及金门岛。郑氏失厦门，兵力集中到台湾和澎湖岛上。张煌言孤军求进，一六六四年三月，与东蚶岛上的旧部阮春雷联合，结集战舰百余艘，停驻三都岛。清军来袭，损失惨重。张煌言率残部至舟山岛。六月，张煌言被迫解散队伍，逃往海上的悬嶴岛。七月，被清军察知，擒捕张煌言，押解至宁波，又转往杭州。解船行至钱塘江畔，一僧人向船中投掷纸条，上写："此行莫作黄冠想，静听文山（文天祥）正气歌。"张煌言含笑赋诗作答，说："生比鸿毛犹负国，死留碧血欲支天。"张煌言到杭州，严词拒绝清军的劝降。在狱中壁上写《采薇吟》一首，说："予生则中华兮，死则大明；寸丹为重兮，七尺为轻。"在杭州被杀。

南明两王覆灭，李定国、张煌言相继败死，广大江南地区已全部入于清朝的统治。只有台湾郑氏还在继续抗清。

三、对江南地主士大夫的控制

四大臣辅政,对顺治朝新占领的江南地区的地主文人,继续实行严厉的控制,制造了一系列事件。

斩郑芝龙　郑芝龙降清后,子郑成功继续在福建抗清。一六五九年,郑成功领兵直抵长江,攻下镇江,进至南京城下。沿途汉人士民纷纷来附或持酒犒师。郑成功败退后,清朝追究迎附郑军的官民,处死、流徙达千余人,被称为"通海案"(清朝指郑成功为"海逆")。一六六一年十月,辅政大臣斩郑芝龙及子世恩、世荫,依谋叛律,族诛郑氏二百余人。郑芝龙已降清十余年,与郑成功抗清并无干系。斩郑芝龙实际上是对汉人降官的一个威慑。

奏销案　一六六一年顺治帝死后,四大臣即谕吏部,责成各级官员,督催钱粮。"今后经管钱粮各官,不论大小,凡有拖欠参罚,俱一体停其升转,""如限内拖欠钱粮不完,或应革职,或应降级处分。"(《圣祖实录》卷一)三月,制定直隶各省巡抚以下州县以上征催钱粮未完分数处分例。又谕户部:"近观直隶各省钱粮逋欠甚多,征比难完,率由绅衿蔑法,抗粮不纳。地方官瞻徇情面,不尽法征比。嗣后著该督抚责令通府州县各官立行禁饬,严加稽察。如仍前抗粮,从重治罪。地方官不行察报,该督抚严察,一并题参重处。"(《圣祖实录》卷二)六月,江宁巡抚朱国治疏奏苏、松、常、镇四府抗欠钱粮文武绅士一万三千五百余人,衙役二百五十四名。刑部议现任官降二级调用,衿士褫革,衙役照赃治罪。褫革的绅士均交本处枷责鞭打。逮捕其中三千人械送刑部议处。次年五月始放还。江南地主拖欠钱粮,左右官府,自晚明以来已成惯例。这次严加处治,逼完钱粮。从江苏开始,安徽、浙江等地相继褫革缙绅。江南地主官员遭到沉重打击。一时名士如吴伟业、徐乾学、徐元文、翁叔元、韩菼等都被降调或革籍(学籍)。

明史案 一六六三年明史案起,江南的官员文士再次遭到镇压。这年,被罢免的原归安知县吴之荣,向满洲将军松魁告发:湖州富户庄廷鑨购得明朱国桢所著明史稿本,续补天启、崇祯两朝事,由庄廷鑨署名刊刻。其中对满洲多有斥责。松魁移交江苏巡抚朱昌祚(汉军镶白旗人)查处,庄廷鑨以重贿得免。删去指斥满洲语重刊。吴之荣又以原刊本上告。刑部查处此事。庄廷鑨已死,斩弟庄廷钺。礼部侍郎李令皙曾为明史作序,也被处死,四子均斩首。朱昌祚委罪于学官,得免(后在直隶总督任内被鳌拜处死,见前)。归安、乌程学官均处斩。由此牵连到湖州太守,以及参事办案、校刊及"购逆书"之人,被处死者七十余人,发边地充军者数百人。晚明以来,江南文士集会结社,议论朝政,成

229

为风气。明清之际，鼓吹民族思想，抗清复明。清朝辅政大臣以明史案兴起大狱，旨在压制江南汉人的反满思想，控制文士的舆论，用意是显然的。

削弱吴三桂　吴三桂自顺治初年降清，引清兵入关。多尔衮许他"封以故土，晋为藩王"。多尔衮进驻北京，命吴三桂领兵南下，册封平西王，不曾进京参政。吴三桂连年领兵镇压李自成军及云贵南明军，一直效忠于清朝。总督军务的大学士洪承畴至云南视师，上疏请如元、明故事，以王公坐镇。吴三桂成为明沐英一样的镇守云南的藩王。一六六一年康熙帝即位后，吴三桂擒斩永历帝及皇子。次年，进封为亲王，兼领贵州。一六六三年二月，敕云贵两省总督、巡抚听从节制（敕书撰入"听王节制"语。见《圣祖实录》卷八）。两省官员均由吴三桂承制任免，号为"西选"。此后，吴三桂又出兵镇压贵州彝族安坤等的反清起义。一六六五年擒安坤。一六六七年五月，吴三桂请辞总管两省事务。辅政大臣乘机命吏部议复，称旨"应将该藩所管各项事务，照各省例，责令该督抚管理"，大小文官亦照各省例，由吏部题授（《圣祖实录》卷二十二）。这实际上是解除了吴三桂统管云贵两省的事权，只做领兵将军。所谓"藩王"的权力被削弱了。

(二)康 熙 帝 亲 政

四大臣辅政，恢复旧制，贬抑汉官，使得顺治时期一度缓和了的各种矛盾重又激化起来。一六六七年五月，吏部议复削夺吴三桂政柄的次日，即六月朔日，内弘文院侍读熊赐履遵旨条奏四事给康熙皇帝。一是"政事纷更而法制未定"。指责"急功喜事之人又从而意为更变。但知趋目前尺寸之利以便其私，而不知无穷之患，已潜滋暗伏于其中"，请求将国家制度详慎会议，勒成会典，颁示天下。二是"职业堕废而士气日靡"。指责"近见各衙门大小臣工，大率缄默依阿，绝少实心任事之人。甚至托老成慎重之名，以济尸位素餐之计。树议者谓之疏狂，任事者目为躁竞"，请求"申饬满汉诸臣，虔衷酌理，实意任事。是则曰是，非则曰非。汉官勿以阿附满官为工"。三是"学校废弛而文教日衰"。指出"学校为贤才之薮，教化之基，而学术事功之根底也。今者庠序之教，缺焉不讲。师道不立，经训不明"。请求"隆重师儒，兴起学校"。"非六经语孟之书不读，非濂洛关闽之学(宋代理学)不讲"。四是"风俗僭侈而礼制日废"。指出"今日风俗奢侈凌越，不可殚述。一裘而费中人之产，一宴而靡终岁之需"，"此饥之本、寒之源，而盗贼狱讼凶荒所由起也"，请求"皇上躬行节俭为天下先。自王公以及士庶，凡宫室车马衣服仆从，一切器用之属，俱立定经制，限以成数，颁示天下。"（《圣祖实录》卷二十二）熊赐履疏上，鳌拜大怒，以为是对他的指责，要对熊赐履从重治罪，赖康熙帝回护得免。

四大臣辅政时，索尼年老，鳌拜权势日盛。鳌拜弟穆里玛受命为靖西将军，镇压李来亨军有功，超授一等阿思哈尼哈番（世袭二品爵号），握有兵权。鳌拜兄弟与秘书院大学士班布尔善（太祖曾孙）、吏部尚书阿思哈、侍郎泰必图、兵部尚书噶褚哈、工部尚书济世、内秘书院学士吴格塞及鳌拜的子侄等结为一党，把持朝政。一六六七年，康熙帝已十四岁。三月间，索尼上疏请帝亲政。太皇太后不允。康熙帝留疏不发。六月，索尼病死。七月，康熙帝得太皇太后允准，宣诏亲政。清朝政局又开始了新的局面。

一、康熙帝亲政

康熙帝亲政，鳌拜等仍同辅政。索尼死后，班行章奏多出自鳌拜。康熙与鳌拜集团的冲突不可免了。

鳌拜杀苏克萨哈　辅政大臣中，原属多尔衮正白旗的苏克萨哈素与鳌拜不和。一六六六年更换圈地之议更使两人的矛盾发展为公开的冲突。一六六七年七月，康熙帝亲政后，鳌拜继续专权。苏克萨哈即上疏请辞辅政，守先帝陵寝。康熙帝命议政王贝勒大臣会议具奏。和硕康亲王杰书与诸王大臣查处此案。鳌拜与

232

班布尔善等诬陷苏克萨哈请辞即是"不愿归政"，列构二十四条罪状，以大逆论处。苏克萨哈与长子内大臣查克旦均应凌迟处死，余子六人、孙一人、侄二人皆处斩立决。家产籍没，妻孥并交内务府。旗人前锋统领白尔赫图、侍卫额尔德也处斩立决。此案上奏后，康熙帝知鳌拜怀怨构罪，不允所请。鳌拜强奏累日，迫使康熙帝同意改处苏克萨哈绞刑，其余如议。鳌拜除去他的政敌苏克萨哈后，权势更盛。康熙帝更加难以控制了。

康熙帝除鳌拜　鳌拜以镶黄旗瓜尔佳氏而掌握朝政，得到了钮祜禄氏遏必隆的依附。这不仅使康熙帝难以实际亲政，而且也对整个爱新觉罗氏皇族构成了威胁。在满洲八旗的上三旗中，鳌拜、遏必隆仅能控制镶黄旗，与原属多尔衮的正白旗和皇室的正黄旗日益处在矛盾之中。鳌拜恢复旧制，贬抑汉官，当然更遭到汉人官员的反对。康熙帝亲政后，熊赐履于一六六八年迁秘书院侍读学士。再次上疏说："朝政积习未祛，国计隐忧可虑"，请康熙帝接见儒臣，讲论"道术是非之辩，政事得失之由"。(《圣祖实录》卷二十七)鳌拜传旨诘问回奏，拟以"妄行冒奏"罪降二级调用。康熙帝命免予议处。熊赐履的奏疏反映汉族地主官员期待清朝实行儒学以维护封建统治的愿望，与鳌拜等的恢复旧制形成尖锐的对立。

鳌拜专权，威胁到皇族和皇帝，原来支持辅政四大臣的太皇太后转而支持康熙皇帝向鳌拜夺回政权。索尼第二子索额图（康熙皇后叔父）原领侍卫。康熙亲政后，一六六八年授任吏部侍郎。次年，自请解任，在皇帝左右效力，仍为一等侍卫，助康熙帝除鳌拜。一六六九年五月，康熙帝在鳌拜入见时，命侍卫将鳌拜逮捕，交议政王审问。亲王杰书等勘问鳌拜三十条罪状，议将鳌拜立斩，亲子兄弟斩首，妻及孙为奴，家产籍没。遏必隆依附鳌拜有罪状十二，议革职立绞。班布尔善附和鳌拜，结党行私，有罪状二十一，议革职立斩。康熙帝诏谕，念鳌拜“累朝效力年久”，“朕不忍加诛，姑从宽免死”，革职拘禁。鳌拜后死于狱中。遏必隆削职免罪。鳌拜一党的班布尔善、穆里玛、阿思哈、泰必图、噶褚哈、济世、吴格塞及鳌拜侄塞本特、纳莫均处死。康熙帝在太皇太后支持下，顺利地消除鳌拜党人，一举夺回了政权。所以，他后来说：“设无祖母太皇太后，断不能致有今日成立”（《圣祖实录》卷一三二）。

康熙帝统治的建立 康熙帝从朝廷中清除鳌拜一党后，建立起新的统治。索额图是逮捕鳌拜的主要功臣。康熙帝任他为内国史院大学士兼佐领，佐理军政。又擢任熊赐履为国史院学士。康熙帝经常与他讨论治国之道，他建言：“臣观今日大势”，“根本之计在内地不在边疆，在朝廷不在四方”。“然求治甚急，将纷更丛脞，为弊滋甚，所讲欲速不达也。”（康熙《起居注》十一、十二年）熊赐履参预谋议，对康熙帝的影响是显然

北京太和殿

的。康熙亲政后，曾命弘文院学士明珠（满洲正黄旗人，纳喇氏）查阅淮扬河工。鳌拜败后，任明珠为刑部尚书，改都察院左都御史，充经筵讲官。四大臣辅政时，辽东汉人老臣范文程、洪承畴、宁完我等相继去世。鳌拜败后，康熙帝继续任用各部汉官，没有作太多的变动。一六七〇年，因遏必隆无重大罪过，也恢复公爵，宿卫内廷。康熙夺回政柄，较快地建立了他的统治。

二、康熙帝的诸措施

康熙帝生母佟佳氏原为汉军旗人。康熙帝生于北京，自幼学习汉文化，于辽东满洲旧俗并非亲历，与那些出身奴隶主的老一辈满洲贵族，经历全然不同。自清太祖建国至康熙帝亲政已经过了半个世纪，辅佐康熙帝的满汉大臣，也多是清朝建国后才参预政事。康熙帝除鳌拜后，在索额图、熊赐履等人辅佐下，适应满汉官员的要求，采取了一系列新措施。

昭雪诸臣 康熙帝除鳌拜后，首先为遭到鳌拜迫害致死的诸王大臣平反昭雪，恢复爵位。一六六九年六月，诏谕吏部、兵部："苏克萨哈虽系有罪，罪止本身，不至诛灭子孙后嗣，此皆鳌拜等与苏克萨哈不和，挟仇灭其子孙后嗣"，"白尔黑图等并无罪犯，因系族人，连坐诛戮"，命给还苏克萨哈、白尔黑图原官（《圣祖实录》卷三十）。两部查明此案内革职的文武官员，也复原官。七月，诏复大学士苏纳海、总督朱昌祚、巡抚王登联等原官，给予谥号。诸人之子承荫入国子监读书。

停止圈地 一六六九年六月间，康熙帝谕户部说："满汉军民，原无异视，务俾各得其所，乃惬朕心。比年以来，复将民间房地圈给旗下，以致民生失业，衣食无资，流离困苦，深为可悯。自后圈占民间房地，永行停止。其今年所已圈者，悉令给还民间。"（《圣祖实录》卷三十）无地旗人，拨给古北等口外空地耕种。

恢复内阁 顺治时实行的内阁制，四大臣辅政时曾经废除，复行太宗时的内三院制。一六七〇年八月，康熙帝又改革内三院制、恢复内阁和翰林院，均按顺治十五年旧制。内阁中和、保和、文华三殿设大学士。九月，以图海、巴泰为中和殿大学士兼吏部尚书，索额图、李霨为保和殿大学士兼户部尚书,杜立德、魏裔介为保和殿大学士兼礼部尚书,对喀纳为文华殿大学士兼工部尚书。熊赐履为翰林院掌院学士兼礼部侍郎。

图海,满洲正黄旗人,马佳氏。顺治时官至弘文院大学士,议政大臣。康熙帝即位,为满洲正黄旗都统,受命为定西将军镇压李来亨部。康熙亲政,复为弘文院大学士,是满洲贵族中较有声望的大臣。汉人李霨,直隶高阳人,顺治三年进士,一六五八年为秘书院大学士。四大臣辅政时,为弘文院大学士,对四大臣辅政有所匡正。杜立德,直隶宝坻人,顺治时历任工、兵、刑等部侍郎,一六五九年为刑部尚书。康熙即位,调户部、吏部。鳌拜败后,为国史院大学士。魏裔介,直隶柏乡人,顺治三年进士,官至左都御史。四大臣辅政时,进吏部尚书,拜秘书院大学士,居中调和异同,有所匡正,与熊赐履同为汉人中较有影响的大臣。对喀纳,满洲正黄旗人,钮祜禄氏。顺治时,官至刑部侍郎。四大臣辅政期间,任刑部尚书。一六六八年,授任国史院大学士。

划一满汉官员品级 四大臣辅政时,改变顺治时制度,汉官品级低于满官,以实行抑汉方针。一六七○年三月,康熙帝又依顺治十五年定制,将满汉大学士、尚书至各部员外郎的品级划一,实际上是提高了汉官的地位。

颁布圣谕 康熙帝亲政后,即讲读《周易》、《尚书》

等儒家经典，研习道学。一六七〇年十月，诏谕礼部，"朕惟至治之世，不以法令为亟，而以教化为先"，"今欲法古帝王，尚德缓刑，化民成俗"，举出十六件大事，令文武官员督率实行。（一）敦孝弟以重人伦；（二）笃宗族以昭雍睦；（三）和乡党以息争讼；（四）重农桑以足民食；（五）尚节俭以惜财用；（六）隆学校以端士习；（七）黜异端以崇正学（道学）；（八）讲法律以儆愚顽；（九）明礼让以厚风俗；（十）务本业以定民志；（十一）训子弟以禁非为；（十二）息诬告以全良善；（十三）诫窝逃以免株连；（十四）完钱粮以省催科；（十五）联保甲以弭盗贼；（十六）解仇忿以重身命。礼部题奏，称为"圣谕十六条"，"通行晓谕八旗并直隶各省府州县乡村人等，切实遵行"。（《圣祖实录》卷三十四）这所谓"圣谕十六条"似不免空泛，但都是针对当时混乱的社会秩序，有所为而发。贯穿于十六条的中心思想则是维护汉族封建制的儒家学说，主要是程朱道学。十六条的颁布，无异宣布了康熙帝的执政纲领。后来雍正帝加以发挥解释，成为"圣谕广训"，对清朝一代政治有深远的影响。

回乡祭祖 康熙帝生长汉地，不习满族旧俗，也从未到过故乡辽东。他确定了继承汉族封建制的施政纲领后，还必须尊重满族的传统，以获得满族故老的支持。

一六七一年九月，康熙帝以国家一统，祭告太祖太宗为名，回盛京祭祖。沿途接纳蒙古亲王朝见。至盛京城外,祭太祖太宗陵。巡视盛京内外城地,年老及鳏寡孤独者都赏赐银两。祭祀之后, 召见盛京将军及现任解任文武大小官员赐宴。八十以上老人至帝前赐饮。又召见披甲被伤老病退甲闲散四百余人,各赐银两。另发银二万两赏给宁古塔兵丁。康熙帝又谕户、刑等部侍郎,说"奉天系祖宗发祥重地。奉天府、宁古塔等处,除十恶死罪不赦外,凡已结未结死罪,俱著减等。其军流徒杖等俱着宽释。自山海关至奉天府所属地方, 康熙十年、十一年分,正项钱粮俱著蠲免。"(《圣祖实录》卷三十六)康熙帝通过回乡祭祖,成功地争取到辽东地区未迁入关的满族故老的拥戴。十月,启程回京,临行前又谕宁古塔将军,对赫哲、费雅喀(飞牙喀)族"广布教化"。

编修典制 康熙帝制定施政方针后,还必须修订各项具体的法令制度,才能付诸实行。一六七○年五月,采纳江南道御史张所志的建策,开始编修《会典》,以确定各项制度。令各部院衙门将太祖、太宗、世祖时定例及现行事宜查明送内院纂修。一六七三年六月,禁止八旗包衣佐领下奴隶随主殉葬,进一步削弱了八旗奴隶制的残余。

康熙帝在除鳌拜后的三、四年间,采取多种措施,使得辅政时期激化了的各种矛盾得到一些缓和。当康熙帝还没有来得及进一步订立制度时, 一六七三年爆发了吴三桂为首的"三藩"反清战争,迫使清朝不得不以全力来对付这场声势浩大的战乱。

(三)"三藩"反清的失败与
台湾郑氏的降附

一六七三年十一月，镇守云南的平西王吴三桂拥兵反清，贵州、四川、广东、广西、福建、陕西、甘肃等地的汉人将官相继起兵响应，连续攻入湖南、江西、浙江等省，形成延续八年之久的规模浩大的反清战争。据守台湾的郑经也在福建沿海各地继续与清兵激战。亲政不久的康熙帝，面临着严重的威胁。

一、"撤藩"与战乱的发动

一六四四年，吴三桂引清兵入关，受封为平西王。一六四九年，孔有德、耿仲明、尚可喜等分别领兵南下作战，加封王号。孔有德驻守广西，封定南王，一六五二年死于桂林。子孔廷训袭封，被李定国部俘获处死。耿仲明领兵入广东，封靖南王，子继茂、孙精忠袭封王号，一六六〇年移驻福建。尚可喜驻守广东，为平南王。这些辽东降将加封王号，不同于一般的汉人将领，成为镇守一方的军阀，子孙世袭王爵。他们率领的军队，也不同于一般的汉人军兵，而成为藩王的私属。虽然不隶属于满洲八旗，但按照汉军八旗的规定编制，可与汉军旗一样地圈占土地给与士兵。顺治帝与多尔衮以封王的办法，利用汉族降将去镇压抗清的农民军和南明军，取得了很大的成功。他们作战得胜即可占据一方，因而尽力为清朝去消灭敌人。但康熙帝即位，除台湾以外的南明军已被消灭后，这些军阀与清朝的矛盾便逐渐尖锐了。

军阀中权势最大、兵力最强的藩王，是一六六二年以来镇守云南的吴三桂。四大臣辅政实行排汉政策，免去吴三桂节制云贵督抚的事权，并拟裁减云南绿旗兵（吴三桂招降的汉兵）五分之二。吴三桂的行政权被削夺，兵权也将被削弱，他和清朝的矛盾日益加深。

一六七三年三月，镇守广东的平南王尚可喜奏请返回辽东养老，以子尚之信承袭王爵驻粤。康熙帝命吏部议复："查藩王现存，子无移袭之例，应无庸议。"议政王大臣等议奏称："今粤省已经底定，既议迁移，似应将该藩家属兵丁，均行议迁。惟广东左右两营绿旗官兵，仍留该省。"这实际上是撤销了尚氏的藩封，迁返辽东。清廷撤藩令下，吴三桂与耿精忠两藩王不能不上疏请撤。七月间，吴三桂上疏说，身在崖疆已十六年，"今闻平南王尚可喜有陈请之疏，已蒙恩鉴，准撤全藩。仰恃鸿慈，冒干天听，请撤安插"。耿精忠也上疏说："近见平南王尚可喜乞归一疏，已奉谕旨。伏念臣部下官兵，南征二十余年，仰恩皇仁，撤回安插"。吴耿两王上疏，显然是迫于形势，仍望清廷予以慰留。康熙帝交议政王大臣等会议：称"福建今已底定"，"靖南王既请自福建迁移，应将王本身并标下十五佐领官兵家口，均行迁移"。但对吴三桂的请撤，诸王大臣议论不同，拟两议上奏。一议主张撤云南藩，吴三桂及所属官兵迁移至山海关外。一议主张仍令吴三桂镇守云南。大臣中以索额图、图海为首，多主后议。明珠及刑部尚书莫洛、户部尚书米思翰等主前议。康熙帝因吴三桂"所奏情词恳切"，决定准予撤藩，迁移关外，谕户部对所需房屋田地等项预为料理。派遣礼部侍郎折尔肯、翰林院学士傅达礼持诏书前往云南，召吴三桂北上。

顺治时南下作战的满洲诸王贵族，在战事平定后相继北返，本是常理。但对吴三桂来说，康熙帝的仓促决定则是剥夺了他在云南的王权，撤销了藩封。吴三桂接到诏书，完全出乎意外，决定起兵反清。部下诸人议论不同。吴三桂的亲信刘茂遐以为，"明亡未久，人心思旧"，如果扶立明室后裔东征，老臣宿将必将愿为前驱。方光琛以为，吴三桂若起兵反清拥明，以前出关向清乞师，还可以自解，擒杀明永历帝便无法解释。刘、方两人各自说出了事情的一面。吴三桂起兵反清，将会得到降清明将的响应。但以拥明为号召，便与吴三桂一贯的行径格格不入，难以自圆。吴三桂降清以来，始终效忠于清朝，与南明为敌，直到擒杀南明桂王父子，从无拥明反清的打算，而只满足于世守云南，割据称藩。撤藩事起，吴三桂仓促起兵，显然只是由于权力受到削弱，但仍然不能不以拥明为借口。十一月二十一日，吴三桂杀死云南巡抚朱国治，发布檄文，诡称拥戴传说中的明宗室朱三太子，兴明讨清。自称"原镇守山海关总兵官、今奉旨总统天下水陆大师、兴明讨虏（清）大将军。"檄文说：他引清兵入关，是因为看到李自成进京，崇祯帝自杀，"不得已歃血订盟，许虏（清）封藩，暂借夷兵十万，身为前驱，斩将入关。"后见清朝建都北京，"方知拒虎进狼之非，莫挽抱薪救火之误"。"以故避居穷壤养晦待时，选将练兵，密图恢复"。吴三桂的这些辩解，自是违背事实的遁词，是没有多少说服力的。但是，他在檄中指责清廷，"道义之儒悉处下僚，斗筲之辈咸居显职。君昏臣暗，吏酷官贪"，声称将在甲寅年（一六七四年）正月元旦推奉朱三太子称帝，建年号周启，并已移会耿精忠和郑经，调兵三百六十万，直捣燕山（《华夷变态》卷二）。这些措施在当时的汉人官员将领中，仍然很足以鼓动人心。

吴三桂的反讯传到京师，康熙帝和朝中大臣也是完全出乎意外，难于举措。索额图以为吴三桂之反，是撤藩而引起，主张将建议撤藩的大臣处死。康熙帝不准此议，但急命停止广东、福建两王的"撤藩"令，以防止战乱的蔓延。定南王孔有德之子被李定国处死后，孔有德婿孙延龄曾请求继承王爵，清廷不准。吴三桂乱起，康熙帝即命孙延龄为抚蛮大将军，统率定南王藩下四部。康熙帝发布诏书，谴责吴三桂"早年穷蹙来归，晋封王爵"，"反复乱常，不忠、不孝、不义、不仁，为一时之叛首,实万世之罪魁"。吴三桂之子吴应熊原留京师为额驸, 实际上是作为质子。康熙帝立即处死吴应熊及子世霖,以表示对吴三桂反乱的坚决镇压。

清朝得报,吴三桂起兵后,将向湖南进发。康熙帝立即派都统巴尔布率满兵三千由荆州往常德, 都统珠满领兵三千由武昌往岳州。随后任命郡王勒尔锦为宁南靖寇大将军,统率八旗兵赴荆州阻击吴三桂部。命西安将军瓦尔喀率骑兵赴四川,武英殿大学士兼兵部尚书莫洛驻扎西安,经略陕西军事。吴三桂仓促起兵,清朝仓促应战。一场大战在双方都缺乏准备的情况下展开了。

二、反清战争的发展

吴三桂起兵后,即传檄各地,与汉族军将相联络。各地区的汉族将官,多是明朝旧臣,他们降清后,和清朝之间依然存在着严重的矛盾。四大臣辅政时期,鳌拜等排抑汉官打击文士的措施, 必然要引起武官的不安,矛盾的激化并不限于藩王。吴三桂的发难,成为一个导火线。各地汉人官员将领,纷纷起兵响应。吴三桂的割据之战迅速发展成为大规模的反清战争。

贵州四川起兵 一六七三年十一月吴三桂在云南起兵后,贵州提督李本深首先响应。巡抚曹吉申、总兵王永清降附。次年正月,四川巡抚罗森、提督郑蛟麟、总兵吴之茂、谭宏等响应吴三桂,起兵反清。西南云贵川三省不战而统于吴三桂的麾下。

进兵湖南江西——吴三桂控制西南后，即以主力进攻湖南。一六七四年二月，吴三桂派遣部下杨应宝进攻常德，原广东提督杨遇明在城内作内应，一举攻下常德。吴三桂婿夏国相进攻澧州，清守城官兵起兵响应。都统吴应麒进攻岳州，清守城参将李国栋迎降。清长沙巡抚卢震弃城逃走，副将黄正卿、参将陈武衡开长沙城迎吴三桂军。湖南长沙、常德、澧州、岳州全为吴三桂军占有。清湖北襄阳总兵杨来嘉也在襄阳起兵响应。清军统帅勒尔锦领兵到荆州，不敢渡江作战，坐失湖南。吴三桂亲到常德督战，由长沙进兵，攻取江西三十余城。

福州耿精忠起兵　吴三桂起兵反清，康熙帝急令追回对靖南王耿精忠的撤藩令，然而为时已晚，反势已成。一六七四年三月，耿精忠响应吴三桂起兵，在福州自称总统兵马大元帅，分兵进攻浙江和江西。东路由总兵曾养性率领攻打浙江的温州、台州。西路由总兵白显忠率领，攻入江西的广信、建昌、饶州。另一路由都统马九玉领兵出仙霞关，进攻金华和衢州。

广西孙延龄起兵——康熙帝安抚孙延龄，封为抚蛮将军，命他统领原属定南王的官兵，固守粤西。一六七四年二月，孙延龄自称安远大将军，起兵反清。吴三桂封他为临江王。清柳州提督马雄也起兵响应。广西全省都脱离了清朝的统治。

台湾郑经进军 一六六二年郑成功死后，子郑经继承王位，据台湾，继续抗清。清朝几次遣使招降，郑经提出如琉球、朝鲜事例，清廷不允。吴三桂起兵移书郑经，协同进军。耿精忠也请郑经出兵援助，许以漳、泉二府。一六七四年四月初一日，郑经以南明桂王年号，称永历二十八年，发布檄文。内称："今者，虏乱日甚，行事乖方，积恶已稔，天夺其魂，以致吴王倡义于滇南，耿王反正于闽中，平南、定南各怀观望，秦蜀楚越莫不骚动，人望恢复之心，家思执箠之遂"，说他将领兵百万，楼船数千，"征帆北指，则燕齐可捣，辽海可跨。旋麾南向，则吴越可掇，闽粤可联"。"所愿与同志之士，敦念故主之恩，上雪国家之仇，下救民生之祸。"(《华夷变态》卷二)郑经留长子克𡒃守台湾，与诸将冯锡范等领兵渡海，入思明州(原中左所)，取同安，进取泉州。耿精忠失约，不肯交出泉州，双方冲突，耿部守将溃去。郑经军入泉州。耿精忠部攻潮州，清潮州总兵刘进忠降郑经。郑经在思明州整顿军兵，确定税制，建成抗清的据点。

陕西王辅臣反清——陕西提督王辅臣原为吴三桂藩下总兵官。吴三桂起兵后致书联络，王辅臣将吴三桂的书札呈送清廷，因而取得信任。一六七四年八月，王辅臣率兵两千随从清大学士、兵部尚书莫洛自陕西向四川进军。十二月，途经宁羌，王辅臣袭杀莫洛，附吴三桂，领兵北走平凉。吴三桂封王辅臣为平远大将军，

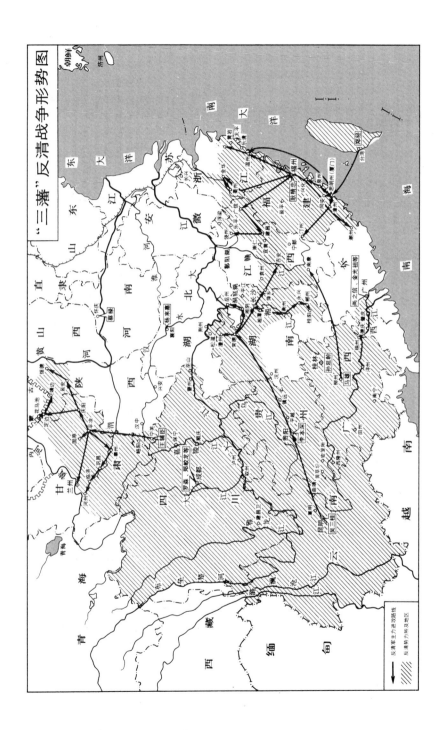

"三藩"反清战争形势图

北攻陕甘。一六七五年二月，王辅臣攻占兰州。陕甘府州将官起兵响应。固原、秦州、巩昌、定边、靖边、临洮、庆阳、绥德、延安、花马池等地都为王辅臣所占有。

自一六七三年十一月吴三桂发难以来的一年多时间里，西北起自陕甘、东南至于台湾、福建到处燃起了反清的烈火。只有广东的尚可喜，在清朝停止撤藩后，上书效忠清朝，康熙帝晋封他为亲王，以保住广东。北方驻怀庆的河南、河北总兵蔡禄和江西南瑞总兵杨富准备起兵，被清朝发觉处死。一六七五年春季的形势是：反清的地区发展到云南、贵州、四川、广西、台湾的全部，福建、陕西、甘肃、湖南的大部，湖北、江西、浙江的一部，战争波及十一省，清朝失去了对大部分汉族地区的控制。与顺治时南下作战的情形不同，清朝在这场战争中从开始即处在被动的地位，面临的威胁是严重的。

三、清 军 的 反 攻

"撤藩"之议导致如此规模巨大的战乱，自是出于康熙帝意外，战争的发展如此迅猛，也是吴三桂始料所不及。面对各省汉将纷纷起兵的形势，吴三桂停留于封授虚衔，而没有能够及时组织协同作战，指挥全局。各地将官长期处于各自起兵各自为战的局面。人们向吴三桂建议迅速渡江北上直取金陵，扼守江淮，同时出兵四川，占据关中，与清朝争夺中原。吴三桂年高而望轻，自知不易得到广泛的拥戴，缺乏必胜的信心。他不肯轻易渡江远离云贵，仍然企望割据一方，裂土称王。吴三桂的犹豫不前，使清军获得了反攻的时机。

一六七四年夏，康熙帝派出满族诸王，领大兵南下，倾全力镇压战乱。多罗贝勒尚善为安远靖寇大将军攻岳州，安亲王岳乐为定远平寇大将军攻江西，简亲王喇布为扬威大将军镇守江南，多罗贝勒洞鄂为定西大将军，与莫洛合兵由陕攻川。康亲王杰书为奉命大将军、贝子傅喇塔为宁海将军，由浙江攻打福建。又命尚可喜节制广东官兵，攻打广西。一六七五年，清军制定的战略是，以主要兵力由江西袁州攻取长沙，占领湖南以控扼广西。由于王辅臣在陕甘起兵，迫使清朝不得不改变计划，在陕甘和江西、福建开辟两个战场，与王辅臣部、耿精忠部展开激战。

陕甘战场——一六七五年四、五月间，清军洞鄂部在甘肃与王辅臣部交战，王部在临洮、洮州、河州连续败阵。闰五月，清军夺回花马池和秦州，包围兰州。六月，王辅臣连续失绥德、兰州、巩昌、延安、定边诸城，被清军截断了与四川联络的通道。七月，王辅臣被围于平凉。九月，王部攻打固原，获胜。一六七六年二月，清廷又任命大学士图海为抚远大将军，指挥洞鄂部等陕西军马进攻。五月，败王辅臣于平凉城北，用大炮攻城。洞鄂进军陕甘时，清朝一面争取甘肃提督张勇协同作战，加封张勇为靖逆侯。一面又派出使臣向王辅臣招降。康熙帝在诏谕中甚至说王辅臣杀莫洛，是由于莫洛"心怀私隙"，"朕之知人未明"，"咎在朕躬，于尔何罪"。清军围攻平凉，再次颁布诏书，赦免城内官兵。六月，王辅臣开城降清。清廷赦王辅臣罪，复原官，加太子太保，随图海驻军汉中。陕西地区的反清战争失败了。

浙赣闽战场——清军杰书与岳乐两路分别向浙江和江西进军，直取福建，向耿精忠军展开攻击。清军仍然是"剿抚并用"，在进军途中招降。一六七五年四月，岳乐在江西招抚官兵五万多人。五月，败耿军于长兴，占领建昌。闰五月，耿精忠部反击，攻取饶州，被清军夺回。六月，江西清军夺取石峡，被耿精忠部击败。清军署副都统雅燮战死。七月，岳乐军占领江西浮梁、乐平、宜黄、崇仁等县，招降官兵六万余人。八月，浙江战场上，傅喇塔军攻占黄岩，耿精忠部将曾养性败逃。十月，清军进取温州，攻占太平、乐清等县。

一六七五年初，耿精忠与郑经互相通使，协同对清作战。十一月，郑经出兵攻陷漳州，斩清澄海公黄芳度，又取兴化、汀州。十二月郑经水军进攻温州，清水师提督常进功等自定海关出海抵御。一六七六年三月，杰书遣傅喇塔等进军温州。耿精忠部将曾养性等率兵来战，被清军击败。

六月，耿精忠部耿继善弃建昌。八月，杰书遣都

250

统赖塔等攻衢州，耿部马九玉败逃。九月，清杰书部傅喇塔、李之芳等追击马九玉，入仙霞关。耿部金应虎降。十月，杰书抵延平。耿精忠穷蹙，遣子耿显祚去清军请降。杰书军进驻福州。耿精忠开城迎降。清军命他随军攻打郑经。曾养性也在温州降清。

十一月，郑经遣部将许辉进攻福州，在乌龙江设营。清军渡江激战，郑经部败走，清军进取兴、泉、汀、漳四州。一六七七年二月，郑经军战败，弃漳州返厦门。福建又为清军占领。

广西战场——孙延龄据广西起兵，与孔有德旧将驻守南宁的线国安不和。线国安病死，孙延龄自称安远王。清廷派官招抚。一六七六年冬，孙延龄部将原庆阳知府傅弘烈劝孙延龄降清。孙妻孔四贞（孔有德女）也向孙延龄劝降。孙延龄遣傅弘烈去江西迎清兵。吴三桂侦知，派从孙吴世琮领兵进攻桂林，杀孙延龄，吴世琮留部将李廷栋守桂林。孙延龄部下刘彦明等杀李廷栋，与线国安子线成仁等降清。孔四贞到北京投降。驻守柳州的马雄，降清后不久，再度起兵攻南康，败走。马雄病死，子马承荫降清。

广东战场——广东藩王尚可喜效忠清朝，得保王封，请以次子尚之孝承袭王爵，长子尚之信不服，父子间由此不和。一六七六年春，吴三桂部自湖南出兵，攻打广东肇庆。尚之信乘机幽禁尚可喜，举兵附吴三桂反清。清总督金光祖、巡抚佟养钜等随尚之信反。吴三桂授尚之信招讨大将军,辅德亲王。清军在福建、广西获胜。十二月,尚之信又遣使向移驻南昌的清简亲王喇布行营请降。清朝命他立功自效。号为"三藩"之一的尚之信,只是由于争夺王位,在吴三桂发动的反清战争已转入低潮时才铤而走险。几个月后便又向清朝投降,在整个战争中处于无足轻重的地位。

一六七六年冬到次年春,整个战争形势发生了急剧的转变。王辅臣、耿精忠、孙延龄相继降清,郑经败走。吴三桂日益孤立了。

四、反清战争的失败

吴三桂攻占湖南后,主力军一直在湖南镇守。一六七五年清军来攻,两方互有胜负。岳乐军屡攻长沙、萍乡,均不能下。湖南吴三桂军仍是善战的劲旅。一六七六年春,吴三桂兵入广东,尚之信起兵响应。吴三桂另派部将韩大任攻下吉安。清岳乐军攻下萍乡,再攻长沙。吴三桂婿胡国柱紧守长沙。吴三桂自松滋移驻岳麓山声援。韩大任夺回萍乡,截断清军后路。康熙帝命喇布自江西出兵援岳乐军,进至吉安,战败。陕甘王辅臣降清后,康熙帝调遣攻打陕西的穆占军南下荆州,专力攻打湖南。一六七七年初,穆占与岳乐军夹攻长沙。长沙尚未攻下,韩大任先在吉安逃走。吴三桂自岳麓山移驻衡州,出兵广西,杀孙延龄,企图打开通路,由于孔四贞等降清受到阻遏。一六七八年初,岳乐军

昆明吴三桂铜铸家庙

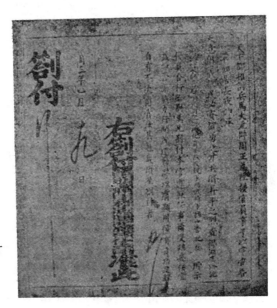

吴三桂劄付

攻下平江、湘阴，在湘潭招降吴三桂水师将军林兴珠，命为建义将军。清穆占军连续攻下永兴、郴州、桂阳等十三城。喇布军进击韩大任，至宁都，韩大任败走，向福建清军投降。吴三桂部将马宝、胡国柱等攻打永兴，清军都统宜理布、护军统领哈克山败死。穆占领兵坚守。

　　这年，吴三桂已是六十七岁，起兵反清作战已有六年。战争形势逆转，部下劝他称帝封臣，以鼓舞士气。三月一日，吴三桂在湖南衡州建号周国，自称周帝，建年号昭武，以衡州为定天府。部下诸将分封为国公、郡公、侯、伯。在云、贵、川和湖南举行乡试，考选士人。吴三桂此举，反而抛弃了"兴明"的旗帜，在军事不利的情况下，在政治上也更加陷于孤立。明朝旧臣不再有人起来响应。吴三桂称帝不久，即卧病不起。八月，病死在衡州。吴三桂孙吴世璠（吴应熊子）自云南来奔丧，行至贵阳继位称帝，改年号洪化。到衡州迎枢回云南。吴世璠称帝，更无政治威望，败亡已不可免。但凭借吴氏在西南多年蓄积的兵力，仍与清朝坚持争战了三年之久。

　　清军在东南战场均获胜，又得吴三桂死讯，以为是反攻的大好时机。康熙帝急令各路军马分道出击，展开大规模的进攻。

　　湖南方面——湖南清军喇布部进军衡州，贝勒察尼授安远靖寇大将军，领兵猛攻岳州，配合水师乌船

254

百艘，沙船四百三十八艘。根据林兴珠的建议：半泊君山，截常德粮道；半泊扁山、香炉峡、布袋口诸处，并沿九贵山驻扎绿营，断长沙、衡州的接应。清军几次出击，败吴军吴应麒部，派人招抚吴应麒部下官兵。吴军总

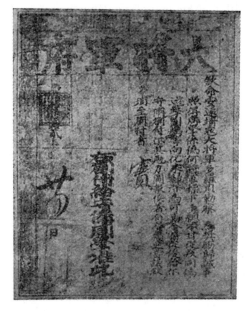

清大将军察尼劄付

兵陈华、李超降清。康熙十八年（一六七九年）正月，清军乘势攻克岳州，吴军陈珀等投降。荆州清军大举进攻澧州、常德、长沙。吴三桂的守城官兵，纷纷弃城逃走。清军占领长沙，肃清湖南，吴军退守贵阳。

广西方面——傅弘烈迎接清军进广东后，声称"广西全省便可一面当之"。清朝任命他为抚蛮将军、广西巡抚，募兵作战。他先后收复浔州、梧州等地，屡立战功。准备进军云贵，请求清朝派兵支援。清朝将军莽依图等畏缩不前，退兵梧州、德庆，傅弘烈孤军据守梧

255

州。康熙十八年（一六七九年）正月，清廷命令莽依图与尚之信率军水陆并进，配合傅弘烈，大败吴世琮部，攻克桂林、南宁、收复广西。次年二月，马承荫（马雄子）又在柳州反，诱杀傅弘烈。六月，马承荫降清，被解送京师处死。

四川方面——一六七九年五月，宁夏提督赵良栋愿独当一面，进军四川。清朝也认为：当前各路敌人败退，据守险要，无需专恃骑兵，可用绿旗步兵之力。十月，康熙帝命赵良栋与甘肃提督张勇、平凉提督王进宝等进军四川，说："自古汉人叛变，亦惟以汉兵剿平，彼时岂有满兵助战哉。"（《平定三逆方略》卷四十七）十一月，王进宝攻占汉中，十二月攻克保宁，吴军大将王屏藩自杀。清军乘胜占领顺庆，赵良栋收复略阳、成都，吴军将军以下官员百余人投降，又在建昌大败胡国柱。图海取兴安，湖广提督徐治都在巫山败杨来嘉，攻占夔州、重庆。清朝夺回四川。

云贵方面——云贵是吴三桂军的基地。清军夺取湖南、四川，即对云贵发动总攻。命贝子彰泰代替安亲王岳乐为定远平寇大将军，统率军队进攻云贵，总督蔡毓荣为绥远将军，率领绿旗兵从沅州出发，作为先头部队；王进宝留守四川，赵良栋为勇略将军兼云贵总督，从四川进军；赉塔为平南将军，从广西进军。康熙帝颁诏招抚吴军将领胡国柱、马宝、郭壮图、夏国相、吴应麒等人说："尔等本系吴三桂藩下之人，曾受世职"，若即

256

归顺,既往不究,"不特保全家口,亦可建立功名"。(《圣祖实录》卷八十五)

一六八○年十月,湖南清军先后攻克镇远、平越、贵阳,吴世璠、吴应麒等退军守云南。次年初,清军攻永宁州,吴世璠派兵二万出击,在北盘江西的江西坡列象阵,与清军决战,大败而归。广西清军从田州进攻西隆州、安笼所,在黄草坝与吴世璠军决战,冲破象阵,攻克曲靖,与湖南清军在嵩明会师。二月,清军进攻云南省城昆明,从归化寺到碧鸡关连营数十里。吴世璠派兵袭泸、叙,但不能牵制清军,扭转战局。云南各地文武官员,先后投降清朝,吴世璠在昆明困守孤城。九月,赵良栋带兵从四川赶到昆明,主张大举攻城,迅速结束战争。他说:"我等大兵,连营四布,不就近速战,迨至日久,米粮不继。满兵无妨,绿旗兵何以存立耶?"赵良栋带领标兵,夺取得胜桥。彰泰进军围城,在归化寺大败吴军。守城将领线域策划逮捕吴世璠降清,吴世璠、郭壮图自杀,十二月十九日线域开城投降。吴三桂发动的反清战争彻底失败了。

清军进军广西时,多次调令尚之信出兵参战,尚之信不听调遣。巡抚金儶与都统王国栋等上疏劾尚之信"犹有异志",密谋杀之信。康熙帝下诏逮捕尚之信审讯。一六八○年七月间被处死。耿精忠降清后,部下参领徐鸿弼告耿精忠尚蓄逆谋。杰书请斩耿精忠。康熙帝以为,各地军兵正在受抚投降,不宜骤诛精忠,宜令自请来京师，以便妥贴处置。一六八〇年，耿精忠到京师入觐，康熙帝令法司拘捕审讯。一六八一年吴世璠败后，次年，将耿精忠及部将曾养性等并处死。

自一六七三年吴三桂起兵以来，战争先后延续了八年之久，波及十几个省区，清朝丧失莫洛以下将领多人，调动的绿旗兵即有四十万众。各地区连年战乱，民不聊生。清朝遭受的打击是沉重的。战争的发展，基于明朝旧将与清朝的矛盾。但战争的发难者吴三桂并无任何政治威望。他的仓促起兵只是由于藩王地位不保，意在割据称王，也并无远大的计划。各地将官分散作战，既缺乏清朝那样的严密的军事政治组织，又缺乏胜任的领导者，失败是不可免的。但是，清朝赢得这场战争，也并非轻而易举。康熙帝并不讳言这场战争的艰难，说"劳师动众，兵民困苦已极。若以为摧枯拉朽，容易成功，则辞过其实。"（《清圣祖实录》卷九十九）战争过后，康熙帝命行告祭礼，与民更始。群臣请上尊号，以彰皇帝功德。康熙帝不允，说当初朕决意撤藩，以致吴三桂背叛。现在幸得歼灭。倘再延数年，朕决意迁撤之举，将何以自解？又说："不图吴三桂背恩反叛，天下骚动，伪檄一传，四方响应。八年之间，兵民交困"，"议事之人，至今尚多，试问当日曾有言吴三桂必反者否？"（《圣祖实录》卷九十九）清朝平乱得胜之后，康熙帝仍然认为战乱的爆发原来出乎意料，对当年仓促撤藩犹存悔意。昭梿《啸亭杂录》记此事说康熙帝

258

预见吴三桂必反，故先发制之，显然并不可信。但是，这场意外的长期战乱，却也使清朝经受了严峻的考验。年轻的康熙帝亲政不久，即领导了这场艰难的大战，并且终于取得了胜利。这使他在满汉臣僚中的威望大为提高。康熙帝的统治更加巩固了。

五、台湾郑氏的降附

一六七七年冬，郑经退守厦门。次年又连续出兵攻占沿海十余城堡。一六七九年又派部将刘国轩等人分路进军，六月攻占海澄，消灭清军三万余人，并占领长泰、同安、惠安、平和等县。刘国轩领兵围漳州，遣别部围泉州，与清军相持。一六八〇年三月，清军聚水师来攻，刘国轩退走厦门。清军攻下厦门，郑经率师退回台湾。次年正月，在台湾病死，年三十九岁。郑经继承父志，奉南明永历年号，是南明将领中坚持抗清的最后一人。郑经死后，后嗣又起纠纷。长子郑克壓被侍卫冯锡范等杀死，立次子克塽袭延平王。清朝得郑经死讯，六月间即分派绿旗舟师，规取澎湖、台湾。福建总督姚启圣与内阁学士李光地奏请起用施琅，攻取台湾。施琅原是郑成功的部将，于一六五一年（顺治八年）降清，官至福建水师提督。一六六七年调京师任内大臣。康熙帝对施琅进行了长期的考察，一六八一年十月，再次起用他为福建水师提督，协同进取。一六八二年，户部尚书梁清标疏请缓征台湾。施琅奏称：“臣于水师营中，简选精兵二万余，战船三百艘，已足破灭海寇。请令督抚趣办粮饷给臣军，而独任臣以讨贼”(《圣祖实录》卷一〇五)。台湾刘国轩率二万人踞守澎湖，沿岸筑短墙，置腰铳，环二十余里为壁垒。一六八三年六月，施琅率领战船出征，百船分列东西，自督五十六船分八队进兵。经过海上激战，全歼郑氏水师，占领澎湖，刘国轩败走台湾。七月，康熙帝下令招抚台湾军民，如能投诚，既往不咎，“仍从优议叙，加恩安插，务令得所。”(《圣祖实录》卷一一一)台湾掌握兵权的刘国轩“率先”倡议降清，得到冯锡范等人附议，于是遣使议降。郑克塽在降表中说：“昔也威未见德，无怪鸟骇于虞机；今者误已知迷，敢后麟游于仁圃。”(江日昇《台湾外记》卷十)八月，施琅统兵入鹿耳门，进驻台湾。郑克塽剃发出迎，交出延平王金印。郑克塽等往北京朝见，受封为公爵，刘国轩、冯锡范为伯爵，俱隶上三旗。

一六八三年底，康熙帝遣侍郎苏拜等至福建，与督抚议善后事宜。有人主张迁其人，弃其地。施琅上疏反对说：“台湾一地，虽属外岛，实关四省(江、浙、闽、粤)之要害”。“断断乎其不可弃。”倘若外国乘机占据，“沿海诸省，断难晏然无虞”。(施琅《靖海纪事》下卷《恭陈台湾弃留疏》)康熙帝与议政王大臣等反复商议，决定在台湾设府，由福建省管辖。台湾府下设台湾、诸罗、凤山三县，派兵驻守。郑成功父子在台湾经营二十二年，开发农田，开展海外贸易，台湾经济得到发展。此后，台湾府归于清朝统治，直属于福建。

（四）汉人文士的任用与康熙帝南巡

康熙帝除鳌拜后，即锐意改变辅政时期的排汉政策，以消除满汉官员间日益严重的矛盾。但由于仓促撤藩而导致了矛盾的大爆发，形成八年的战乱。康熙帝从吴三桂发动的战乱中得到的经验是：必须争取汉人特别是江南汉人的支持，才能以巩固清朝的统治。战争后期和战争之后，康熙帝多方面招任汉人官员文士。江南士人经由各种途径，大批进入清朝政权，侪于统治集团的行列。

征招博学鸿儒　康熙十七年（一六七八年）正月，康熙帝对吴三桂作战取得决定性胜利时，颁发诏书，征招"博学鸿儒"，令在京官员和各省督抚举荐有声望的儒生文士来京。次年（己未年）三月，各地荐举的文士一百四十三人，在体仁殿考试词赋，后世称为"己未词科"。应试前先由康熙帝赐宴，给卷作诗二十韵。取名士彭孙遹、朱彝尊、汤斌、汪琬等五十余人（一等二十人，二等三十人），俱入翰林院。原已有官品者授侍读、侍讲，曾中进士者授编修，生员以上授检讨。被举荐到京没有入试的，也授职放还。考试不完卷者也予入等。取录的五十名中，顺天直隶人六名、山东、河南、陕西各一名，其余均为江南（包括浙江、江西）名士。入翰林院的文士俱受命纂修明史。这次"博学鸿儒"科，显然不同于一般的科举考试，而是旨在招揽南方士人，以消除反抗力量。己未开科正是吴三桂称帝病死的第二年。吴三桂建号周国，放下了兴明的旗帜。康熙帝招揽儒士，纂修明史，以表明继承明朝的正统，江南文士越来越多地投服于清朝。

康熙帝南巡 台湾郑氏降附，战争全部结束之后，一六八四年康熙帝亲自到山东和江南巡视，称为"南巡"。九月，诏谕户部说："朕此番巡历，原以抚恤编氓，问俗观风。"这所谓"问俗观风"，即了解江南的风土人情，"抚恤编氓"则是此行的政治目的，即安抚南方的汉族人民。康熙帝在九月末出行，十月至济南。孔子后裔衍圣公孔毓圻率子孙迎驾。至泰安州，登泰山，祭东岳庙。康熙帝手书"普照乾坤"四字，在孔子登泰山而小天下处建亭悬额。经宿迁至桃源县。巡视黄河北岸治河工程。再由水路经淮安、高邮、扬州至镇江，登金山、焦山。过常州、无锡至苏州府城。苏州是明代著名的繁华城市。康熙帝对侍臣说："向闻吴间繁盛，今观其风土，大略尚虚华，安佚乐，逐末者众，力田者寡。"所谓"逐末"当指工商业的繁盛，为北方所不及。十一月初，康熙帝至江宁府城。遣内阁学士席尔达祭明太祖陵，并亲自往明太祖陵拜奠。诏谕江南、江西总督、江苏巡抚说："明太祖天资英武，敷政仁明，芟刈群雄，混一区宇，肇造基业，功德并隆"，令地方各官对明陵不时巡察,守陵人用心防护,不准附近旗丁居民践踏。每年举行春秋二祭,"以副朕崇重古帝王陵寝之至意"(《圣祖实录》卷一一七)。康熙帝自江宁回銮,归途在曲阜停留,祭孔子庙,行三跪九叩礼,自制祝文说:"先师德侔元化,圣集大成,开万世之文明,树百王之仪范"(同上书)。又亲书"万世师表"匾额,悬挂于大成殿上。康熙帝祭明太祖陵,以示崇重前朝,旨在消除明遗民的敌对情绪。祭孔子庙,以示对汉文化的尊重,旨在争取汉民众的拥戴。康熙帝巡行沿途需用之物,均由内务府供备,不取民间,不准地方官员借端妄派。褒奖江宁知府于成龙为官廉洁,擢任安徽按察使。斥责漕运总督满人邵甘居官不谨,令至京候旨。康熙帝的这些举动,为缓和满汉之间的矛盾取得了一定的成效。

汉人文士的倚用 康熙帝在战乱的年代,锐意任用汉人文士。熊赐履以翰林院掌院学士进为经筵讲官,为康熙帝讲儒学。吴三桂乱起后,一六七五年,超授熊赐履为武英殿大学士兼刑部尚书。次年因票拟错误夺官。一六八四年,康熙帝南巡至江宁召见熊赐履,一六八八年又起用为礼部尚书。顺治时的老儒魏象枢,一六七四年官至户部侍郎,一六七八年授左都御史。博学鸿儒考试一等的汤斌(河南睢州人)授翰林院侍讲,一六八一年任日讲起居注官,转侍郎,次年为《明史》总裁官,一六八四年擢任内阁学士,出任江宁巡抚,在江宁迎接康熙帝南巡。在此前后,康熙帝还先后擢任徐乾学、徐元文、王鸿绪、韩菼翁、叔元、彭孙遹等江南名士入内阁或翰林院。他们都曾在顺治十八年的"江南奏销案"中被褫革削籍。此时或任内阁学士、或授侍郎、尚书，参预朝政。一六八五年，康熙帝召试翰林院、詹事府（原为太子东宫属官，顺治时裁撤，康熙十四年复置，掌经史文章之事）等文臣，徐乾学考试第一，韩菼第二，受诏褒奖。徐乾学擢任内阁学士（例推巡抚），名振一时。

康熙帝自幼习汉文化，战争期间仍不断研读儒家经书，命内阁、翰林院文臣充日讲官。康熙帝也自己讲解朱熹注，与讲官议论。一六七七年，他自著《日讲四书讲义序》，说"万世道统之传，即万世治统之所系也，""道统在是，治统亦在是"。显然，康熙帝研习儒学，目的在于了解汉人的统治方法，充任日讲官的文臣也参与议论政

康熙帝手书唐诗

264

事。皇宫乾清门右阶下设南书房，选择文臣入值，日侍皇帝左右。翰林院侍读学士、江南桐城人张英受命入值，赐第西安门内。文臣得居禁城之内，为前此所未有。大臣明珠举荐浙江钱塘文士高士奇为詹事府录事，迁内阁中书，也赐居西安门内入值。入值南书房的文臣不仅为康熙帝日讲经书，议论诗文，而且备康熙帝顾问，代拟密谕。康熙十七年闰三月，奉召入值的翰林院掌院学士陈廷敬（山西泽州人）记他的见闻说："张君敦复（张英字），一日之中恒在上前，暂退辄复宣召。或当食吐哺，疾趋宫门。漏下十许刻乃归。日夜无暇晷矣。窃计敦复立朝之日多，家食之日少。"（《午亭文集》卷三八）张英、高士奇实际上成为康熙帝倚信的左右手，参预政议。徐乾学擢任内阁学士，也入值南书房，为康熙帝所倚用。吴三桂乱后，汉人武将反清遭到失败，汉人文臣却在此时进入了统治集团的核心。康熙帝利用传统的儒术去征服汉族的臣民，汉族的封建文化也在征服满族的康熙帝。

第二节　封建统治制度的确立

康熙帝击败了汉族武将的反抗，又争取到汉族文士的支持。一六八四年，康熙帝南巡以后，清朝统治区内开始呈现出稳定的局面。从一六四四年多尔衮领兵入关到这时已经四十年了。在这四十年间，清朝经过与被统治民族汉族的反复斗争，终于取得了胜利，巩固了它的统治。在这四十年间，清朝也不能不从实践中逐步地放弃满族传统的奴隶制转而接受汉族的封建制度和汉族传统的封建文明。虽然传统的奴隶制残余，仍在某些方面继续存在影响。但是，清朝已是作为一个封建王朝，奠定了它对全中国的统治。

一六九〇年（康熙二十九年），《会典》修成，基本上记录了康熙二十五年时确立的各项封建统治制度，下面分别叙述清朝此时建立的政治、军事、经济各项制度和措施。

（一）政治、军事制度

康熙帝除鳌拜后，陆续改订政治制度。"三藩"战后，政治制度渐致完备，军事制度则作了较多的改革。

一、中央官制

国家机构继续实行内阁制，下设六部及理藩院。另设翰林院主管文事。皇族及宫廷事务设置专门机构掌理。

内阁 一六七〇年，恢复内阁，职权又有所加强。内阁设大学士（无定员，经常为满汉各二人），加殿、阁衔，兼某部尚书。满汉大学士承旨草拟诏谕，处理章奏。各直省的题本和各地臣民的密封申诉呈文，均由通政使司(设通政使二人)汇收登录后送内阁查处。各部院及八旗题本，亦由通政使收递。内阁票拟诏、敕，经皇帝批阅后，交由中书科缮写，六科发出。军国要务由此均经由内阁。实录馆、明史馆等机构亦由内阁统属。一六七七年，文臣入值南书房后，特颁诏旨多由在南书房行走的大臣秉承帝旨办理。

六部 康熙时，沿顺治定制，仍由吏、户、礼、兵、刑、工六部分掌政务。各部设满汉尚书各一人，侍郎各一人。部下设司，长官称郎中，也称部郎；副长官称员外郎，简称员外。下有主事、笔帖式等官员。

吏部掌全国文职官员的考核、升降、赏罚、任免。户部管理户籍、田地、赋役、财政。户部钱法堂有宝泉局，掌管铸钱。礼部掌管国家典礼仪制、学校和科举，接待外国使臣。兵部主管全国军事及武职官员的考核任免，还管武生考试及军械、驿站、邮传等事。与兵部有关的太仆寺，设卿二人，少卿三人(满一人汉二人，后裁为各一人)，掌管养马和牧地事务。满洲八旗兵与汉人绿营兵各有军事系统指挥(见下节)，兵部无权调遣。

刑部主管司法行政，掌全国刑罚政令，与都察院、大理寺合称三法司。都察院设左都御史二人、左副都御史四人，掌监察和谏议，参予审判。大理寺设卿二人、少卿三人(满一人汉二人，后裁为各一人)，审核案

267

件。重大案件，须由三法司会办。先经刑部审明，送都察院参核，再送大理寺审定。工部主管修建宫殿、城池、兴修水利等工程。右侍郎还兼管钱法堂宝源局（设满汉监督各一人）监收铜铅及铸造事务，铸钱专供工程费用。尚书或侍郎还和钦派的大臣共掌火药局，负责火药之存储与领给。工部属员参预京师河渠和街巷的修治。

内阁和六部的各级官员，均规定满汉并用，各有定员。官员出缺，始能补授。因此被称为"官缺"制。康熙帝大批任用汉人官员。官有定额定制，则可以合法地任用汉官，又可以保证满人官员的权位，控制汉官。康熙帝多次强调"满汉一体"。但六部郎中、员外郎等下级官员，满缺多于汉缺。笔帖式（满文文书）专用满洲八旗和蒙古、汉军旗人，多至千人。银库、缎匹库、颜料库等被称为"优缺"的一般官职，也多授予满人，借以安置八旗贵族子弟。康熙帝利用官缺的选授，调谐满汉之间的矛盾，保持了政局的稳定。

理藩院 清太宗崇德时曾设蒙古衙门，后兼管回、藏等族事务，扩为理藩院。一六五九年（顺治十六年）裁并于礼部。四大臣辅政时期，复设理藩院，管理满、汉以外的各族事务。康熙亲政后相沿不改。理藩院设尚书一人，左右侍郎各一人，由满族及蒙古族人充任，无汉官。理藩院与六部平行，独立执政。

翰林院 康熙帝在复设内阁的同时，恢复翰林院

268

的设置。设掌院学士满汉各一人，兼礼部侍郎衔。下设侍读学士、侍讲学士，满、汉各三人。编修、检讨等官，无限额。翰林院掌文史之事，并备皇帝顾问，为皇帝草拟礼仪性的文告。翰林院学士品级，与内阁同。可充任经筵讲官、南书房行走。

翰林院下设庶常馆，为新进士深造进修之所。每科朝考后，名列前茅者被选为庶吉士，称"庶常"。庶常入馆学习，称"馆选"。

起居注馆记录皇帝言行，设于太和门西庑。置记注官满四人，汉八人（后有增加），以日讲官兼任。

国史馆撰修清太祖以来历代国史。从翰林院学士中简选总裁和编修官。

翰林院官员的品级虽不甚高，但因接近皇帝，常为进身之阶。清朝汉人大学士和各部尚书，几乎全部是翰林出身。国子监祭酒、司业，内阁学士等官，非翰林不得除授。

皇族与宫廷机构　朝廷中专设若干机构管理皇族与宫廷事务，不属于内阁。主要有：

宗人府——管理皇族事务。清太祖之父显祖本支子孙称宗室，用黄带；显祖伯叔兄弟各支子孙称觉罗，用红带。宗室与觉罗俱为皇族。宗人府设宗令一人，左、右宗正各一人，由亲王、郡王充任。掌管皇族继嗣、封爵、授职、调迁、降革、赏罚等事，编纂玉牒（皇族谱系），登记生死档册。

内务府——管理宫廷事务。宫廷中的财政收支、皇室膳食、衣装、祭祀、游幸以及宿卫宫城的上三旗军营事务，都由内务府掌管。最高长官称总管内务府大臣，由满族王公大臣兼任或另行简用。下设坐办堂郎中、主事、笔帖式等官。内务府的直属机构有七司三院，分理诸事，机构庞大，人员众多。官员三百余人，统属夫役、内监等近万人。

敬事房——四辅政大臣时期，裁撤十三衙门，诏令永不用内官，但前明内监仍继续在宫廷为皇室服役。一六七七年五月，设敬事房，置总管、副总管，专管内监的甄别、任免、调迁、赏罚等事务，实际上又恢复了内监的任用。

二、地方官制

顺天府和奉天府　清朝建都北京，置顺天府，设府尹一人，品级同于各省巡抚及京卿。管辖大兴、宛平二县与近京十九（后增为二十二）州县的行政事务。大兴、宛平以外的州县，兼属直隶总督。奉天府是清朝旧都。作为"留都"，设府尹一人，管所属府、厅、州、县汉人民事。并依朝廷建置设户、礼、兵、刑、工五部（兵部为康熙三十年增置），各设满侍郎一人，不设尚书。另设盛京内务府，管理满人事务。均统属于盛京将军。

督抚司道　清沿明制，分设直省。清初建置屡有变易。康熙时渐形成直隶、山东、山西、河南、江苏（江南）、安徽、江西、浙江、福建、广东、广西、云南、贵州、湖南（康熙三年，湖南分省。仍沿顺治时制度称偏沅巡抚。雍正时始改称湖南巡抚）、湖北、四川、陕西、甘肃十八直省，每省设巡抚一人。又在两江（江南、江西）、川陕、湖广、两广、福建、云贵设置总督，建置历年不一。

总督加兵部尚书、右都御史衔，主管军事，兼管民政和监察地方官员，是地方要员。巡抚加兵部侍郎、右副都御史衔，主管一省民政事务，为一省政务长官，（直属军营，称"抚标"）又称"抚军"、"抚院"或"抚台"。

各省巡抚以下，设承宣布政使司，长官为布政使，又称"藩司"、"藩台"，主管民政、财政，向所属府州县宣布政令。与承宣布政使司平行的机关有提刑按察使司，长官称按察使，又称"臬司"、"臬台"、"廉访"，主管司法、刑狱和驿递事务。抚台、藩台、臬台，俗称"三台"，是省一级的主要官吏，其辅佐官员称道员。

道员又称"道台"，是根据各省情况设立的粮储、屯田、兵备、驿传、水利、盐法等道的长官，掌管所属各项事务。作为布政使辅佐的参政道、参议道驻守在一定地方，称为分守道。按察司副使、金事道分巡某一带地方，称为分巡道。

府县 省与州县之间设府，知府一人，统管几县。佐贰官员有同知、通判。同知亦称司马，通判亦称别驾，与知府合称"三堂"（知府为正堂、同知为左堂、通判为右堂），分掌督粮、缉捕、水利等事。州是府属的行政单位，有直隶州与散州之别。直隶州也统管数县，职同一府，设知州、州同、州判等官。知府以下，分驻境内各地的官员，自成行政单位者，称为厅，是府属的机构。厅也有直隶厅与散厅之别。直隶厅与府同级，长官称同知、通判。

散州、散厅与县平行。县是基层政权机构，知县是"亲民"之官，即直接统治本县人民。赋役、诉讼、文教等事，都由知县管理。知县的辅佐是县丞、主簿、典史、巡检。县丞、主簿分管户籍、钱粮、缉捕等事，典史司稽察和管理狱囚，巡检为驻守县内重要乡镇的派出人员，负责巡逻缉捕，维持治安。上项人员通称佐贰，是知县的助手。

府县所属之城厢、市镇、村屯等基层组织，沿袭明制有里甲或里社。一百一十户为一里，设里长。另推丁多的十人为甲长，每甲管十户，是为里甲（江南州县名里为"图"，称图甲）。里（图）甲长收缴当地赋税。以后征收田赋改为官收官解，纳户自封投柜。一七〇八年（康熙四十七年），申令设保甲以编审居民，维持治安。保甲制逐渐代替了里甲制。

专职官员　各地方除行政长官外，还设有分掌经济、文教事业的专职官员。地位较高的主要官员如下：

学政——掌管一省教育事业的长官称提督学政，

简称学政。从翰林或进士出身的侍郎、京堂等部院官员中选派。选派前，需经过考试，合格者方可简放。任期三年，办事衙门称"学院"。

漕运总督——江南平定后，东南各省征收的米粮通过运河运往北京，称"漕运"。每年额定四百万石。督办漕运事务的最高长官称漕运总督，衙署设在淮安，管辖山东、河南、江苏、安徽、江西、浙江、湖北、湖南八省漕政。

河道总督——督办黄河、运河的堤防、疏浚工程的长官称河道总督。顺治初设一人，驻山东济宁，称"总河"。一六七七年（康熙十六年），移督江苏清江浦。

盐政——掌管盐业征税、调济盐价、督察所属盐务官员，统称盐政，由各省督抚兼管。管理盐务的衙门称都转盐运使司，长官称盐运使，设于长芦（驻天津）、两淮（驻扬州）、两浙（驻杭州）及山东、河东（山西）、两广等地。不设盐运使司的省分设盐法道。盐法道与盐运使的职责是督察盐场生产和管理盐价、运盐等事宜。

地方各级官员也有固定的满、汉官缺。督抚一级满缺多于汉缺，府县地方长官主要是汉人。

三、兵　　制

清军原以满洲八旗兵为主要兵力，太宗时，降清的蒙古、汉人军兵分编为蒙古八旗与汉军八旗。此后，陆续收编的亡明汉人降军，称为绿旗兵，又称绿营。三藩战后，康熙帝对清朝兵制主要是对绿营兵制做了较多的改革。

满洲八旗兵

满洲八旗来源于满洲氏族部落组织。奴隶制时期的兵丁是自由民，作战掳掠奴隶即可上升为奴隶主阶级。因此，八旗兵勇猛善战，不同于汉族服役的士兵。

八旗分左右两翼。右翼是正黄旗、两红旗、镶蓝旗。左翼是镶黄旗、两白旗、正蓝旗。每旗设都统一人、副都统二人，统辖本旗军民，掌管兵马、钱粮以及户籍、田地等事项；所属参领五人（后增设副参领五人），承上启下，管辖若干佐领。旗人户籍都在八旗各佐领中，登记户主氏族、官爵或闲散（无职者），备载父、兄、弟、子侄及户下人等。三年比丁（查验）一次，身高五尺以上或年满十八岁的人为壮丁（进关前后每佐领二百人，康熙十三年约为一百三、四十人），验看骑射，从中挑选兵匠。每佐领选充亲军二人，上三旗隶属领侍卫内大臣，下五旗隶宗室王公；前锋二人，隶前锋统领；护军十七人，隶护军统领；步军领催二人，步军十八人，隶步军统领；鸟枪护军三人，鸟枪骁骑四人，炮骁骑一人，隶火器营；领催五人，骁骑二十人，弓匠一人，铁匠或鞍匠一人，各隶本旗都统。

清朝定都北京后，满洲八旗兵成为保卫国家，镇压人民的工具，并连年被派往各地作战。有"禁卫"（禁旅)、"驻防"之别。

禁旅八旗兵驻在北京。八旗兵丁分在京城各地，镶黄旗在安定门内，正白旗在东直门内，镶白旗在朝阳门内，正蓝旗在崇文门内；正黄旗在德胜门内，正红旗在西直门内，镶红旗在阜成门内，镶蓝旗在宣武门内。本旗都统率领骁骑按居止方位值班巡徼。八旗左右两翼，各设前锋统领一人，护军统领一人，分别率领护军参领、护军校以及护军营兵。前锋营、护军营平时警卫宫禁，皇帝外出巡幸则保卫行营。提督九门步军统领一人，率领左右翼步军总尉、步军尉步兵，守卫外禁门、巡警城内、防火捕盗。内务府包衣三旗的前锋、护军、骁骑，原归领侍卫内大臣统率，后归内务府总管大臣统率，守卫宫禁。火器营为特种兵，由王公大臣充任总统。满洲八旗兵被皇帝视为最可靠的军事力量，是国家根本所系。禁旅八旗兵以满洲八旗为主，留守京城，保卫皇室，称为京旗。遇有战事，派出作战，战后仍回京城。驻防八旗兵，分驻全国各军事重镇，总数约数万人，后渐有增加。

来源于氏族成员的满洲八旗兵原来作战时自备马匹器械，掳掠财物奴隶归兵丁所有。得充兵丁作战是光荣而有利的职业。清朝占领北京后，禁止掳掠，八旗兵丁仍须承受负担。早在一六五五年(顺治十二年)时，户部尚书陈之遴就指出："远涉数千里，长征一二年。出兵之时，买马置械，措费甚难。凯旋之日，马倒器坏，又须买补。满兵月粮几何，堪此重费。"（《清朝经世文编》卷三十五）八旗兵成为国家军兵，马匹器械改由朝廷专设机构喂养和制作，兵丁靠朝廷发给粮饷生活。康熙时定制：前锋、亲军、护军、领催、弓匠长月给饷银四两，骁骑、弓匠、鞍匠三两。此外，每年各给米四十八斛。步军领催月给银二两，步军一两五钱，铁匠一至四两，年各给米二十四斛。炮手二两，年给米三十六斛。八旗骑兵粮饷，相当于当时七品官（年俸四十五两、米四十五斛）的俸禄，远比绿旗兵优厚。但八旗兵丁驻守京城，脱离农事，单靠粮饷和朝廷的赏赐过活。旗丁家口日繁，生计日蹙。聚集在京城，无所事事，游手好闲，战斗力也日渐削弱。康熙一朝，随着封建统治的确立，八旗兵由奴隶制军兵转化为封建国家的军队。八旗兵丁的"生计问题"，越来越严重了。

蒙古八旗与汉军八旗

蒙古八旗与汉军八旗也有禁旅与驻防之别，编制基本上与满洲八旗相同。但汉军八旗每佐领下置领催四人，马兵三十人，步军领催一人，步军十二人，共计四十七人，与满洲八旗略异。

编入汉军八旗的兵丁，不再是分属满洲八旗的奴隶，而是国家直属的军队。其地位当然低于满洲八旗，但因降清较早作战有功，军事、政治地位又都优于入关后的汉人降军绿旗。

吴三桂、尚可喜、孔有德、耿仲明等藩王，所率领的旧部虽按八旗制度编制，设统领，但各自成系统，并不隶属满洲八旗或汉军八旗。在历年作战中，收降的绿旗兵，也由藩王直接管辖。"三藩"战后，康熙帝将吴三桂藩下人丁编入内务府三旗，分遣到辽东各地。尚之信藩下十五佐领兵丁，改属驻防广州的汉军旗。耿精忠藩下十五佐领兵丁，改属福州的汉军旗。原属孔有德藩下的兵丁，也编入汉军旗。

绿旗兵

清军在作战中陆续收降明军，多达几十万人，不可能继续依照八旗建制。降军另行编组，旗帜概用绿色，因此被称为绿旗兵。绿旗兵以营为主要的基层编制，因而又称为"绿营"。

绿旗兵的编制，大体上是省设提督，省内重地设镇，由总兵官统领。下设副将、参将、游击、都司、守备、千总、把总等官职。总督、巡抚等地方官员节制绿旗官兵。总督、巡抚、提督、总兵官，各有几营标兵（督标、抚标、提标、镇标），专备调遣。副将所属官兵称"协"，驻守要地。参将至守备所属官兵，都称为"营"，防守城邑、乡镇，守兵称为"汛"，驻防巡逻的地区称"汛地"。京城设巡捕三营兵共有五千余人（后增至万人），由步军统领兼辖。全国共设六十六个镇（总兵官），约有绿旗兵六十万，是清朝的重要支柱。"三藩"战争中先后

277

被调遣作战的绿旗兵即有四十余万人。

"三藩"战后，康熙帝对各地绿旗兵制作了下列改革：

（一）绿旗兵的将官由兵部任免，提督、总兵等大员，兵部开列，请旨简放，后来副将也改为开列。参、游、守备等官，边疆及省会冲要地方由督抚提镇拣选才技优长、谙练地方的人员题补、调补，其余各缺由兵部推升；千总、把总由督抚提镇拨补。这就在全国范围内建立起升调制度，兵部掌握军事行政大权。将官不能世守一方，统率一军。"三藩"战争中立有大功的赵良栋，也被调离原领的绿旗。

（二）将领升调，不准携带兵丁。康熙《会典》规定："凡擅带营兵：提督、总兵官等升任别省，将本省营内经制兵丁带赴新任者，十名以下罚俸一年，十名以上于现任内降一级。"将领不能再豢养自己的私人武装力量，明末军队中的家丁亲兵制度被废除了。

（三）将帅调兵，需要呈报皇帝批准。康熙《会典》规定："若无警急，不先申上司，不待回报，辄于所属擅调军马，及所属擅发与者，各杖一百、罢职，发边远充军。"没有皇帝的"御宝圣旨"，将帅不能调动本部兵丁，兵权更集中于皇帝了。

康熙帝对绿旗兵丁也存有戒心，曾说："凡地方有绿旗兵丁处，不可无满兵。满兵纵至粮缺，艰难困迫，至死断无二心。若绿旗兵丁，至粮绝时，少或窘迫，即至怨愤作乱。"(《清圣祖实录》卷二七四)为加强对绿旗兵的控制,绿旗将官出缺时,可派满人补任。满洲八旗兵与绿旗兵共同作战时, 绿旗官兵要接受八旗将领的指挥。

四、法 制

康熙时,承袭顺治朝的法律,编修则例。司法机构与程序也渐趋完备。

律例的编修 清太祖努尔哈赤建国时, 开始订立法制,以维护奴隶主国家的统治。与历史上其他民族初建国时的情形相似,清太祖时的原始的法律也着重在禁止反叛和窃盗。禁反叛主要是在禁止奴隶主贵族和自由民的叛乱,以维护统治秩序。奴隶反抗,主人可以随意处死, 不须执法。禁窃盗主要是在保护私有财产。清太宗时,始有成文的法令,称为"盛京定制"。顺治帝即位,多尔衮领兵入京,任用汉官统治汉地。明令宣布汉人犯法仍依明律治罪。一六四五年(顺治二年),据明律参稽满族的旧法编修清律。次年三月,修成刊布,名为《大清律集解附例》。以顺治帝名义撰写的序文,说是"详译明律,参以国制",基本上是明律的重刊,加进了满族旧制的内容。所谓"附例"即附录案例,以说明律文续有增删。康熙初年,存三百二十一条。康熙帝亲政后,继续实行顺治律,命大学士兼刑部尚书对喀纳将律文予以校正。一六七九年,又命满汉

279

大臣会同更改条例，别自成书，名为"现行则例"。一六八九年（康熙二十八年），将现行则例正式附入《大清律》颁行。随后又命刑部尚书图纳、大学士张玉书等于每篇之后，增加疏解，以注释律义（未正式颁行）。

司法 顺治帝时采用明制，康熙帝继续沿袭。朝廷最高司法机关为三法司，即刑部、都察院与大理寺。刑部尚书例由大学士兼领，权位极重，与明制又不尽相同。外省刑案统由刑部复核，京都案件也由刑部审理。不须三法司会审者，都察院及大理寺即无权过问。三法司会审的案件，也由刑部主稿。刑部受理的案件，每月要向皇帝汇奏。顺治时设有督捕衙门，缉捕逃人，隶兵部。一六九九年（康熙三十八年）裁撤，所属机构也并于刑部。

地方司法，仍沿明制，由行政机关兼理。县官承审户、婚、田土诸案及笞杖轻罪，称为"自理"。重大案件须报府，转呈按察使，以至巡抚、总督。徒刑以下案件，可由督抚定罪。流刑与死刑，均须呈报刑部复核。地方各级审定的案件，罪犯不服，允许向上级申诉。

地方重大案件判处死刑，经刑部复核，由六部尚书与通政使、都察院左都御史、大理寺卿等九人，习称"九卿"会同定案，例在每年八月进行，称为"秋审"。霜降后至冬至前，审理刑部审决的京城案件，称为"朝审"。每年夏季自小满后十日至立秋前一日，大理寺官员、刑部承办司与各道御史会审京城的笞杖等轻罪案件，称为"热审"。

满汉官员犯罪，须先呈报皇帝请旨，司法机构不得自行提审。满族宗室犯罪，须由宗人府审理。京城步军统领衙门审理旗民。内务府慎刑司专理上三旗案件。其他汉人官衙不得审判满人。地方府县审理满人案件无权判决，须呈报满人将军、副都统、理事同知审处。

刑名 清律沿袭明律，刑名仍以笞、杖、徒、流、死五刑为主刑。笞用小竹板责打十下至五十下，凡五等。杖用大竹板打六十至一百下，五等。徒自杖六十徒一年至杖一百徒三年，凡五等。流是流放二千里至三千里，又三等。死刑分绞、斩两等。五刑共分二十等，称为刑等。处刑时依据罪情轻重，减等或加等。

主刑之外，较斩刑尤重者有凌迟、枭首示众、戮尸诸刑。较流刑为重者有迁徙（安置远地不准回籍）、充军（二千里至四千里五等）、发遣（发至边地军中为奴）诸刑。

满人在处刑时也优于汉人，可依律"减等"或"换刑"。满人监禁收入专设的内务府"监所"，宗室入宗人府"空房"，不入一般监狱。

法律内容 顺治至康熙时的律例，基本上沿用明律，即沿用汉人维护封建统治的法律。清律类分吏、户、礼、兵、刑、工六律，即以六部所辖分为六个系统。六律中都贯穿着维护封建国家皇帝与臣民，家庭中父子、夫妇，社会上地主与农民的统治关系。源于唐律的"十

281

恶"是不赦的大罪,谋反与谋大逆(谋毁宗庙宫室)者不问首从,均凌迟处死。子孙殴打父母、祖父母者处死,祖父母、父母打死违反教令的子孙只杖一百,故杀的也只徒一年。妻子殴打丈夫者杖一百,殴打致疾者处死。丈夫打妻子不至折伤,不治罪。折伤以上,也减罪二等。丈夫打死小妾者,徒三年。因过失杀妻妾者,不论罪。佃户见田主,不论老幼,都行以少事长之礼。负欠私债违约不还者,五两以上违三月笞一十,五十两以上笞二十,百两以上笞三十,每一月加一等,并追本利给主。豪势之人不告官司,以私债强夺负债者孳畜产业,杖八十,例准"纳赎",即出钱赎免。清律的各项规定,维护封建的经济关系以及社会、政治关系的阶级性质,是很明显的(参见薛允升《读例存疑》)。

清律沿袭明律而"参以国制",仍然维护残存的满族奴隶制度,以保护奴隶主对奴隶的统治。家生奴仆及契买奴仆,须世世为奴。奴婢不能与良人通婚。奴婢殴打主人处死。但主人杀奴婢,处杖刑或徒刑。这较之主人可以任意杀死奴婢的奴隶制度来,多少有所限制。

五、科举、学校

各级官员的选任,满官主要来自八旗贵族,由皇帝"特简"(任命)或会推(推举)。汉官虽也有特简与会推,但主要来源是科举。科举被视为汉人官员出身的

"正途"。满官由科举出身者甚少。

科举考试 顺治时已行科举。康熙帝举行博学鸿儒科，为科举定例之外特设的"制科"。正规的科举考试，仍沿明制，每三年举行一次。先在各省城考试，称为"乡试"。参加乡试者必须是府州县的生员，通称诸生（秀才）。各府州县学每年考取童生一次，考试合格者入学为生员。生员参加乡试得中，称为举人，第一名为解元。举人可于第二年到京师礼部应考，称为会试。会试合格的人为贡士，第一名为会元。贡士再赴宫中太和殿应试，称为殿试或廷试，由皇帝出题策问。殿试发榜分三甲，一甲为状元、榜眼、探花三人，二甲和三甲人数不定。二甲赐进士出身，三甲赐同进士出身，统称为进士。二甲首名称"传胪"。殿试后状元授职翰林院修撰，榜眼、探花授职翰林院编修。进士还要在保和殿进行朝考，名列前茅的人被选为翰林院庶吉士，称为"馆选"。庶吉士在庶常馆读书三年，考试散馆。成绩优秀者留为翰林院编修、检讨，其余分别授官，可迁调至高位。进士因以予馆选为荣。不予选的进士，分别授任各部主事等朝官或州县官。

科举又有武科，以考选将官，多在文科试后举行。也分乡试、会试、殿试，考试内容分外场和内场，外场试马箭、步箭、开硬弓、舞刀、掇石等技勇，内场试策问或默写武经。中选者的称谓与文科相同，但标明"武"字以示区别，如武举人、武进士、武状元等。应乡试者为各省的武生员，但绿营兵丁也可应试。殿试中选者，一甲进士可授副将、参将、游击、都司，二、三甲进士授任守备、署守备。

科举考试内容仍沿明制，以儒家经书为主。文章程式也限用明代以来的八股文。所谓八股，是起二比（又叫提比）、中二比、后二大比、末二比（又叫束比）。一比即一股。比即比对，起、中、后、末的两比，句子的长短、字的繁简、声调的抑扬，都要相对成文。比与比之间用一二句或三四句串连起来。叫做出题、过接。束比后用一二句收篇，叫做收结。有下文的则改收结为落下。举子作文，必须依此格式。

以经学文义为内容，以八股为形式的科场文章，自是束缚人们思想和才华的陈词老调，丝毫不能显示应考者的政治才能。士人习作这种死板的时文，以为求官得禄的必由的途径。清朝通过实行科举考试，起到网罗汉族文士的作用。但这样考取的文士进入官僚的行列，政治日趋腐败，也是必然的。

学校 清承明制，并无教育儿童的初级学校。城乡多有塾师开设的私塾，教儿童识字、读四书，作应考入学的准备。富有的官员地主之家，则延请教师在家教授子弟，或设家塾，允许亲友的子弟来学。童生考入府州县学试四书文义和律诗。府学每年录取生员定额四十名，州学三十名，县学二十名，取得生员（秀才）资格，即可应乡试。学校只是科举的准备，生员读书也只是为了中举得官。

朝廷专设的最高学府是国子监（太学），学员是贡生或监生。贡生有恩贡（庆典恩升的正贡）、岁贡（生员以年资升贡）、拔贡（自各省生员选拔）、优贡（优等生员入监）、副贡（乡试举人五名取副榜一名入监）、例贡（依例捐纳入监）六类。监生有荫监（文官三品、武官二品以上的子弟入监）及优监、例监三类。监生在国子监学习三年期满，可任通判、知县等官或参加科举考试。

学校与科举相联接，主要是培养官员。生员被视为未来的官员，因此在地方上也享有种种特权。进学为秀才，即可免除丁粮，州县官也要以礼相待。秀才犯法，须先请学政革籍（革除学籍）才能审处。各地生员恃有特权，多交结豪绅为非作恶。思想家顾炎武说："今天下之出入公门以挠官府之政者，生员也。倚势以武断于乡里者，生员也。与胥吏为缘，甚有自身为胥吏者，生员也。官府一拂其意，则群起而哄者，生员也。把持官府之阴事而与之为市者，生员也。"（《顾亭林诗文集》文集卷一）进学生员不限年龄，从十几岁至六、七十岁，都可为生员。估计全国不下五十万人。科举不中或并不想参加科举考试，而只求拥有特权，以保身家的生员，据顾炎武估计约占十分之七，即三十五万人。各省每年送部的贡生、监生，往往并非优异，甚至目不识丁，只是"思得职衔，夸耀乡里。"秀才自称儒户，监生自称官户，在各地包揽钱粮，武断乡曲。

捐纳　顺治时开始有捐纳入监之制。士人捐纳粟米，即可入国子监学习。一六七四年，因"三藩"战起，亟需军费，开始有捐纳文官之例。捐纳钱米可得官缺，等候选授。一六七七年左都御史宋德宜奏称：开例三载，已捐知县五百余人，请予停止。清兵攻占云南后，停止捐例。到康熙晚年，又曾恢复。国子监生和知县官缺，可用钱米捐纳而得，事实上是对科举学校制度的一个冲击，也是为地主富户进入仕途开辟了又一个途径。

(二)稳定社会秩序与恢复经济的措施

"三藩"战争之后，康熙帝逐步巩固了政治、军事统治。但经过半个世纪的战乱，社会生产遭到长期的破坏，田园荒芜，人民逃移。残破的社会经济也亟待恢复。康熙帝又陆续采取了一系列经济措施，以求恢复生产、稳定社会秩序。

一、"与民休息"与赋税制度的改订

"三藩"战后，清朝面临着一些严重的社会经济问题。

(一)人民流移。早自明天启年间以来，各地广大农民即被迫逃离家园并投入了农民起义的队伍。明末规模浩大的农民战争席卷十余省，参加起义的农民多

至数十万。他们在对明军和清军的作战中，付出了巨大的牺牲。清军与南明军的长期战争，也带来了大量的伤亡。清初在东北和华北地区实行"圈地"、"投充"，大批农民被迫逃移。自清太祖以来，清军实行掳掠，大批人民被掳到辽东为奴。顺治时虽曾禁止俘奴，但八旗贵族将领在作战中仍沿惯例掳掠。"三藩"战争中，清军在各地掳掠大批财物和人口。自明天启以来的五十多年间，自辽东至江南和西南，广大农民在长期战乱中，或被屠杀，或被掳掠，或被迫逃亡，出现了大规模的流移。"三藩"战后，各地官员纷纷奏报当地人口大量减少。

（二）田地荒芜。人民大量流移，必然造成田地的大量荒废。早在一六五二年（顺治九年），山东巡抚夏玉即指出，湖广、江西、河南、山东、陕西五省，"所报荒亡地土有十之三、四者，有十之五、六者"（《明清史料》丙编第四本）。一六六一年，康熙帝即位前，依据田赋统计的耕地只有五百四十九万二千余顷，相当明初统计数字的十分之六。山海关外地带，更是"沃野千里，有土无人"（《圣祖实录》卷二）。康熙帝即位后，各地多有田地荒芜的报道。广西罗城据说是"遍地榛莽，县中居民仅六户"（《清史稿》卷二七九），浙东宁波等六府即有荒地三十一万五千余亩（《清史稿》卷二五二）。全国各地的情况不同，但普遍出现大量荒地则是事实。

（三）赋税紊乱。清初沿袭明制，赋税分为丁赋与田赋两种。人丁以十六岁为成丁，登册纳税，至六十岁除名免纳。赋税额依据《万历会计录》的规定征收。丁税征银，又称丁银。各地区丁银数并不一致。一般为一丁纳银一、二钱。个别地区可少至一、二分，多至数两。田赋依田亩数向占有者征收钱（银）粮。田地依肥瘠分为三等九则。每年春季和秋冬间分二次征税。钱粮税额各地也不一致。如直隶每亩税银九厘至一钱四分一厘，米一升半至一斗九升三合。丁赋与田赋通称为地丁钱粮，是清朝的基本财政收入。人民大量流移，田地大量荒芜，清朝的赋税剥削，不能不陷于混乱。自顺治初年，财政即入不敷出，连年战争需用大量的军费，更加重了钱粮的需求。清朝在宣布免除明朝的"三饷"后，又依明制逐年征收"加派"的税银，一年多至四百余万两（顺治后期，正赋岁入不过一千八百多万两）。加重收税的结果，又必然要转致人民的逃亡和田地的荒芜。

康熙帝幼读儒书，亲政后面对当时的社会经济状况，汲取前代帝王的统治方术，制定了"与民休息"的执政方针。一六七二年诏谕说："从来与民休息，道在不扰。与其多一事，不如省一事。"（《圣祖实录》卷四十）但是，撤藩之议却引起了长期的反清战争。战争之后，康熙帝重申前旨说："今天下承平，休养民力，乃治道第一要义"。康熙帝的所谓"民"，包含着地主与农民两个对立的阶级，他的"与民休息"，也包含着两个不同的方面。

一方面是保护地主阶级的剥削利益，以巩固封建统治秩序，争取他们对清朝的支持。与鳌拜等执政时锐意打击江南汉人地主的政策相反，康熙帝一再对江南地主示以优容。一六八七年告谕江苏巡抚田雯说："至地方豪强，亦往往为害于民。此辈不可不惩，然政贵宽平，不必一一搜访，反致多事"。（《圣祖实录》卷一三〇）一六九〇年又对江苏巡抚郑端说："江苏地方繁华，人心不古，乡绅不奉法者多"。"尔只须公而忘私，亦不必吹毛求疵，在地方务以安静为善。"（《圣祖实录》卷一四八）康熙帝在位期间，一直坚持优容汉人地主的方针。直到五十四岁时，还下谕指责已免职的江苏巡抚张伯行"为巡抚时，每苛刻富民"，说"地方多殷实之家是最好事。彼家赀皆从贸易积聚，并非为贪婪所致，何必刻剥之以取悦穷民乎。"（《圣祖实录》卷二六六）地主剥夺农民积累财富受到保护，虽然"穷民"不悦，清朝还是成功地争取到汉人地主的拥戴。

"与民休息"的另一方面是：招集流民，奖励开垦荒田，减轻地主和农民对国家的赋税负担，以扶植农业生产。"三藩"战后的几十年间，康熙帝遵循这一方针，推行了一系列的具体措施。

赎免俘奴 清军在征讨"三藩"的战争中，继续在各地俘掠汉人为奴。一六七七年，江西清军在各处抢掠，汉人被俘为奴者日众。外廷诸臣连章上奏，请求发放回家或准予取赎。康熙帝虽知清军俘掠，但在用兵之际，不得不"姑示宽容"。一六七九年七月京师地震。康熙帝告诫群臣，地震示警，列举过愆六事。其一是，用兵地方诸王将军大臣，多掠小民子女，或借名通贼，将良民庐舍焚毁，子女俘获，财物攘取。名为救民水火，实是陷民水火。八月，九卿议复：领兵诸王将军借通贼为名，将良民庐舍烧毁，掳掠子女抢夺财物者，领兵将军等革职，诸王贝勒等交宗人府从重治罪。"其掳掠人口，仍给本家。"(《圣祖实录》卷八十三) 福建地区连年战争频繁。八旗兵撤军时，驱掳男妇两万余人。福建总督姚启圣悉令赎还为民，八旗兵得赎金，各欣然而去。浙东地区连年俘掠奴婢甚多，被赎免者有数万人。

奖励垦荒 清朝自一六四四年(顺治元年)，即已制定招徕流民开垦荒田的条例。州县卫所荒地分给流民及官兵屯种。有主荒地原主开垦，官给牛种，三年起科(科税)。一六四九年又规定各地方招徕各处流民，不论原籍本籍，编入保甲，开垦荒田，给以印信执照，永准为业(《清朝文献通考》卷一)。但顺治时长期作战，人民流移有加无已，荒地的开垦收效甚微。康熙帝亲政后，御史徐旭龄在一六六八年奏报说，垦荒行之二十余年而无效。康熙帝继续采取措施，奖励垦荒。鼓励无地少地的农民开垦荒田，也鼓励地主对荒地的经营和占有。一六七一年，"准贡监生员民人垦地二十顷以上，试其文义通顺者以县丞用"，"一百顷以上，文义通顺者以知县用"(《清朝文献通考》卷二)。一六七六年又规定,延长垦荒收税的年限,"水田六年,旱田十年起科"。但是,垦荒收到实效,还是在"三藩"战争之后的年代。长期战乱后,全国呈现相对稳定的局面,流移的人民逐渐恢复正常的生产。荒田的开垦也随之日渐形成高潮。四川地区自明末以来,经历多年的战争,人民逃移甚众。一六八五年,巡抚姚缔虞请敕令流离外省的富户乡绅返回四川,说"若召回乡宦一家,可抵百姓数户。绅宦既归,百姓亦不召而自至。"(《清史稿》卷二十四)但此后四川的农业生产逐渐恢复,湖广、江西、广东、广西等地的流民相继来四川垦荒就业。一六九○年,朝廷议准:流离四川民户,情愿居住垦荒者,将地亩永给为业。自各地来四川垦荒者更多。二十年后,到一七○九年时,康熙帝曾诏谕四川巡抚年羹尧说:"比年湖广百姓,多往四川开垦居住,地方渐以殷实","尔须使百姓相安"(《圣祖实录》卷二三九)。四川在康熙时期是人口和田亩增长最为显著的省分。其他荒地较多的省区,如直隶、山东、山西、河南诸省,垦荒也日渐扩展。据《清朝文献通考·田赋考》的记录,一六八五年各省的田亩数均较康熙初年有显著的增长。农民垦荒,虽可延期纳税,但不免要遭受官府的多方敲剥,甚至荒地垦熟又被地主强占而去。但在奖励垦荒的政策下,无地少地的农民有地可耕,多少促进了社会生产的恢复和发展。依据清朝征收田赋的统计,一六六一年康熙帝即位时,共有田五百四十九万二千五百七十七顷。一六八五年,即已增加到六百零七万八千四百二十九顷。此后,增长更快。不纳税的新垦田和隐瞒的田亩,不在田赋统计之内。实际的垦田当远远超过田赋的记录。

减免赋税 康熙帝曾自称,"朕惟帝王致治,裕民为先,免赋蠲(捐)租实为要务。"(《清圣祖圣训》卷二〇六)四大臣辅政时,各地遇有灾荒或战事,赋税难于征收,不得不实行捐免。康熙帝亲政后,只把减免赋税作为他的执政方针。三藩战后,更加推行这一方针,每年都留下了捐免地丁钱粮的记录。一省数省或数县因水旱灾荒,或多年积欠,无法完纳,赋税可以捐免。朝廷庆典或康熙帝出巡所经之地,也可以作为特恩减免赋税,称为"恩蠲"。捐免包括丁银、田赋和积欠的赋税。一七〇九年十一月,户部张鹏翮奏报说:"臣查户部册籍,自康熙元年起,以至于今,所免钱银共万万两有余,是诚亘古所无也。"(《圣祖实录》卷二四〇)康熙帝要将康熙五十年的地丁钱粮全部捐免。户部会议,自五十年起,视各省之大小,三年内轮流捐免一年赋税,称为"普免"。据见于记载的各省、县局部减免赋税的记录,自康熙元年至五十年共有四百余次。江南巡抚汤斌曾在奏请减免钱粮的奏疏中说:钱粮"原非可完之数,与其赦免于追呼既穷之后,何若酌减于征比未加之先。"(《江南通志》卷六十八)钱粮的减免,无疑能收到减少反抗,安定社会的作用。减免丁银,地主与农民均可受益。减免田赋,受益者主要是地主和有地的农民,无地的佃户并无利益。一七一〇年(康熙四十九年)又规定:"嗣后凡遇蠲免钱粮,合计分数,业主蠲免七分,佃户蠲免三分。永著为例。"(《圣祖实录》卷二四四)这所谓佃户捐免三分,即免纳约当三分田赋的地租。地主剥削农民,多方巧取,佃户未必即能依制受益。但有此规定,佃户总还可以有所依据,多少减轻些负担。三藩战后,康熙帝实行减免赋税的方针三十余年,他自称"蠲租之诏屡下,垦荒之令时举"(《圣祖实录》卷一二〇),促进了农业生产的恢复和统治秩序的稳定。

滋生人丁免赋 据《清圣祖实录》所载历年人口田亩和钱粮赋税的记录,自康熙二十一年到五十年的三十年间,有了显著的增长。一六八一年(康熙二十年),人丁一千七百二十三万五千余,田地(包括山荡畦地)五百三十一万五千余顷,征银二千二百一十八万余两,粮(米、豆、麦)六百二十七万一千余石。一七一一年(康熙五十年),人丁二千四百六十二万一千余,田地(包括山荡畦地)六百九十三万余顷,征银二千九百九十万四千余两,粮(米、豆、麦)六百九十一万二千余石。由于田地开辟和人口增殖,虽然清王朝多次减免赋税,国家的钱粮征收仍有很大的增长。征银增加七百多万两,粮增加六十多万石。但多年来居民大批流移,各地人民为逃避赋税,人丁与田亩的实际数字均有很多隐瞒。康熙帝说他亲自巡幸的地方，所至询问，"一户或有五、六丁，止一人交纳钱粮，或九丁十丁，亦止二、三人交纳钱粮"。国家赋税增加后，国用已无不足。康熙帝称"朕故欲知人丁之实数，不在加征钱粮"。在普免钱粮一年之后，康熙帝又在一七一三年（康熙五十二年）二月诏谕大学士等："朕览各省督抚奏编审人丁数目，并未将加增之数尽行开报。今海内承平已久，户口日繁。若按见在人丁加征钱粮，实有不可。人丁虽增，地亩并未加广。应令直省督抚，将见今钱粮册内有名丁数，勿增勿减，永为定额。其自后所生人丁，不必征收钱粮。编审时止将增出实数察明，另造清册题报。"（《圣祖实录》卷二四九）康熙帝的这一诏谕，是对人丁税制的一项重大改革，即将人丁税额固定在康熙五十一年的额数，以后新增人丁，只报实数，不纳钱粮，被称为"滋生人丁，永不加赋"。实行滋生人丁永不加赋，人民丁税负担多少有所减轻，也使隐瞒的现象大为减少。据《圣祖实录》所载，一七一三年各地另行奏报的滋生人丁有六万四百五十五人。实际滋生人丁当不只此数。这可能是由于新制初行，尚未取信于民，因而仍不免隐瞒。次年奏报的滋生人丁数即增至十一万九千余，一七一五年增至十七万三千余，一七一六年增至十九万九千余，此后历年滋生丁数均有增长。一七二一年增至四十六万七千余。所谓"滋生人丁"，依清制当是指年满十六岁的男丁，并不包括妇孺在内。雍正十年（一七三二年）时，滋生人丁超过九十万，他们出生时正是康熙帝实行不加赋之后的年代。"滋生人丁，永不加赋"制的实行，逐渐减除了人口的隐瞒现象，相对地接近于实数。客观上则促使人口迅速增长。但此制实行既久，原来定额的人丁死亡或年满六十岁而被除名，定额数交由本户或亲戚的人丁抵补，这又不免产生种种流弊。

整饬吏治 康熙帝所制定的垦荒减赋等措施，都必须通过地方官吏来实行。因而，整饬吏治又成为恢复生产和巩固统治的必要措施。一六六七年，康熙帝初亲政时，熊赐履即上疏指出："蠲赋则吏收其实而民受其名，赈济则官增其肥而民重其瘠。"（《圣祖实录》卷二十二）一六七九年，京师地震。康熙帝告谕群臣，官吏的六项"弊政"是"召灾之由"。一是民生困苦已极，地方官吏谄媚上官，科派百姓；二是大臣朋比徇私；三是用兵地方，诸王将军大臣多掠小民子女；四是蠲免钱粮分数及给发银米赈济，地方官吏苟且侵渔，以致百姓不沾实惠；五是大小问刑官员枉坐人罪，恐吓索诈；六是包衣下人及诸王贝勒大臣家人侵占小民生理。康熙帝指令九卿详议，由吏部立法严禁，务期尽除积弊。康熙帝不时出巡各地，察访官员优劣，对清廉执法的官员予以褒奖，对贪酷官员严予惩办。直隶巡抚于成龙，原任知县，以廉明著闻，擢升至巡抚。康熙帝称赞他"凡亲戚交游相托者，概行峻拒。所属人员并戚友间有馈遗，一介不取"。"历官廉洁,家计凉薄"(《圣祖实录》卷九十四)。其后又擢任江南总督。于成龙前后居官二十余年,死后家无积蓄,据说室中只存绨袍一袭。被称为"天下第一廉吏"。直隶巡抚满人格尔古德执法严明,反对大学士明珠圈占民地,被称为"铁面",也受到康熙帝的褒奖。满族贵族山西巡抚穆尔赛,在任内科派百姓,每两税银加征"火耗"至三、四钱,多方勒索贪污。康熙帝交九卿议罪。满汉大臣因穆尔赛势大,欲从平易归结。康熙帝大怒说,穆尔赛身为大吏,贪酷已极。九卿会议,并未详明议罪。真有弥天手段。又说:"朕不行立断,谁肯执法?"将穆尔赛判绞刑处死。云南布政使张霖、浙江布政使黄明等,也都因贪污罪处死。康熙帝对满汉官员,奖励廉能,惩治贪污,无所回护,对整饬吏治起到了一定的作用。

顺治初年,曾有官员"三载考绩"的制度,但在连年战争中,并未能严格实行。三藩战后,康熙帝锐意整饬,自一六八四年(康熙二十三年)以后,对军政官员多方考核。据《圣祖实录》记载,此后三十多年间,因廉能受到表彰的官员凡七百多人,因老病而"致休"者两千六百余人,因"才力不及"和"浮躁"被降调者有一千五百余人。因"不谨"和"软罢(疲)"而革职者一千五百余人。此外,受到惩处的贪官共五百余人。康熙帝整饬吏治,当然并不能如他所说"尽除积弊",但对官吏的腐败和贪刻,多少有所限止,作用还是积极的。

康熙时，对民间征税的办法也有所改革，以防止地方官吏的贪污侵渔。顺治时曾编修《赋役全书》颁发各地照依执行。另有黄册（户口册）与鱼鳞册（地亩册）作为征税的依据。纳税的户发给"易知由单"，写明应纳的银米数目。征税时用二联的"截票（串票）"，一存地方官府，一发民户收执。在实行中，官吏从中作弊，将截票强留不给，或另立名目，任意科敛，将已完作未完，多征作少征。一六八七年曾命重编赋役全书，并未颁行。但将易知由单停刊。一六八九年另制三联单，一存州县，一付差役追比，一付花户（纳税户）报照。但在实行中仍不免作弊。一七〇〇年，又改制滚单。每里之中，以五户或十户共为一单，各户下注明田地银米数目。滚单发给里甲的甲首，依次滚催。赋税的征收依靠地方保甲，以限制官吏差役从中侵渔。据说实行后，民以为便。

康熙帝在他的统治时期，特别是三藩战争之后，全面接受了汉族的封建统治制度和统治方法。在所谓"与民休息"的方针下，经过垦荒减赋，整饬吏治，成功地巩固了清朝对汉族地区的统治。社会生产从而逐渐得到恢复。清朝国用渐足，正是生产发展的一个标志。虽然社会经济的发展尚未达到明朝盛时的水平（详见另章），但在半个世纪的战乱之后，汉族地区的社会秩序相对地稳定，人民得以重建家园，从事正常的生产。这即足以被人们称颂为"太平盛世"了。广大农民所承受的国家与地主的封建剥削无疑仍是沉重的。但清王朝一再减免赋税，使农民与地主的矛盾不致激化，即使在水旱荒年，农民群众也还得有生路可走，康熙帝也因而被称颂为盛世的"仁君"。旧史学家所称"康熙之治"的实际含义，是满族的奴隶制与汉族的封建制经过长期的反复的斗争之后，虽然在局部范围仍然保留着满族的奴隶制，但整个说来，汉族地区已经建立起了清朝的封建制的统治。

二、开海与开矿

顺治时，南明将领据东南沿海开展抗清斗争。清朝下令不准官民出海贸易。郑成功父子据有台湾，清朝在一六六〇年（顺治十七年）下令"迁海"，迫使沿海居民内迁三十里。明代与南洋、日本诸国的海上贸易，曾经是国内商业发展的重要环节，清初基本上中止。只有台湾郑氏继续开展海外经营。三藩战后，康熙帝下令开海，准允沿海居民迁回旧居，开放原来的海禁，以发展海外贸易。又在云南等地开矿，以发展手工业生产。

开　海

清朝禁海期间，沿海官民仍在进行走私贸易。康熙帝曾说："向虽严海禁，其走私贸易，何尝断绝"。据统计，康熙元年至二十三年间，赴日商船每年平均有三十艘左右。三藩战后，一六八一年春，福建巡抚吴兴祚，即奏请"应定西洋、东洋日本等国出洋贸易，以便收税"。当时派往广东处理三藩善后事宜的刑部侍郎宜昌阿，奏请留用原来为尚之信经营海外贸易的商人沈尚达、周文远等一百三十人。但在廷议时，满洲大学士明珠与内阁学士李光地等均持异议，以为"海舡不宜入大海"，"皇上富有四海，宁少此项银两，何用奸人重为地方之累"。康熙帝因"海寇未靖"，台湾郑氏尚未降附，暂停此议。一六八三年台湾郑氏降清，次年七月，康熙帝决定废止海禁，开海贸易。对奉差福建广东回京后的内阁学士席柱说："先因海寇，故海禁不开为是。今海氛廓清，更所何待？"又说："凡议海上贸易不行者，皆总督巡抚自图射利故也。"（《圣祖实录》卷一一六）九月，康熙帝在给大学士等的诏谕中，曾对开海的目的有所说明。他说："向令开海贸易，谓于闽粤边海民生有益。若此二省，民用充阜，财货流通，民生有益，各省俱有裨益。且出海贸易，非贫民所能，富商大贾，懋迁有无，薄征其税，不致累民，可充闽粤兵饷，以免腹里省分转输协济之劳。腹里省分钱粮有余，小民又获安养，故令开海贸易"（《圣祖实录》卷一一六）。

一六八四年，清朝对海上贸易先后作了若干具体规定：一、沿海广东、福建、江南、浙江、山东与直隶省，听百姓装载五百石以下船只往海上贸易捕鱼。预行禀明该地方官登记名姓，取具保结，发给印票。二、在江南、浙江、福建、广东四省设海关，管理来往船只，并征收税银。外国贡船所带货物不再收税，其余私来贸易者，听所差部臣照例收税。三、直隶、山东、江南、浙江、福建、广东各省，先定海禁处分之例，尽行停止。若有违禁将硫磺、军器等物，私载在船出洋贸易者，仍照律处分。

当时海外贸易发展到日本、东南亚，远至欧洲。东洋即日本，在当时中国对外贸易中居于首位。据日本长崎交易所的记载，清朝沿海城镇，包括上海、宁波、南京，福州、泉州、厦门、漳州、潮州、高州、广州等地，先后都有商船前往贸易。日本在长崎设"唐人馆"，专供中国商人居住。到长崎贸易的华人商船，康熙二十三年为二十四艘，次年增为八十五艘，康熙二十七年多达一百九十二艘，商人船夫共一万余人。日本政府为了限

日本长崎唐人馆

制白银外流，一六八九年（康熙二十八年）颁布"亨贞令"，对中国商船的数量与商品额进行限制，因而此后略有减少。每艘商船到长崎后都要写一份简要报告，后来被辑为《华夷变态》一书。据该书统计，从一六八五年至一七一四年的三十年间，赴日本长崎的"唐船"共计二千五百多艘，平均每年八十五艘多（包括部分南洋商船，大部分是华侨商人）。比前此每年平均三十艘左右增加二倍多。

东南亚包括巴达维亚（雅加达）、暹罗、吕宋、柬埔寨、越南、爪哇、麻六甲等国。明末清初有大批华侨来到这里垦荒经商。清朝开海后，沿海商人及东南亚的华侨商人，不仅往返交易，而且在中国——东南亚——日本之间，从事海上贩运，转手买卖。其中以雅加达的贸易最为发达。一六八五年，从福州、厦门开赴雅加达的商船"十余艘"，一七〇三年增加到二十艘。到其它国家的商船，每年为三、四艘或五、六艘不等。总计每年赴东南亚的商船，大约为三十艘到四十艘左右。

顺治至康熙初年，欧洲国家，首先是荷兰，接着是英、法、葡萄牙等国，相继与清朝建立贡市贸易关系。一六五六年，准荷兰"八年一次来朝"，一六六三年，"著二年来贸易一次"，一六六六年又定，"其二年贸易，永著停止"。英法等国的贡市贸易，一六六八年题准，"船不许过三只，每船不许过百人"，但无时间限制。一六八五年废止海禁后，与西方国家的海上贸易也逐渐发展起来。次年议定：荷兰"应准五年一次，贸易处所止许在广东福建两省"。一六八四年，在厦门设立"洋行"，一六八六年在广州设立十三行，实有四、五十家。分别经营进出口贸易，并代纳税银。英法等国商船，除以澳门为居留地外，一六八八年又在"定海（舟山）城外道头街西，建红毛馆一区"，作为商船停泊与中转贸易之地。

清朝的海外贸易，输出品主要是生丝和丝织品，其次是茶叶、瓷器、药材、皮革、白糖、纸张、书籍等。《华夷变态》载有一六八六年一份赴日商船载运的货物清单，计有"白丝三百担，重绸五百捆零（每捆一百尺），人参六百零斤，中绸纱二百捆，红绡五十捆，剪绒二百八十笼，什物不数，白糖四千担，冰糖二千担，药材二百零担，毛边纸三百捆"。其中白丝三百担，丝织品六百五十

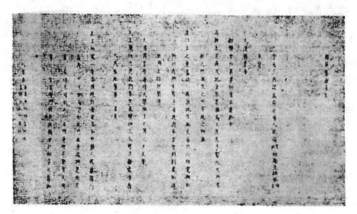

荷兰国表文汉文译本

捆，合六万五千匹。同年，有四艘荷兰商船，在福州购买白丝五万斤，以及大量丝织品。福建省管辖的台湾府，每年输出红糖二万担，鹿皮九万张，在海外贸易中也占有重要地位。输入商品，日本主要是铜，是清朝铸钱必需的原料，一六八五年，海关共办铜二百九十六万九千二百二十八斤，动支税银二十九万六千九百二十二两八钱。后来不断增加。铜一向是日本对中国的主要输出品。其次是海产品，包括海参、鲍鱼、鱼翅、统称"俵物"。从东南亚输入的商品，除海产外，主要是胡椒、香料、牛角等。西欧商船带来了一些工艺品，还贩运南洋海产，并载运大量白银，到中国购买生丝、绸缎、茶叶、瓷器等特产。据广东巡抚杨琳奏报：一七一六年到广州的法兰西船六只、英国船二只，俱系载银来广置货。全年统共到有外国洋船十一只，共载银约有一百余万两。广东货物不能买足，系各铺户代往江浙买货。可见其贸易也有相当规模。

清朝在海外贸易中一直处于有利的地位。据佚名《东倭考》记述，"大抵内地价一，至倭（日本）可易得五，及回货，则又以一得二"。据日本长崎交易所的统计，从顺治五年到康熙四十七年间，日本外流金额为二百余万两，银额为三千七百多万两，其中有三分之二以上流入清朝。海外贸易的发展，促进了东南各省手工制造业与沿海城镇的兴起。厦门是对南洋的主要港口，广州是对西洋贸易的主要港口，宁波是对日贸易的主要港口。康熙时期,苏州、杭州、南京、广州的丝织业,苏州、厦门的造船业,福建、广东的制糖业,佛山的冶铁和制锅业,景德镇的制瓷业等的发展,都与海外贸易密切相关。康熙帝曾说:"朕南巡时,见船厂问及,咸云每年造船出海贸易者,多至千余"。康熙时任明史馆编修的姜宸英曾对康熙二十三年开海后的情景有过一段生动的描述:"民内有耕桑之乐,外有鱼盐之资,商舶交于四省,遍于占城、暹罗、真腊、满剌加、悖泥、荷兰、吕宋、日本、苏禄、琉球诸国。……凡藏山隐谷方物、瓖宝可效之珍,毕至阙下,积输入于内府,于是恩贷之诏日下,积泽汪涉,耄倪欢悦,喜见太平,可谓极一时之盛。"(《姜先生全集》卷一)姜宸英的描述,显见有意歌颂升平,但清朝开海后,海外贸易日渐发展,则是事实。

矿 业 的 开 发

顺治时,曾在山东开采银矿,在直隶古北口、喜峰口等地开采铁矿,均由官办或旗办(满洲八旗官员采办)。一六七九年,户部等议定钱法十二条,许民间开采铜铅。由道员总理,府佐分管,州县官专司。民间采矿,八分听民发卖,二分交官。采取铜铅,先听地主(矿地主人)报名采取,如地主不采,许本州县人报采,许雇邻近州县匠役。采取金银矿,采矿者得六分,官收四分。

三藩战后,汉族地区结束了长期的战乱。清朝更

304

加鼓励民间采矿,以增加税收,补充国用和军需。原由吴三桂镇守的云南地区,铜矿丰富。一六八二年,敕准云贵总督蔡毓荣的建策,奖励云南采铜。此后各省矿冶也陆续开采。明代的矿冶,万历时曾有较快的发展。明朝对矿冶的专制统治和长期的战争,使许多地区的矿采遭到破坏而中止。清朝对矿采的奖励,又使各地矿采逐渐得到恢复。广东罗定、海阳和阳山的铁、铅矿,广西南丹、贺县的锡矿,四川邛州、蒲江的铁矿,湖南衡州、永州两府的铜铁锡铅以及贵州的水银铅矿,山东莱阳与陕西临潼的银矿,河南涉县的铜矿等,都在康熙时期陆续开采。一六八四年(康熙二十三年),全国大型矿厂只有九个,次年即增加到二十九个。经过二十余年的经营,到一七一二年(康熙五十一年)时,见于记载的大型矿厂有六十六个。矿业的恢复与发展,使清朝增加了赋税收入,也为手工业的恢复与繁荣提供了条件。

(三)黄河的治理

治理黄河水患,是康熙时期的又一项重大的措施。"三藩"战争期间,治河即已开始。战后继续修治。治河工程前后延续二十六年。康熙帝初次南巡时,即往视察治河。此后,又先后"南巡"五次,观察河道的修治。治理黄河成为康熙帝着意经营的一件大事。

黄河自明弘治年间,因筑堵黄陵冈,被迫改道南迁,在清口处与淮河和大运河汇流,由云梯关入海。黄河自上游夹带泥沙而下,年久河床淤积,在清口与淮水交汇,经常形成倒灌。黄淮入于运河,又在沿途决口,冲决堤防。一六六一年间,黄河在各地决口先后十余次。一六六二年至一六七六年间,黄河决口的记录多达六十余次,造成大患有十余起。一六七七年夏季多雨,黄淮并涨,沿途堤坝崩溢三十余处。淮水入于运河,黄水倒流四溢,淮扬七州县(山阳、盐城、高邮、宝应、江都、泰州、兴化)成为一片汪洋。黄河连年为患,为清朝带来了两个方面的威胁。一是黄河南北两岸河南、山东、安徽、江苏等省经常发生水灾,淹没民居和庄田,严重影响农业生产的恢复和社会的安定。二是连年水患使经由大运河的漕运受到阻遏。清朝仰给东南的糟粮不能北运,严重影响朝廷的财赋收入。康熙帝曾说,三藩、河务和漕运是他听政后的三件大事。河务与漕运相互关联,治理黄河是首要的任务。

一、靳辅等治河

一六七七年四月,任命靳辅为河道总督,开始了对黄河的有计划的治理。

靳辅字紫垣,隶汉军镶黄旗,顺治时曾任内阁中书。康熙初,擢至内阁学士。一六七一年,出任安徽巡抚。康熙帝称奖他"实心任事",加兵部尚书衔。一六七七年授河道总督后,专任治河之事。靳辅受任,连上

306

八疏，请将治河、导淮、济运合为一体，综合修治。请拨工银二百四十八万两，留漕粮济工食，广招饥民，寓赈于工。靳辅提出的治河计划，经康熙帝允准。随即在各地修筑治黄工程。（一）疏浚清江浦以下河身，导黄入海，以挑出之泥土培筑两岸河堤，引水冲刷海口。（二）堵塞高家堰等黄淮各处决口，将残缺单薄堤岸加高加阔，下筑坦坡固堤，并建缕堤(堤内之逼水堤)、格堤(大堤与缕堤间之横堤)，迫使黄河回复故道。（三）在高家堰以西至清口开引水河，引淮水冲刷黄河淤沙；深挑清口至清水潭运河，筑偃月形堤，河名永安河，堤名永安堤。（四）在宿迁县增筑归仁堤，又修建减水坝多处，以备特大洪水时宣泄，减轻下流堤岸压力。

靳辅在督修河工的过程中，得到幕客钱塘人陈潢的协助。陈潢在工程开始之前，曾沿河考查水情，了解河患原委，得出治水必先治沙的认识。他汲取明代治黄的水利家潘季驯"以堤束水，以水攻沙"的理论，发明了"开引堵决法"(于决口上流开引河冲刷故道，便于堵塞决口)、"放淤固堤法"(堤外修月堤，月堤建涵洞，使清水从涵洞出月堤外，泥沙淤月堤内，以固河堤)，并创建减水坝，开渠调节流量，避免河水冲决堤岸。靳辅采纳了陈潢的这些创议，使治河工程得以顺利进行。一六八二年，靳辅奏称各项工程已次第告竣，海口大辟，下流疏通，腹心之害已除。靳辅治河的第一阶段取得了胜利。一六八三年，康熙帝南巡，察看治河工程。九月自京师起程，在山东郯城召见靳辅，并到清口、高家堰等处察看，见沿河船只往来无阻，对靳辅等奖谕有加。

一六八三年起，进入治河的第二阶段，主要是改善运河航道，使漕运畅通。北上漕船出清口后，需在黄河中逆驶一百八十里。黄河浪激，逆水行船费时而多险。靳辅在陈潢协助下，自骆马湖始，经宿迁、桃源至清河仲家庄开凿了一百八十里的中河。中河通航后，漕运船只减少风险，也节约纤挽费用。一六八八年春季工程告竣。漕运无阻，民船北上，也可直达通州，便利了南北交通（《河防述言·杂志》）。

河南地在江苏上游，倘河南有失，苏北河道必致败坏。靳辅亲至河南勘察黄河河道，遂筑成考城，仪封堤七千九百八十九丈，封丘荆隆口大月堤三百三十丈，荥阳埽工三百十丈。河南堤工的完成，巩固了治河的成果。

一六八四年，安徽按察使于成龙（另一于成龙，字振甲）受命修治海口及下河，听靳辅节制。于成龙劾靳辅开中河累民，并力主开浚海口泄积水，与靳辅治河方略不合。靳辅以为："下河地卑于海五尺，疏海口引潮内侵，害兹大。"主张筑堤束水，以敌海潮。并将"堤内涸出田亩，丈量还民。余招民屯垦，取田价偿工费"（《清史稿·靳辅传》）。原来坝内低洼田地经过疏导逐渐涸出后，当地地主绅宦早已霸占私垦。靳辅派人清厘，遂起怨谤（《河防述言·辨惑》）。康熙召靳辅、于成

308

龙到京,交付廷议,朝臣各持一说。康熙帝问籍隶淮扬诸臣意见。侍读乔莱(宝应人)等代表淮扬地主利益,企图将涸出土地占为己有,反对靳辅实行屯田和取价的作法,谓:"从成龙议,工易成,百姓(指地主)有利;从辅议,工难成,百姓田庐坟墓多伤损"(《清史稿·靳辅传》)。一六八八年,给事中刘楷、御史郭琇、漕运总督慕天颜等交章弹劾靳辅屯田累民。康熙帝召靳辅廷辨,靳辅仍坚持己见,但称属吏奉行不善,招致民怨,引咎自责。由此被罢革。陈潢也以"屯田扰民"罪,被逮入京,病死。

二、黄河工程的修筑

　　靳辅自一六七七年受命治河,至一六八八年罢任,前后十年间,基本上奠定了修治黄河的规模,制止了大的水患。此后十余年间,主要是对治河工程加以修筑或改建,以巩固治河的成果。

　　靳辅罢任后,康熙帝以闽浙总督王新命代为河道总督。王新命任河督三年,并无建树。一六九二年,康熙帝又罢王新命,再次起用靳辅治河。靳辅请于黄河两岸植柳种草,多设涵洞以利灌溉。又请加筑中河遥堤,堵塞张庄旧运河口,以完成原定的计划。这年十一月,靳辅病死,康熙帝再命于成龙督河。

　　于成龙出任河道总督后,一反前此对靳辅的攻讦,全依靳辅的治河方案办理。一六九四年于成龙进京,康熙帝问他："尔尝短靳辅，谓减水坝不宜开，今果何如？"成龙说："臣彼时妄言，今亦视辅而行"。于成龙请将高家堰土堤改为石筑，以加固堤防。一六九五年丁父忧，漕督董安国代为河督。董安国于马家港筑拦黄坝，在云梯关外挑引河导黄入海，黄河水路不畅，再次发生决口。一六九八年，康熙帝罢董安国，再起用于成龙为河督。一六九九年春，康熙帝第三次南巡，亲视高家堰归仁堤等处。见工程日渐塌毁，指责拦黄筑坝，致使黄河壅塞，清口堵塞而使漕运梗阻。于成龙因病乞假，康熙帝命在任所就医。次年，于成龙死于任所。两江总督张鹏翮受命为河道总督，继任河务。

四川遂宁人张鹏翮，康熙九年进士，一六八九年任浙江巡抚，一六九八年为江南江西总督。一六九九年康熙帝南巡，扈从入京，受命往察川陕总督贪污案。康熙帝称赞张鹏翮说"天下廉吏，无出其右"。一七〇〇年夏，张鹏翮受命入辞，康熙帝命他毁拦黄坝以通下流。他到任后随即折除拦黄坝，疏浚海口，筑堤束水入海，改名大通口。又加固高家堰，堵闭唐埝六坝，使淮水趋清口。因清口淤垫，于张福口开引河，引淮水归故道敌黄，黄淮合流而下，中河离黄河南岸太近，水涨时有倒灌之虞，张鹏翮改北岸为南岸，另筑北堤，截旧中河水入流，称新中河。挑渠疏导淮扬七属下河，使积水入海，涸出田土。张鹏翮治河三年，取得显著成效。康熙四十二年（一七〇三年）正月，康熙帝第四次南巡，三月视察高家堰等处堤工，乘船历黄河南岸诸堤，再渡黄河，过宿迁，经济宁州、沧州、天津，在杨村下船登岸回京。对臣下说："朕此番南巡，遍阅河工，大约已成功矣"（《圣祖实录》卷二一一）。这时，不仅漕运无阻，而且出现了"清水畅流敌黄，海口大通，河底日深，黄水不虞倒灌"的局面（《清史稿·河渠志一》）。两岸被淹农田，日渐恢复耕作，黄河下游水患大体廓清。

康熙时治理黄河，前后历时二十六年，主要是在下游筑堤御水，修复故道，并未能根治中上游的水土流失。但在连年水患之后，黄河下游暂免溃溢，漕运得以畅通，对于稳定社会秩序，恢复农业生产，作用是重大的。康熙帝在一七〇五年第五次南巡，对臣下说："初次到江南时，船在黄河，两岸人烟树木，皆一一在望。三十八年则仅见河岸。四十二年则河去岸甚低，是河身日刷深矣。自此日深一日，岂不大治！闻下河连年皆大熟，亦从前所未有也"（《圣祖御制文》第三集卷七）。

三、浑河的修治

治黄的同时，对近畿的浑河，也进行了修治。浑河源出山西，因河水浑浊而得名，水流湍急多泥沙，有小黄河之称。上游称为桑乾河，至京畿顺天，宛平界，称卢沟河。此河下游纵横荡漾，经常改道迁徙，因而又被人们称为无定河。河水经常泛滥，永清、霸州、固安、文安等地，都受其害。一六九七年，康熙帝亲临河上，测量水情。次年，命于成龙自良乡老君堂旧河口起，经固安、永清，至东安狼城河修筑河堤，开辟河道，导浑河出霸州柳岔口三角淀，至天津西沽入海。共浚河一百四十里，筑南北堤一百八十里，赐名永定河。一七〇〇年，康熙帝又令河督王新命改南岸为北岸，开新河。此后，虽仍有决口发生，但可随决随堵，四十年间不再有大的水患。

第三节　边疆地区的统治与经营

康熙帝在汉族地区确立了封建秩序，又相继在边疆各民族地区建立起统治，扩展了清朝的领域。

东北地区是满族兴起的故地。康熙帝在这里遇到了新的敌人俄国侵略者。经过坚决的斗争，胜利地把他们击退。康熙帝以中国的名义与俄国订立了《尼布楚条约》，确立了东北边疆。随后订立制度，加强了东北地区的军事政治统治，并在这一地区进行经济开发。黑龙江和松花江流域，陆续出现了许多新的城市，工商业呈现前所未有的发展。

漠南蒙古诸部在清初已经降附。漠北喀尔喀蒙古与清朝建立了朝贡关系。漠西厄鲁特蒙古四部占据天山南北，并且控制了西藏地区。占据伊犁河流域的准噶尔部成为厄鲁特蒙古中最强大的一部，与清朝为敌。

康熙帝经过长期的战争，击败准噶尔部。漠北喀尔喀蒙古归于清朝直接统治，建立起盟旗制度。经过与准噶尔部的反复斗争，清朝驱逐了准噶尔在西藏的势力，册封六世达赖喇嘛（后称七世）和五世班禅额尔德尼，并在西藏建立起噶伦制度。

康熙帝经过近四十年的边疆战争，取得重大胜利，确立了对蒙古、西藏地区的统治。

（一）东北的经营与反击沙俄的战争

一、清初的东北地区

清初的东北地区，即山海关外，北越外兴安岭，东至于海包括库页岛在内的广大地区，是满族兴起的故地。山林之中和江河之畔还居住着从事畜牧或渔猎的若干部落，他们同属于通古斯语系。明代经营辽东各地，汉族农民陆续迁往辽沈地区屯驻开垦。嘉靖时，垦地三百六十八万亩，有居民三十八万余人。努尔哈赤和皇太极时，又把大批的汉人掳掠到辽东。一六四四年，多尔衮与顺治帝先后率众入关。满洲八旗将士家口和役使的奴仆，约有数十万人自盛京迁至北京及其周围地区。

清朝的旧都盛京，由正黄旗内大臣何洛会任留守盛京总管，在熊岳，锦州，兴京等十五城，分兵驻守。驻守盛京的八旗兵，每旗设协领一员，满人章京四员，蒙古、汉军各一员，佐领共四十八员。其他十四处也设章京二至四员，共有佐领三十五员。一六四六年（顺治三年），盛京内大臣改为昂邦章京。

顺治初年，清军在各地作战，盛京及其他各城留驻的八旗兵，不断被调遣到山海关内各地，补充军力。明清之际，辽沈地区几经战乱，关内移住的汉民多相继逃回。满人大批入关后，原来被俘的汉人也大量逃亡。一六五三年，牡丹江上游的重镇宁古塔，设昂邦章京（原为驻防章京），以加强对黑龙江和乌苏里江流域的统治。同时，又颁布"辽东招民垦殖条例"，奖励汉人农民去辽东开垦，但并未能收到成效。一六六一年，奉天府尹张尚贤在奏疏中陈述当地的情形说：辽河以东只有奉天、辽阳、海城三处人民凑集。河东和河西所谓"腹里"的广阔地区，竟是"荒城废堡，败瓦颓垣，沃野千里，有土无人"（《圣祖实录》卷二）。

开原以外兴安岭以南，东至库页岛地区，主要是人数不多的各少数民族，分散在山林江河之间。黑龙江中上游石勒喀河到精奇里江口一带，两岸住有索伦、达斡尔（打呼儿）、鄂伦春等族，清朝统称他们为索伦部。松花江下游乌苏里江两岸住有赫哲族。黑龙江下游两岸和库页岛上，有费雅喀人、奇勒尔人和库页人，滨海有恰克拉人。这些少数民族多从事狩猎。只有达斡尔人经营农业和饲养家畜，在东北诸族中，经济、文化水准最高。清朝入关以前，索伦部设置牛录章京统领。

314

其他各族则依据原有氏族部落组织，以氏族长为姓长（哈喇达），部落长为乡长（噶珊达）。索伦、达斡尔族的部分居民，曾被编入满洲八旗。

二、俄国的入侵与清朝的反击

蒙古贵族在十三世纪时建立的钦察汗国（又称金帐汗国），在十五世纪时已陷于分裂。一四八○年，钦察汗国被莫斯科公国的依万三世领兵击败，随后又被克里木汗国摧毁。一五四七年莫斯科的依万四世建立俄罗斯国家，自称沙皇（源于罗马帝号恺撒）。一五五四年，征服伏尔加河流域诸汗国并侵入克里木岛。依万四世的继承者沙皇费多尔时，将西伯利亚汗国侵并。封建农奴制的俄国，为谋求商业资本的积累，日益向外掠夺。一六一三年，罗曼诺夫家族的米海依尔被选任沙皇。俄国贵族在对波兰作战的同时，继续向东方侵掠。一六四三年，俄国驻雅库次克的督军派出被称为哥萨克（流散的各族人）的骑兵一百三十二名，越过外兴安岭，侵入黑龙江流域，并在精奇里江达斡尔人住区肆行掳掠。达斡尔居民在莫尔迪奇村奋起抵抗。哥萨克兵败走，沿黑龙江两岸掳掠，继续遭到各族人民的反击。一六四六年（顺治三年）入侵的哥萨克兵只剩下五十人逃回，俄国由此得知清朝在黑龙江流域防务空虚，继续派遣更多的哥萨克兵进行侵略。由哈巴罗夫和斯捷潘诺夫统带的两批哥萨克兵，相继侵入黑龙江流域，在一六五〇年冬攻占了黑龙江北达斡尔人的城堡雅克萨，以此为据点扩大侵略。一六五二年，俄国雅库次克官员公然向清朝提出侵占黑龙江土地的无理要求。这时，清军主力集中在江南作战，连年分兵北上抗击。在乌扎拉、呼玛尔、尚坚乌黑和松花江口，不断击败哥萨克侵略军。一六五八年，俄国侵略军首领斯捷潘诺夫在松花江上被清军击毙。一六六〇年，清军基本肃清了入侵的俄国哥萨克军。次年，康熙帝即位，四大臣辅政，将盛京昂邦章京改设为镇守辽东等处将军（康熙四年，改为镇守奉天等处将军，后称盛京将军）。宁古塔昂邦章京改设镇守宁古塔等处将军（后改称吉林将军）。又将黑龙江中上游以北的索伦、达斡尔人南迁到嫩江之滨，黑龙江、乌苏里江和松花江下游的一些居民，迁移到牡丹江和松花江上游，以求安全。俄国侵略军向贝加尔湖以东出兵，侵占了蒙古茂明安部的牧地尼布楚，并在一六六五年再次侵占了雅克萨城，继续窜犯黑龙江流域。

新满洲的编组 康熙帝亲政，即面临着抗击俄国侵略，收复雅克萨城的任务。一六七一年，他东巡盛京祭祖后，在吉林附近召见宁古塔将军巴海，告谕巴海对边疆各族要"广布教化"，对罗刹（俄罗斯）"尤当加意防御，操练士马，整备器械，毋堕狡计。"（《圣祖实录》卷三十七）随后，即将边地各族，进行军事编组，以加强边防。

316

居住在松花江、乌苏里江和黑龙江流域的部分赫哲族和分布在滨海浑春河一带的库雅拉人，按满洲军事制度编组军兵，设置佐领，号为"新满洲"（伊彻满洲）。一六七三年，康熙帝在北京召见新满洲佐领四十人，优加升赏。一六七六年，宁古塔将军移驻吉林，宁古塔设副都统。新满洲军兵编组后，有四十佐领驻防吉林和宁古塔，三十一佐领移驻盛京、锦州、广宁、义州四城，另有八佐领调驻北京。新满洲各族人原来多从事渔猎。编组后依满洲制度授田，从事农耕，以便就地训练和驻防。

布特哈八旗 黑龙江中上游的索伦、达斡尔、鄂伦春等族，原已按满洲制度编为索伦部统辖。由于俄国入侵，居民被迫迁至嫩江。一六六五年，又依旗制设索伦佐领二十九员。一六六七年，从事农耕的达斡尔人，另编为十一佐领。一六六九年，定索伦总管为三品官，副总管为四品官。从事狩猎的索伦诸部被称为"布特哈（打牲）八旗"，每年向清朝贡纳貂皮。雅克萨城被俄军侵占后，原属该城的达斡尔部，也编入布特哈八旗。一六七一年八月，索伦副都统及属下参领、佐领、骁骑校等各级军兵统领共一百四十余人到北京朝见。此后，加强整饬训练。一六七四年时，布特哈八旗兵已有五千五百二十四名，成为一支重要的军事力量。

一六八一年，三藩反清战争基本结束。次年四月，康熙帝再次东巡，至乌喇（吉林）泛舟松花江，考察形势。九月,又派副都统郎谈、彭春到达斡尔、索伦地方,侦察被俄国侵占的雅克萨城防地形和水陆交通。康熙二十二年(一六八三年)正月,郎谈、彭春回京后奏称:发兵三千,即可收复雅克萨。康熙帝以为,应先在黑龙江"建城永戍",加强边防。副都统萨布素率领乌喇宁古塔官兵一千人,到瑷珲筑城驻防。后又增调五百人加强驻军,达斡尔兵士近五百人到瑷珲附近的额苏里屯田。十月,康熙帝任命萨布素为"镇守瑷珲等处将军"(即黑龙江将军),统辖松花江以西、外兴安岭以南的黑龙江中上游地区。这样,东北地区便由黑龙江、宁古塔、奉天三名将军分兵驻防,完成了军事部署。为保证军需供应的畅通,又在瑷珲与吉林一千三百四十里之间,设立驿站十九处,由汉族流人充当站丁。又派户部尚书伊桑阿,到乌喇督造战舰,修治盛京与辽河、松花江、黑龙江的水上运输,以便向瑷珲运送粮草军械。理藩院与户部官员,到索伦与蒙古地区,"督理农务",征调粮食、马匹和牛羊,作支援战争的准备。

收复雅克萨 康熙帝在加紧整饬边防的同时,一六八三年九月,谕理藩院晓谕俄国,"倘执迷不悟,留我边疆,彼时必致天讨,难免诛罚"(《圣祖实录》卷一一二)。一六八五年春,康熙帝见边防渐固,决计出兵反击俄国侵略者,收复雅克萨城。任命彭春为统帅,调京营八旗兵约六百人,福建藤牌兵四百二十人,连同瑷珲驻防的二千人,对俄作战。布特哈八旗与蒙古族人民,

318

侦察敌情，安设驿站，供应军需。五月二十二日，清军分水陆两路进攻雅克萨，以战舰封锁江面，使用大炮攻城。城中俄军不敌，首领托尔布津出城乞降，誓不再来雅克萨侵扰。康熙帝命释放俄军俘虏六百余人回国。清军焚毁雅克萨城堡，撤回瑷珲整休。俄军退后，盘踞在尼布楚的统领伊万，又派遣托尔布津领兵返回雅克萨，筑城设防。一六八六年二月，清兵二千人，在萨布素、郎谈的率领下，再次进攻雅克萨。七月，清军四面挖壕筑垒，围困敌军。九月攻城，托尔布津被炮火击毙。八百多名俄军败死，最后只剩下六十六人。这时，俄国派出使臣到北京，要求解雅克萨之围，进行边界谈判。清军主动撤离雅克萨，双方开始谈判的准备。

中俄《尼布楚条约》的签订　一六八五年末，俄国任命御前大臣、将军费·阿·戈洛文为全权大臣，组成谈判使团。俄国沙皇秘密训令使团："两国应以黑龙江为界，否则就以左岸支流比斯拉特河（即牛满河）或结雅河（即精奇里江）为界，再其次以雅克萨为界。但俄国在黑龙江及其支流有通商的权利"。妄图通过谈判，侵占清朝边地。一六八八年五月，康熙帝命领侍卫内大臣索额图等组成对俄谈判使团。康熙帝谕令索额图等："尼布潮（楚）、雅克萨、黑龙江上下，及通此江之一河一溪，皆我所属之地，不可少弃之于鄂罗斯"，照此"画定疆界，准其通使贸易。"（《圣祖实录》卷一三五）六月，使团行至克鲁伦河附近，遭到蒙古准噶尔部的阻击，退回北京。后经两国重新协商，于康熙二十八年七月八日（一六八九年八月二十二日），在尼布楚正式开始谈判。

在尼布楚谈判中，中俄使团展开了激烈的争辩。戈洛文反诬清朝挑起战争，提出"两国以黑龙江至海为界"的无理要求。索额图当即严加驳斥，指出俄国侵略了中国的领土，中国才被迫自卫反击，并严正声明："鄂嫩、尼布潮（楚）系我国所属毛明安诸部落旧址，雅克萨系我国虞人阿尔巴西等故居"，后为俄国所窃据（《圣祖实录》卷一三五）。俄国应归还侵占中国的领土。索额图遵照康熙帝的密谕，坚持必须收复雅克萨，但"如彼使者恳求尼布潮，即可以额尔古纳河为界。"清朝企图作出重大的领土让步，以换取边疆的稳定。戈洛文喜出望外，进而坚持以结雅河为界，拒绝交回雅克萨，致使谈判陷入僵局。清朝使团担任翻译的随员传教士张诚（法国人）、徐日升（葡萄牙人）等，在会下往返协商，从中斡旋。两位传教士得知康熙帝可能同意俄国人每年去北京贸易，受清使团的委托，去俄国使团的营帐交涉。俄国使团认为"去北京进行自由贸易，是期待已久的最大利益。因此他们可以接受皇帝（康熙帝）提议的分界线。"（《耶稣会士中国书简集》日译本第一集）当晚，传教士带回了条约的俄文本。在此之前，俄国曾经三次派遣使团去北京，寻求通商途径，未获结果。这次意外地如愿以偿。经过十六天的谈判交涉，七月二

十四日(公历九月七日),中俄《尼布楚条约》正式签字,树立界碑。签约条文主要内容如下:

一、以流入黑龙江之绰尔纳河(即乌伦穆河)附近之格尔必齐河为两国之界,此河发源处之大兴安岭以至于海,亦为两国之界。岭南一带土地及流入黑龙江大小诸川,应归中国管辖;岭北一带土地及川流,应归俄国管辖。

一、流入黑龙江之额尔古纳河亦为两国之界,河以南诸地尽属中国,河以北诸地尽属俄国。南岸之墨里勒克河口诸房舍,迁移北岸。

一、俄国在雅克萨城所建城障,应尽行除毁,俄民之居此者,应悉带其物用,尽数迁入俄境。

一、两国猎户人等,不得擅越已定边界。若有一、二人擅自越界者,立即械系,遣送各官吏,审知案情,当即以法处罚。若十数人,相聚或持械捕猎,或杀人抢掠,并须报闻两国皇帝,依罪处以死刑。既不以少数人民犯禁而备战,更不以是而至流血。

一、此约订立以前所有一切事情,永作罢论。自两国永好已定之日起,嗣后有逃亡者,各不收纳,并应械系遣还。

一、现在俄民之在中国或华民之在俄国者,悉听如旧。

一、自和约已定之日起,凡两国人民持有护照者,俱得过界来往,并许其贸易互市。

一、和好已定，两国永敦睦谊，自来边境一切争执永予废除，倘各严守约章，争端无自而起。

《尼布楚条约》是清朝与外国缔结的第一个正式条约。清朝收回了被俄国侵占的部分领土，阻止了俄国对黑龙江流域的侵略。俄国由此合法占有中国的尼布楚地区。《尼布楚条约》签订后，继续划定了两国中段边界。一六九三年，俄国派遣义杰斯出使中国，谈判贸易问题。清朝准许俄国商队每隔三年来北京一次，每次不得超过二百人，免税贸易八十天。俄国政府的商队，由此得以向中国倾销西伯利亚的皮毛，并采购茶叶、缎布等运回本国，获利很大。

三、东北地区的经营

清朝在订立《尼布楚条约》后的三十年间，加强了对东北边境地区的军事、政治统治和经济开发。

建城设防　清朝在瑷珲筑城设防之后，一六八六年又在墨尔根建城，驻扎索伦、达斡尔旗兵十五佐领。尼布楚订约后，一六九一年修筑齐齐哈尔城，驻兵十六佐领。在宜卧齐地方（今尼尔基）设立布特哈总管衙门，统领各族兵民。康熙末年增编到一百零八个佐领。

宁古塔将军的辖区，一六九二年修筑伯都讷城，设付都统驻防。当地的锡伯族和卦尔察族人编旗为兵，设协领六名统带训练。一七一四年在三姓（依兰）筑城，设协领统辖，赫哲人编组为四佐领驻防。在珲春建城,将库尔喀族人编为三佐领驻防。

旗丁与旗地 清朝对东北各族推行满洲八旗制度,据一六七八年(康熙十七年)的统计,吉林、宁古塔编旗的新满洲,共有三千二百五十三丁,一万一千一百八十人,分驻在盛京、锦州、广宁、义州四城,由三十一名佐领统带,披甲种地,顶补当差。一六八二年,巴尔虎蒙古编为十佐领,共五千余户,一千余丁,分驻盛京、开原等八城。一六九九年,裁撤八城驻防旗丁的老弱,另由伯都讷调遣锡伯壮丁二千名顶补。盛京附近地区,先后迁来各族旗丁六千五百余丁,连同家属约有二万余人。此外,原来调驻北京的旗丁也陆续迁回盛京。对于盛京周围的各族旗丁,清朝实行满洲八旗的授田制。据一六七九年(康熙十八年)户部官员在东北丈量,东起抚顺,西至宁远,南自盖平,北至开原的耕地共计三千二百九十万四千九百三十亩,其中二千七百六十二万二千二百八十亩定为"旗地"。满蒙等各族的旗丁,每丁给地五晌(三十亩)。其余作为"民地",由汉人耕作。定为旗地的田地上,还设立皇室粮庄三百零五所,其中二百二十一所设在河西,直属京师内务府。其余八十四所,属盛京内务府。盛京户部另设官庄一百二十七所。

黑龙江将军辖区,自一六八四年(康熙二十三年)在瑷珲筑城屯田。瑷珲、墨尔根、齐齐哈尔等城和布特哈八旗相继建立官庄六十一所,公田十一处。编旗的官兵则在附近授田垦殖。

宁古塔将军辖区，在吉林、宁古塔、伯都讷等城和打牲乌拉，设立官庄七十四所。

东北各地的皇庄和官庄，役使大批的汉族农民进行生产。这些汉人的来源是：（一）流人。顺治十一年到康熙七年间，盛京刑部统计，从刑部和督捕衙门流徙到尚阳堡的罪犯即有三千五百一十五名，连同家属共五千九百一十四人。三藩战争后，三藩的部属大批被流放到盛京充当庄田壮丁或到黑龙江充当驿站站丁。还有大批"从宽免死"的罪犯，流放到东北边地为奴。近人估计，顺康雍百年间，东三省之流人，近十万人。（二）买卖。档案记录，一六六九年（康熙八年），盛京正黄旗下的一名庄头，即购买男女人丁十八名之多（《盛京内务府档·京来档》康熙八年七月十二日）。一七一二年，明确规定准许关外各处旗人来京买人，由驻地将军发给部印文。可见入关购买汉人已很普遍。（三）籍没。官员犯罪，家属籍没为奴，被流徙到东北边地。（四）投充。明末以来陆续去东北垦荒的汉人，被迫投身旗下，编入庄田。以上这些来源不同的汉人，身份是壮丁或奴仆。流放的罪犯自带铁索，打死勿问。

民户与民地　旗地以外的民地，系由汉族农民开垦。他们被称为民户，是自耕的农民。

明清之际，民户大量逃移。一六五三年（顺治十年）颁布"辽东招民开垦条例"，鼓励山海关内各地汉族农民去东北地区开垦。设辽阳府，辖辽阳、海城两县，以统治汉族农民。一六五七年，辽阳府改为奉天府。据一六六一年（顺治十八年）的统计，奉天府尹管辖下的民户共计五千五百五十七丁，耕地六十万九百三十三亩。应招出关开垦的农民，尚不及关内一县之数。康熙初年，战事暂停，去东北开垦的汉族农民大量增加。一六六六年，增设为两府九县（州）。奉天府辖辽阳州与承德（沈阳）、铁岭、盖平、开原、海城等县。新设锦州府，辖宁远州与广宁县、锦县。一六六八年，康熙帝又停止实行"辽东招民开垦条例"，汉人出关须办理起票记档等手续，以为限制。但直隶、山东、河南等地的农民，仍然大批流入关外。一六八五年时，两府各州县所辖民户，共计两万六千二百二十七丁，耕种田地增至三百十一万一千七百五十九亩，较一六六一年增长了五倍多。

民地的汉族民户，直接向官府交税，与旗地的壮丁、奴仆地位不同。民地与旗地存在着不同的经济关系，也实行不同的政治制度。旗地仍实行满洲的八旗制度，民地则实行府县制的统治。

边地诸族 松花江、黑龙江下游、乌苏里江两岸以及库页岛上的赫哲、费雅喀、鄂伦春、奇勒尔、库雅喇、恰克拉、库耶等族未编旗的居民，在原来的氏族组织的基础上，由姓长、乡长统领，归宁古塔副都统统辖。清廷规定，每户每年要进贡貂皮一张。一六七六年，编定黑龙江下游及乌苏里江两岸贡貂者共一千二百零九户。以后，又陆续增加了七百零一户。一六九〇年，库页岛上的库耶人首领，曾与奇勒尔、费雅喀、鄂伦春等族一道到北京贡纳貂皮（《圣祖实录》卷一四九）。清廷以"宗女"嫁给边地诸族首领以为羁縻。嫁去的"宗女"，不少是民女。各族人民称之为"皇姑"，满语称为"萨尔罕锥"。

边地诸族人贡貂，清廷例有回赐，称为"赏乌绫"（财布）。赏赐分为五等，一等赐萨尔罕锥，二等赐姓长，三等赐乡长，四等赐子弟（姓长、乡长之子弟，又称穿袍人），五等赐白人，即各族平民。赏赐物主要是各种服装穿戴和日用品。据说，清朝得一张貂皮，须费银十两。旨在"羁縻诸部，固我边陲"。

城市与商业　东北地区人口的增长与耕地的扩大，促使城市商业日渐发展。一六六八年停止招民开垦，但并不限制商人去关外贸易。直隶、山西等地汉族的皮毛商、山东回民的贩牛商等各地商人大批到东北地区往来货贩。一六七六年盛京城市税收银二千一百三十两，其中主要是商税。一六八〇年增长到三千两。锦州府城建立的初年，税银只有六百七十余两，到一七〇八年时，增至一千六百余两，以后又陆续增加到一千九百余两。宁古塔城顺治时城中尚无汉人。康熙末年已有居民三、四百家，商贾三十六家，主要是经营布帛杂货和饮食业。随着商业的发展，明代作为边防军镇的城市，逐渐形成为贸易中心。城市中饮食业与典当业也随之兴起。康熙末年，盛京城中有酒肆上千家，当铺约有三十家，锦州城内有当铺十九家。其他中小城市中，当铺、酒肆和烧锅(酿酒业)等也很发达。边地渔猎民族用貂皮等到城市交易。赫哲族每年到宁古塔贩卖貂皮，换取布匹、粮食、铁锅、食盐等生活用品。宁古塔的商人又把貂皮送到北京贩卖。在边地城镇中，汉族商人还向满洲官兵赊卖货物，从而在当地取得一定的势力。

东北商业中，人参的收购是一项特殊的交易。人参是东北地区特产的名贵药材，采参获利甚大。清初即已划定区域，将一百一十处参山分配给八旗各牛录，分别采掘。吉林打牲总管衙门所收人参专供皇室需用。一六八四年时，乌苏里江之富钦河、讷恩图河上游山中，发现新的产参区。这时，乌喇、宁古塔一带人参采挖已尽，八旗旗丁得清朝允准不再分山，俱到乌苏里江附近山中采参。满洲旗丁视采参为特权。大批汉人流民也到乌苏里江附近山中私自采参，不能禁止。山东、山西的流民，每年三、四月去产参地偷采，至九、十月间返回。一六九四年，黑龙江将军萨布素奏报说：每年去吉林、宁古塔等偷采人参者，不下三、四万人。一七○九年，实行"参票法"，仿照颁发盐引的办法，每年发参票两万张，作为采参的凭证。一万张发给满洲兵丁，一万张发给商人承包，由内务府抽收参课(税)。商人承包采参，获得大利。一七一四年，皇商王修德等即承参票八千张。每票交官参税课二两五钱，银十两。但向"刨夫"（采参人）征收的人参，每票多至二十余两（每两价银二十两）。汉人私自入山偷采的人参也多由官员或商人购去。争购人参成为一项获利巨大的商业经营。

辽沈地区自顺治至康熙，先后九十余年不断开发，据一七二四年统计，已垦地一千二百四十万亩，有城市十五座。吉林、黑龙江地区新建城市八座。这些城市既是军兵驻防之所，又是商业贸易中心。满汉及边地各族开展着物品的交换，活跃着经济生活，与明代辽东的景象大不相同了。

（二）厄鲁特诸部的兴起和
清朝对蒙古的统治

清朝建国前，皇太极已经臣服了漠南蒙古诸部。漠北和林故地至阿尔泰山的喀尔喀蒙古三大汗，曾在一六三八年（崇德三年）遣使向清朝进贡，此后成为定制。漠西蒙古四部，是瓦剌的后裔，清人称为四卫拉特，在西北地区游牧。杜尔伯特部在额尔齐斯河流域。土尔扈特部在雅尔（塔尔巴哈台）地区。和硕特部在今乌鲁木齐地区。准噶尔部在伊犁河流域。卫拉特四部又统称为厄鲁特。顺治时，清军集中兵力南下作战，厄鲁特蒙古诸部在西部地区得到发展。康熙时，清军与准噶尔部进行了长期的战争，进而统治了蒙古诸部。

一、蒙古和硕特的兴起和对藏族的控制

和硕特部在漠西四部中是较为强盛的一部，与准噶尔部为邻，一六三七年（崇德二年）分道东迁。顾实汗（固始汗）图鲁拜琥率部迁至青海地区游牧。顾实汗弟巴噶斯率部迁徙到河套地区。顾实汗在一六三七年即遣使去盛京，向清朝进贡。顺治帝即位后，又遣使祝贺。顺治帝诏命顾实汗统辖诸厄鲁特。

明代蒙古和藏族地区关系密切。蒙古俺答汗曾请求明朝派遣藏族喇嘛去蒙古传布佛教，并在一五七八年（明万历六年）请宗喀巴弟子根敦主巴的第三世呼毕勒汗锁南嘉错去到青海。俺答汗赐给锁南嘉错以大批礼物，并封赠"达赖喇嘛"称号。"达赖"蒙古语意为海洋，是崇高的象征。按照转世的制度，锁南嘉错被称为三世达赖。追称前世根敦主巴为一世达赖，根敦嘉错为二世达赖。三世达赖也赠给俺答汗以"转十金法轮咱克喇瓦第·彻辰·汗"的崇高宗教称号，并通过俺答汗向明廷贡纳方物，请求敕封。明神宗赐给僧衣、采缎、食茶等物，授予大觉禅师称号。三世达赖又自青海去鄂尔多斯蒙古地区传教。一五八八年（万历十六年），明朝加封三世达赖为大国师。次年，三世达赖病死。转世的四世达赖是生在青城（呼和浩特）的蒙古俺答汗的长孙、法名云丹嘉错。蒙古与藏族的关系更加密切了。

这时，藏族的喇嘛教仍存在不同的教派。被称为红教的传统旧派（红帽派）与宗喀巴创立的黄教格鲁派相互敌视。达赖喇嘛是格鲁派的领袖，住在拉萨的哲蚌寺。后藏地区只有日喀则的扎什伦布寺，由宗喀巴的另一弟子克主结转世的喇嘛主持，此外都还为红教所控制。四世达赖曾应邀到扎什伦布寺巡视。此后，扎什伦布寺的转世喇嘛只保持宗教上的领袖地位，而政治事务统属于前藏的达赖。但后藏地区的执政者第悉（摄政）对前藏也有政治权力。《蒙古源流》等书沿用蒙古人的习惯称谓，称他为"藏巴汗"，即"藏人的汗"。事实上，藏族中从来并没有过"汗"的称号。这时的"藏巴汗"是彭错南杰，他与红教派相结合以反对黄教。四世达赖要把他的势力扩展到后藏，不能不和红教及藏巴汗发生冲突。一六一一年（明万历三十九年），四世达赖喇嘛回到拉萨哲蚌寺。彭错南杰也到了拉萨，谋求和解，但遭到黄教僧俗的抵制。四世达赖被迫逃到桑耶躲避纠纷。藏巴汗的势力却在发展，并吞了前藏的大部分地区。万历四十四年（一六一六年）十二月，四世达赖云丹嘉错病死。

　　转世的五世达赖罗桑嘉错，于一六一七年出生在帕木竹巴系的贵族家庭。这时帕木竹巴在政治上已与后藏分离，宗教上仍奉红教。但罗桑嘉错出生的穷结家族却同情于黄教格鲁派。五世达赖是由这时主持扎布伦寺的罗桑却吉坚赞喇嘛寻认的。这时后藏的彭错南杰已死,子噶玛丹均继为藏巴汗,对转世的达赖予以抵制,对他与蒙古的关系深怀疑虑。一六二一年(清天命六年),蒙古军入藏,受到噶玛丹均的抵抗。噶玛丹均军万余人战败。罗桑却吉坚赞等出面向蒙古军请和,噶玛丹均军免遭屠戮。一六三一年(天聪五年),藏巴汗噶玛丹均又联合帕木竹巴等旧派贵族反对黄教,五世达赖被迫逃离拉萨。

一六三五年(天聪九年)秋,察哈尔蒙古却图部王子阿尔斯兰领兵来到拉萨。他支持红教的藏巴汗反对黄教。但出于掳掠的目的,他又去攻打藏巴汗,攻下日喀则和江孜,四出焚掠。阿尔斯兰因被告发而被他的父王下令杀死。顾实汗与准噶尔部的巴图鲁浑台吉联合消灭了蒙古却图部。顾实汗来到拉萨,五世达赖赠给他"持教法王"的宗教称号。顾实汗也对达赖属下的官员给予封号。顾实汗返回和硕特部后,一六三八年(崇德三年)曾遣使邀请五世达赖,但未能成行。藏巴汗对黄教的敌视,促使五世达赖和黄教格鲁派僧俗更加依靠蒙古的支持,并请求顾实汗出兵援助。一六四〇年,顾实汗为了解除黄教在东部的威胁,出兵攻打康(喀木)区信奉本教的必里王。次年,征服康区六"岗",必里王被杀。蒙古兵驻西藏中部,击败藏巴汗噶玛丹均的军兵。战争继续了七个月之后,一六四一年底,擒杀藏巴汗。次年,攻下了后藏首府日喀则。

在战争进行中,达赖喇嘛、藏巴汗和红教喇嘛噶玛巴曾分别上书清帝皇太极。携带信件的使者在一六四二年（崇德七年）十月到达盛京，住留八月，返回西藏。这时，藏巴汗已被处死。顾实汗授五世达赖罗桑嘉错以十三万户，扶立他为全藏的领袖，同时任命一名第巴（藏语，地方执政者）参予执政。一六四五年（顺治二年），又加给住持札什伦布寺的罗桑却吉坚赞以班禅的称号（四世班禅），分治后藏。班禅是"班第达·禅布"的省称，意为大圣者。

顺治帝即位后，即遣使往迎五世达赖。一六四六年（顺治三年），达赖遣使祝贺顺治帝即位。一六五二年十一月，五世达赖到达北京，朝见顺治帝。次年二月离京返藏，顺治帝赐给金印，加封号为"西天大善自在佛所领天下释教普通瓦赤喇怛喇达赖喇嘛"。达赖喇嘛得到清朝的封赠，统治全藏和各地喇嘛教。他在政治上受到蒙古和硕特部顾实汗的控制，但又可通过教权控驭蒙古诸部。一六五三年，顺治帝诏封顾实汗为"遵文行义敏慧顾实汗"，赐金册、印。次年，顾实汗返回拉萨，在哲蚌寺病死。

顾实汗之子达延汗等在一六五九年从青海到拉萨，不久即离去。顾实汗任命的第巴已死。五世达赖独专藏政，后藏贵族又发动叛乱。同年十二月，达延汗返回西藏，镇压了叛乱。并在次年七月，任命青海的济善驻藏参予执政。一六六八年（康熙七年），达延汗死，子达赖汗继位。一六七一年三月，在拉萨举行了即位庆典。一六七九年五世达赖自行委任桑结嘉错为第巴执政。一六八二年九月，五世达赖病死。第巴桑结嘉错掌管藏政，长期隐瞒五世达赖的死讯，仍以达赖的名义进行活动。这时，北方的蒙古准噶尔部在噶尔丹汗统治下，正在向外扩张。

二、准噶尔部兴起与喀尔喀蒙古降清

清朝建国前后，蒙古诸部的形势是：一六三五年林丹汗败死，内蒙古诸部均归于清朝统治。外蒙古喀尔喀诸部向清朝进九白之贡，与厄鲁特诸部同被称为"朝贡之国"。和硕特部在青海地区兴起，南下控制了西藏。准噶尔部随后又在伊犁地区兴起，据有天山南北，并北上向外蒙古诸部扩张。土尔扈特部向西发展，与俄国贸易，并在一六三九年进入里海东岸，统治了当地的土库曼人。杜尔伯特部依附于准噶尔部，也有部分部民随土尔扈特部西迁。

喀尔喀蒙古与厄鲁特蒙古诸部，面临着俄国侵略势力的威胁。蒙古各部之间也存在种种矛盾。一六三四年，准噶尔部的首领哈喇忽喇去世。第二子呼图霍庆接受达赖喇嘛加给的称号巴图尔浑台吉，成为准噶尔的执政者。准噶尔部与和硕特部曾发生冲突，但当和硕特部迁移青海后，两部即告和解。一六四〇年九月，厄鲁特和喀尔喀部领主曾在塔尔巴哈台（今塔城）会盟，制定《卫拉特法典》，以协调各部之间的关系。次年，巴图尔浑台吉派兵参加顾实汗去西藏的军队。和硕特部的鄂齐尔图（顾实汗兄拜巴噶斯汗之子）娶巴图尔浑台吉之女为妻，两部结成姻亲。达赖喇嘛加给鄂齐尔图以车臣汗的称号。巴图尔浑台吉娶土尔扈特部女为妻，从而和土尔扈特部也建立起良好的关系。当俄国的使臣邀约准噶尔部共同攻打土尔扈特部时，遭到巴图尔浑台吉的严词拒绝。巴图尔浑台吉一再抵制了俄国的侵略企图，并在一六四七年与俄国中断了联系。

大约在顺治十年（一六五三年）左右，巴图尔浑台吉死。有子十二人，各有自己的臣民，相互间展开了争夺政权和领地的斗争。第五子僧格在和硕特部鄂齐尔图的支持下，在顺治末年，才正式成为准噶尔部的执政者（那颜）。一六六六年（康熙五年），僧格曾遣使向清朝进贡。此后，康熙六年、八年，连续遣使纳贡，并接受清朝的赏赐（《圣祖实录》卷二十四、三十一）。在此期间，俄国不断遣使臣前来招诱，被僧格拒绝。一六六七年，僧格曾率领四千余人组成的军兵，抗击了入侵的俄国侵略军。但是，准噶尔贵族内部的争斗并未停息。一六七〇年，僧格被异母兄策臣（巴图尔浑台吉长子）及卓特巴巴图尔（巴图尔浑台吉次子）杀害。巴图尔浑台吉第六子僧格的胞弟噶尔丹，自幼即去西藏，随达赖喇嘛修习佛法，曾被授予呼图克图（活佛）的尊号。僧格被杀时，他二十六岁，在达赖喇嘛和第巴桑结嘉错等支持下返回准噶尔部，击杀策臣，卓特巴逃往青海。噶尔丹扶立僧格的次子索诺木阿拉布坦执政。索诺木还是不满五岁的幼儿。政权全归噶尔丹掌握。噶尔丹娶和硕特部鄂齐尔图女为妻，以取得和硕特部的支持。

噶尔丹在巩固了他的统治后，兼并了他的叔父楚琥儿乌巴什的领地，并在一六七七年杀害了和硕特部的鄂齐尔图车臣汗。噶尔丹遣使到北京，向清朝奉表入贡，呈献缴获的弓矢等物，以求得到清朝对他袭杀车臣汗的认可，被康熙帝拒绝。次年，噶尔丹进占天山南路地区，统治了当地的维吾尔族（回部），并侵扰青海。这时，噶尔丹已在天山南北地区，拥有二十万户，六十万人众，形成一大势力。噶尔丹自立为汗，并随即得到五世达赖的认可。一六七九年，第巴桑结嘉错以五世达赖名义，加号噶尔丹为"博硕克图汗"。噶尔丹由此更得以向信奉喇嘛教的蒙古诸部扩展其势力。一六八二年，五世达赖死后，第巴桑结秘不发丧。噶尔丹继续得到第巴桑结的支持。

噶尔丹自立为汗，占据天山南北后，进而向蒙古喀尔喀诸部扩展其势力。喀尔喀蒙古诸部早已向清朝称臣纳贡。但不象漠南蒙古四十九旗那样编入旗制，由清朝直接统治。喀尔喀三大汗各有自己的领地，相互争夺。一六六二年，扎萨克贵族罗布藏谋杀扎萨克图汗旺舒克，争夺汗位。旺舒克兄绰墨尔根自立为汗，部众多逃依左翼士谢图汗察珲多尔济。康熙帝下诏废绰

335

墨尔根，另立旺舒克弟成衮为汗。康熙二十三年（一六八四年）正月，扎萨克图汗成衮两次上疏康熙帝报闻。康熙帝遣使敕谕达赖喇嘛："喀尔喀扎萨克图汗屡次疏言右翼子弟人民离散，奔入左翼，索之未还"。"朕与尔俱当遣使往谕，将扎萨克图汗离散人民给还，俾两翼永归于好。"（《圣祖实录》卷一一四）西藏第巴以达赖名义派出的使者，在这年冬季行抵青城时病死。次年，再遣噶尔亶西勒图前往。康熙帝派遣理藩院尚书阿喇尼去喀尔喀调解。成衮病死，子沙喇承袭扎萨克图汗位。一六八六年八月，阿喇尼与噶尔亶西勒图召集喀尔喀两翼扎萨克图汗与土谢图汗在呼伦贝尔地区会盟，宣读康熙帝谕旨，令其和好。两汗遵旨盟誓，"两翼互相侵占之台吉人民，令各归本主"（《圣祖实录》卷一二七）。康熙二十六年（一六八七年）正月，土谢图汗与车臣汗等上疏康熙帝说，"圣主弘恩无计酬报"，"请上尊号"。康熙帝不允，说："自兹以后，无相侵扰"，"更胜于上朕尊号"。车臣汗死，康熙帝敕谕土谢图汗和达赖喇嘛，立车臣汗长子为汗。康熙帝对喀尔喀蒙古力行安辑，曾取得一定的成效。

喀尔喀蒙古两翼的矛盾，使噶尔丹得以利用。喇嘛教传入喀尔喀蒙古诸部后，宗喀巴第三弟子转世的活佛哲布尊丹巴驻在外蒙古，统领教务，仍尊达赖为喇嘛教最高领袖。在两翼中，哲布尊丹巴支持土谢图汗。噶尔丹指责哲布尊丹巴不尊礼达赖喇嘛派往蒙古的使者西勒图，借以攻击土谢图汗。一六八七年八月，土谢图汗向康熙帝奏报，噶尔丹将兴兵来攻。康熙帝敕谕土谢图汗和噶尔丹"息争修好"，劝阻兴兵，并告达赖喇嘛调解（《圣祖实录》卷一三一）。噶尔丹不听，领兵三万余，招诱扎萨克图汗等携众叛去。土谢图汗领兵追击，扎萨克图汗沙喇被俘，死。噶尔丹又遣弟多尔济扎卜领兵至喀尔喀掳掠人畜，被土谢图汗子噶尔旦台吉追及，杀死。一六八八年秋，噶尔丹亲自领兵自杭爱山后攻掠喀尔喀左右翼，土谢图汗子噶尔旦台吉战败。哲布尊丹巴遣使向清朝告急。哲布尊丹巴等自克鲁伦河败逃至苏尼特地带，接近清朝边防。七月，康熙帝派遣侍读海三代等去哲布尊丹巴处侦探，途遇噶尔丹使者，带回噶尔丹的奏疏，请求清朝对败逃的哲布尊丹巴和土谢图汗"或拒而不纳，或擒以付之"（《圣祖实录》卷一三六）。康熙帝遣侍卫阿南达往谕噶尔丹罢兵议和。又命安亲王岳乐领兵去苏尼特汛界驻防。噶尔丹分兵三路，东进的一路至呼伦贝尔地带。康熙帝命科尔沁诸王及盛京都统出兵备御。康熙帝亲自出巡塞外，察看内蒙古地区形势。

八月间，阿南达回报，七月二十七日行至克鲁伦河以北喀喇乌苏地带，探知噶尔丹曾告知达赖喇嘛使臣说："若与土谢图汗和，则吾弟多尔济扎卜之命，其谁偿之！""我尽力征讨五、六年，必灭喀尔喀，必擒泽卜尊丹巴（即哲布尊丹巴）。"（《圣祖实录》卷一三六）八月初，

337

土谢图汗与噶尔丹在鄂尔浑诺尔之地相遇，激战三日。土谢图汗战败，逃依哲布尊丹巴。康熙帝驻乌里雅苏台地带，诏谕领侍卫内大臣佟国维、内大臣明珠、理藩院尚书阿喇尼等调遣八旗兵丁驻扎张家口外，漠南蒙古各旗兵驻边防守，归化城两旗兵丁驻扎城内。九月初，再遣京师八旗及大同、宣府等地军兵前往边境。

九月间，土谢图汗与弟西地西里巴图尔率领左右两翼台吉和部众至汛地卡伦乞降。哲布尊丹巴也率部众乞降。沿边一带蒙古诸台吉均随从内附。康熙帝命议政王大臣集议。议奏："厄鲁特、喀尔喀向来归化，职贡有年。今交恶相攻，喀尔喀国破。土谢图汗泽卜尊丹巴胡土克图等诚心请降，应受而养之，俾其得所。"（《圣祖实录》卷一三七）康熙帝命阿喇尼面见哲布尊丹巴和土谢图汗，宣布谕旨。土谢图汗等将从降台吉名字及部落人口数目开送。计户二千，人口二万。续到者另行开送。清朝对来降者给以赈济，后来者又有二万人。

噶尔丹见清朝大兵出动，土谢图汗等降清，随即遣使向清廷进贡，并请照常贸易。康熙帝命岳乐等撤回军兵。十月，阿南达等往见噶尔丹。噶尔丹自称"我并无自外于中华皇帝、达赖喇嘛礼法之意"，但又指责土谢图汗与哲布尊丹巴，擒杀扎萨克图汗及弟多尔济扎卜，不可容。康熙帝诏谕土谢图汗及哲布尊丹巴与噶尔丹会盟，"自致其过"，"永议和好"。土谢图汗、哲布尊丹巴不听,上疏自陈。康熙二十八年(一六八九年)正月,康熙帝又遣使宣谕噶尔丹及达赖喇嘛,谴责土谢图汗"违旨兴兵",要噶尔丹永息兵戎。三月,又命阿喇尼持敕书往见噶尔丹,劝其休战。十月,阿喇尼回奏,已于八月间面见噶尔丹密谈。噶尔丹称,"我身安乐之策,孰者为善,伏祈圣上指示,愿得遵行。但泽卜尊丹巴、土谢图汗等首乱,无故起兵,……前此再三陈奏,为此两人耳"(《圣祖实录》卷一四二)。噶尔丹西行游牧,阿喇尼返回陈奏,康熙帝不再遣使。降清的土谢图汗、哲布尊丹巴以下诸台吉部众,俱照漠南四十九旗制编为旗队。任授扎萨克(执政官),"指示法禁,如四十九旗例施行"(《圣祖实录》卷一四二)。车臣汗伊尔登于一六八八年病死。康熙帝命其子吴默赫袭爵。车臣汗所属诸台吉也增授扎萨克汗,收集离散之众,编为旗队。

三、乌兰布通之战与噶尔丹汗的败死

乌兰布通之战 喀尔喀部落降附于清朝,是对噶尔丹的一大打击。但噶尔丹汗并不甘于失败,西行到科布多,建立营帐,企图依靠俄国沙皇的支持,再次向土谢图汗进攻。准噶尔部与俄国毗邻,早已有贸易往来,相互通使。一六八八年初,当噶尔丹侵入喀尔喀时,俄国派出与清朝谈判的代表戈洛文曾经派兵向喀尔喀蒙古发动进攻,遭到蒙古部众的抗击,被迫撤退。一六八

九年俄国与清朝签订《尼布楚条约》后，已不再有能力发动侵略战争。但噶尔丹仍对俄国存在幻想。遣使向俄求援。一六九〇年春，又派遣达尔罕宰桑到伊尔库茨克会见戈洛文，要求他出兵支援准噶尔进攻土谢图汗。戈洛文含糊其词地答应俄军将配合行动，并派遣基比列夫随同去噶尔丹处商谈。戈洛文的许诺其实是一个骗局，旨在推动蒙古各部自相残杀，借以从中渔利，攫取情报。

噶尔丹汗听信戈洛文的许诺，六月间进军乌尔浑河，以追击土谢图汗为名，越过清朝呼伦贝尔边防地界。康熙帝命科尔沁、巴林、翁牛特及乌珠穆沁等旗蒙古兵赴阿喇尼处防备。噶尔丹向乌珠穆沁使者声称："我攻我仇喀尔喀耳，不敢犯中华界"。噶尔丹军入乌珠穆沁剽掠。阿喇尼统率的蒙古军在乌尔浑河地方夜袭噶尔丹营，准噶尔军自山上绕出，阿喇尼军大败。基比利夫坐观战事，回俄国报告。康熙帝交部议阿喇尼等"违命速战，以致失利"，革去议政，降四级调用。遣使谕噶尔丹，"尚书阿喇尼等不请旨而击汝，非本朝意也"。噶尔丹深入乌珠穆沁地。七月，康熙帝亲征。命裕亲王福全为抚远大将军，皇子胤禔为副，出古北口。恭亲王常宁为安北大将军，出喜峰口。八月初一日，清军在乌兰布通地方与噶尔丹军交战。噶尔丹将一万头骆驼捆扎卧地，背上搭箱垛，盖湿毡，列阵于山下依林阻水之地。主力部队在"驼城"之内，从垛隙放枪射箭。清军隔河列阵，火器在前，遥攻中坚，突破"驼城"，骑兵、步兵冲锋陷阵，大败噶尔丹军。噶尔丹经过四天的激战，损失了大量的人员和辎重，战败逃走。遣使持书至军前，声称："今倘蒙皇上惠好，自此不敢犯喀尔喀"。康熙帝遣侍郎额尔贺图随同伊拉古克三喇嘛持敕书往谕，不得再侵掠喀尔喀人畜，清军不行追杀。十月，噶尔丹又具疏谢罪，声称"惟当领遵谕旨，奉行不违而已"。

当噶尔丹东侵时，其侄策旺阿拉布坦占据伊犁河流域，掳掠准噶尔部人畜西去。噶尔丹兵败后，逃至科布多一带。饥困乏食。十二月，上疏"请恩赐白金，以育众庶"。康熙帝特赐白金千两。

乌兰布通之战是一个转折。在此以前，噶尔丹虽然力图扩张，但对清朝亟表"恭顺"，以求得到清朝的支持。乌兰布通之战，噶尔丹误信俄国的愚弄，闯入清界，被清军战败。此后，清朝虽然仍图安辑，但视噶尔丹为狡黠不可信，在边地加强战备。噶尔丹拒不降清，败灭不可免了。

多伦盟会 乌兰布通之战前后，土谢图汗等属下部众，先后有十数万人降清。噶尔丹败北后，一六九一年四月，康熙帝亲自北上巡察，长子胤禔、三子胤祉随行。五月初，在多伦诺尔召集漠南四十九旗与喀尔喀七旗蒙古诸首领集会，以调协蒙古诸部之间的关系，确立清朝的统治制度。会前谕令土谢图汗、哲布尊丹巴等具疏请罪,在会上赦免。扎萨克图汗沙喇已死,令其子策妄扎卜承袭汗位。车臣汗也应召与会。会上定议,清朝对喀尔喀蒙古照漠南四十九旗例建立制度。喀尔喀七旗分编为三十四旗。三大汗仍保留汗的称号。属下各旗不再沿用蒙古的济农、诺颜诸名号,统依清制由清朝封授亲王、郡王、贝勒、贝子等爵位,旗下设参领、佐领等职。三十四旗均遵行清朝的法令。五月初四日,康熙帝在多伦检阅军兵,颁赏喀尔喀三十四旗。初六日启程返京。四十九旗王、贝勒等贵族在路左,喀尔喀诸王、贝勒等在路右跪送。喀尔喀蒙古从此完全处于清朝的统治之下。

康熙帝应蒙古贵族之请,在多伦敕建汇宗寺,成为喇嘛教的宗教中心和政治集会的场所。此后,康熙帝经常到此巡察,喀尔喀诸部也来此"述职"。

多伦盟会之后,噶尔丹在蒙古人中更为孤立了。

昭莫多之战 多伦盟会后,六月间康熙帝遣使告谕达赖喇嘛,喀尔喀已内属编旗,扎萨克图汗属下人等在达赖喇嘛处者应归还原主。并在谕中指责达赖的使臣济隆在噶尔丹营中,对噶尔丹的攻掠不加劝阻。告谕达赖喇嘛,噶尔丹再稍犯喀尔喀降人,"朕必发大兵,分路前进,务期剿灭之"(《圣祖实录》卷一五二)。一六九三年,噶尔丹上疏自陈,又请驱逐哲布尊丹巴、土谢图汗两人。五月,康熙帝下谕斥责,并劝其来降。噶尔丹拒不降清,图谋再举。八月,康熙帝又北上巡视,

342

至乌里雅苏台。从哈密俘虏中得知噶尔丹部众牛羊已尽，在乌郎坞耕种。一六九四年六月，噶尔丹与策旺阿拉布坦攻战，康熙帝敕令加强宁夏边防。

噶尔丹经过几年的恢复，又在策划侵掠喀尔喀。清朝探得消息。一六九四年六月，谕领侍卫内大臣等："若果噶尔丹来近土喇，扰害喀尔喀，我军有可乘之机，将军等相度而行。倘我师未至之先，彼已过而前进，则从后袭之。"（《圣祖实录》卷一六四）康熙帝命费扬古统率军兵，作好战争准备，并令边地诸将密切注视噶尔丹的动向。

康熙三十四年（一六九五年）正月，噶尔丹遣使至北京朝贡，仍上疏请除土谢图汗和哲布尊丹巴。康熙帝遣回贡使，不令进边，下诏斥责。七月，费扬古奏报："噶尔丹进兵至塔米儿地方。"康熙帝调集各地军兵，待噶尔丹前来，一举消灭。九月，清军得报，噶尔丹兵劫掠喀尔喀之后，退往土喇河西去。十月，康熙帝谕令西安、宁夏满汉兵从西路进军。十一月，费扬古报，噶尔丹驻军于土喇河西巴颜乌兰之地，宜分军进剿。康熙帝命大军进剿噶尔丹。部署大兵分为三路，东路由萨布素将军率领盛京、宁古塔和黑龙江兵，沿克鲁伦河进兵。西路兵统归费扬古指挥，自归化城进兵。中路由京城及宣化府绿旗兵组成，暂不发兵。一六九六年二月，康熙帝自科尔沁亲王处得到密报，噶尔丹仍在巴颜乌兰，以为机不可失。亲自率中路兵出征，经科图进军巴颜乌兰。命西路归化城和陕西、宁夏兵同时进发，于四月下旬在土喇河与中路军会集。

康熙帝进军途中，得费扬古报西路军迟延到边。康熙帝恐噶尔丹逃窜，不待西路军至，亲率中路军进兵。五月，抵克鲁伦河畔，噶尔丹已领兵逃匿。康熙帝追击三日，不及。命轻骑搜索巴颜乌兰附近地带。五月十二日，自拖诺山回师。

费扬古等统领的西路兵与孙思克等陕西、宁夏绿旗兵，于五月十三日到达土喇河畔昭莫多附近。清军沿途疲弊，在昭莫多扎营。以逸待劳，诱敌来战。噶尔丹军被诱出战，清军诱敌深入，在昭莫多展开激战。噶尔丹军大败，死两千余人，降清和被俘者三千余人。噶尔丹妻也在作战中战死。噶尔丹率数十骑败逃，一蹶不振了。

康熙帝北征手谕

噶尔丹败后，部众或散或降。康熙帝实行招抚，以孤立噶尔丹。十月间，康熙帝亲至归化城，传谕噶尔丹部众来降。留大臣一人，在归化城受降安置。噶尔丹西逃至哈密一带。康熙三十六年（一六九七年）正月，哈密额贝杜拉伯克在巴尔库尔地方擒获噶尔丹之子，解送清副都统阿南达军前。二月,康熙帝启程去宁夏,再度亲征。谕议政大臣:"噶尔丹穷迫已极,宜乘此际速行剿灭,断不可缓。朕今亲临宁夏, 相度机宜。……克成大事, 正在此举。"(《圣祖实录》卷一八〇)青海蒙古诸部遣使来降。三月初,康熙帝抵宁夏,察知噶尔丹在萨克萨特呼里克,遂遣使招降,并将进兵之事告谕策旺阿拉布坦。大将军费扬古奉诏发兵。噶尔丹逃至阿察阿穆塔台地方,于闰三月十三日病死(一说自尽)。属下三百户,送噶尔丹尸体降清。

四、对蒙古诸部的统治

康熙帝击败噶尔丹后,只有策旺阿拉布坦统领的准噶尔部众继续在伊犁河流域活动。其余蒙古各部大都归于清朝直接统治之下。清朝在漠南、漠北和漠西相继建立起对蒙古诸部的统治制度。

漠南蒙古 漠南蒙古早在清太宗皇太极时,即已降附。清朝随即分旗,分佐领,封扎萨克。漠南二十四部编为四十九旗, 改变了蒙古贵族与各旗间原有的隶属关系。各旗设扎萨克一人执政,统由清朝皇帝封授蒙古王公贵族充任。世袭者也须经清帝敕准。各旗扎萨克管理旗地、编查户口、整饬军备、审理案件,并定期向清朝进贡,觐见皇帝。扎萨克有过,清朝可以撤免。各旗之下分设佐领,每佐领有壮丁一百五十名。统治制度基本上是推行满洲八旗制度(与金国时期降附的八旗蒙古不同)。

邻近的几个旗(原属一部或数部)每隔三年由扎萨克会盟一次，推一人为盟长，由清帝任命。盟长主持盟会，商议军政事务，平时指挥各旗扎萨克。各盟由理藩院管辖，并受所在地区的将军、都统节制。四十九旗组成六盟：哲里木盟、卓索图盟、昭乌达盟、锡林郭勒盟、乌兰察布盟、伊克昭盟。他们分别由盛京将军、黑龙江将军、吉林将军、热河都统、察哈尔都统和绥远城将军节制。六盟四十九旗统称为内扎萨克蒙古。察哈尔八旗和归化城土默特两旗，分别由察哈尔都统和绥远将军直接统辖。不参加四十九旗盟会的察哈尔八旗原为林丹汗的部属，一六三五年(天聪九年)林丹汗子额哲降清，受封为亲王，部众编旗，在义州地区住牧。一六七五年(康熙十四年)二月，布尔尼(额哲侄，袭王爵)起兵反清。清朝任命信郡王鄂扎为抚远大将军前往镇压，察哈尔八旗部众被迁移到宣化、大同边外，由察哈尔都统统辖，不设扎萨克，官员也不得世袭。归化城土默特两旗，原为俺答汗后裔的部属。附清后，又反。一六三六年被清朝分编为旗，后归绥远城将军统辖。察哈尔八旗和归化城土默特两旗也称为内属蒙古，清朝对它的统治比内扎萨克蒙古更为严密。

漠北蒙古　漠北喀尔喀蒙古在多伦会盟后，已确定统治制度。依漠南之制，将原属土谢图汗、扎萨克图汗和车臣汗的蒙古部众分编为三十四旗，分别统属于三汗,不另设盟。噶尔丹败亡后,三汗部众返回漠北故地。康熙帝加封在战乱中有功的蒙古台吉为扎萨克,编为五十五旗。漠北各旗与漠南各旗并立,被称为外扎萨克蒙古。

漠西诸部 和硕特部鄂尔齐图汗被噶尔丹袭杀后,部众溃散。顾实汗之孙和罗理率庐帐万余,避居大草滩,得清朝允准,在甘州东北阿拉克山游牧。噶尔丹败亡后,和罗理请求清朝依照扎萨克蒙古体制设旗,分编佐领,不设盟。

青海地区的和硕特部八台吉在噶尔丹败后,谒见康熙帝。康熙帝封达什巴图(顾实汗子)为和硕亲王。其余台吉也分别封授贝勒、贝子和公爵,但未设立旗制。

原来遭受噶尔丹侵扰的哈密维吾尔人,清朝称为"回部"。一六九七年,哈密额贝杜拉伯克,俘献噶尔丹之子降清。清朝封他为扎萨克,编旗统治,如内扎萨克蒙古制度。

(三)西藏地区统治的建立

一六八二年五世达赖死后,第巴桑结嘉错匿丧不报,并以达赖的名义支持噶尔丹。康熙帝与噶尔丹作战中,从俘虏处得知五世达赖已死,桑结专政。一六九六年八月,敕谕第巴桑结说:"尔第巴原系达赖喇嘛下司事之人，……今观尔阳则奉宗喀巴之教，阴则与噶尔丹朋比"，"先是尔以久故之达赖诈称尚存，遣济隆胡土克图至噶尔丹所，乌兰布通之役为噶尔丹诵经，且择战日。且噶尔丹败，又以讲和为词，贻误我军，使噶尔丹得以远遁"。敕令第巴桑结：（一）奏明达赖喇嘛已故始末，尊奉班禅主持喇嘛教，应召来京；（二）执济隆胡土克图；（三）押解青海博硕克图济农所娶噶尔丹之女进京。康熙帝的敕谕最后说，"如有一项不遵，即发大兵问罪"（《圣祖实录》卷一七五）。次年三月，第巴上疏请罪，奏陈达赖死事，遵旨定议班禅来京。又陈请缓解济隆和噶尔丹之女。清廷议复，仍令押解来京，宥第巴罪。

五世达赖去世已有十五年之久。在此期间，第巴桑结曾私自认定一六八三年出生的仁青仓央嘉错为达赖转世，立为六世达赖。清廷不予承认，称之为假达赖。蒙古和硕特部顾实汗之孙达赖汗，在噶尔丹败后，曾上疏清朝庆贺。不久死去。次子拉藏汗袭位。第巴桑结图谋毒害拉藏汗未遂。拉藏汗被逐出西藏。一七〇六年，拉藏汗领兵数百名返回拉萨，杀第巴桑结，将假达赖事陈奏清廷。康熙帝命护军统领席柱、学士舒兰为使，往封拉藏汗为"诩法恭顺汗"，并命将假达赖押解来京。十二月，青海西宁喇嘛商南多尔济奏报：假达赖行至西宁口外病死。次年，拉藏汗另立阿旺伊喜嘉错为转世的达赖喇嘛，青海蒙古诸台吉不予承认，彼此争论。康熙帝遣内阁学士拉都浑赴西藏看验。拉都浑回奏青海众台吉等与拉藏汗不睦，西藏事务不便令拉藏汗独理，应遣官一员，前往西藏协同拉藏汗办理事务。一七〇九年二月，康熙帝遣侍郎赫寿前往办理西藏事务，加强了对西藏的统治。次年，赫寿擢任漕运总督，离藏。

准噶尔部的策旺阿拉布坦，在噶尔丹败后，仍在伊犁河流域活动，拒不降清，势力达到乌鲁木齐和吐鲁番地区，不断向清朝统治的哈密地区窜扰。清兵在巴尔库尔和阿尔泰等处严密防守，也不时西进袭击。一七一五年，吏部尚书富宁安奉命至甘州，总领军事。次年十月，康熙遣护理西安将军额伦特领西安兵驻西宁，听富宁安调遣，以防策旺阿拉布坦侵扰青海。十二月，巴尔库尔将军祁里德上疏，请派巴尔库尔之兵明年攻取吐鲁番。一七一七年三月，富宁安授靖逆将军，祁里德为协理将军驻巴尔库尔。出兵八千五百名，分为三队，不断袭击吐鲁番。当准噶尔部在吐鲁番迎战清军时，策旺阿拉布坦已另派一支军兵由弟策零敦多布率领，经阿里克路侵入了西藏。清廷全力注视吐鲁番，八月才从俘房处得知策零敦多布自去年十一月即向西藏进军的情报。康熙帝全出意外，仍以为"今此兵或征取拉藏收取西边地方，或帮助拉藏侵犯青海，俱未可定"。依然继续加强青海的兵备。富宁安统率的三路军袭击吐鲁番之后撤回。十月间，青海和硕特蒙古台吉罗布藏丹津奏报：策零敦多布领兵三千来西藏，欲灭拉藏汗，拉藏汗整兵迎敌，已交战数次。康熙帝仍不以为意，认为"策零敦多布等之兵，疲弊已极，除阵亡病死外，未必满二千，又安能取得拉藏城地"，只命防备策零敦多布败后恣掠。康熙帝对臣下说："今策旺阿拉布坦本属小丑，不足为虑"。"今因其移兵到藏，道路甚远，又无接应，自去年十月起行，今年七月方到"，"兵亦不用多，二百余人便可破之矣"（《圣祖实录》卷二七五）。与康熙帝的估计相反，策零敦多布在八月间统兵六千，与拉藏汗接战。十月末攻下拉萨布达拉宫，拉藏汗于十一月初一日被杀，子苏尔扎被俘（《圣祖实录》卷二七八）。一七一八年二月，清廷才接到拉藏汗去年十月间请求救兵的奏疏。康熙帝不明形势，轻敌致误，准噶尔部轻取拉萨，清廷震动了。

拉藏汗原来扶立的阿旺伊喜嘉错，不被承认。康熙五十二年（一七一三年）正月，康熙帝谕理藩院"班禅胡土克图为人安静，熟谙经典，勤修贡职，初终不倦，甚属可嘉"（《圣祖实录》卷二百五十三），依照封达赖喇嘛之例，封班禅为班禅额尔德尼（额尔德尼，满语珍宝，尊称），给以印册，以稳定西藏局势。西藏护法喇嘛则认定康熙四十七年（一七〇八年）出生在里塘的罗布藏格桑嘉错为达赖转世，被奉为呼必尔罕，一七一七年，被青海诸台吉迎至西宁宗喀巴庙。

策零敦多布据拉萨后，囚禁阿旺伊喜嘉错，并招诱里塘营官喇嘛。清廷急速调兵里塘，声言保护呼必尔罕之本乡。

一七一八年六月，驻西宁的西安将军额伦特与侍卫色楞分道进兵。七月，至齐诺郭勒，与策零敦多布军交战。额伦特至喀喇乌苏力战，九月，失败阵亡。清朝失将军，损失是严重的。康熙帝从轻敌疏误中取得经验，在西宁和四川分别调集重兵，从容布署，又分路侦察准噶尔部情势。一七一九年六月，四川都统法喇令副将岳钟琪带领绿旗兵占领里塘，处斩抗拒的第巴，进而进兵巴塘。巴塘第巴受抚投降，法喇领兵在巴塘驻扎，作进军的准备。八月，清廷得知蒙藏僧众均奉格桑嘉错为达赖转世，正式封授格桑嘉错为达赖喇嘛，定于明年派遣大臣率领大兵护送达赖进藏登座。十二月，康熙帝亲自定议，两路大兵进藏。阿尔泰、巴尔库尔两路之兵会合，袭击吐鲁番、乌鲁木齐，以使策旺阿拉布坦首尾不能相顾。明年二月，大兵随达赖进藏。康熙帝告谕议政大臣和军前召至大臣等说："朕意如此，事关重大，不可急迫，从容周详定议为是。"大臣等议奏：进藏之兵增至一万二千名护送达赖，派大臣一员为将军统理。六月下旬，分兵袭击吐鲁番和乌鲁木齐。康熙五十九年（一七二○年）正月，康熙帝再次下诏说："策旺阿拉布坦之人霸占藏地，以我兵远隔，不能往救。""今满汉大臣咸谓不必进兵。朕意此时不进兵安藏，贼寇无所忌惮。或煽惑诸番部,将作何处置耶?故特谕尔等,安藏大兵,决宜前进。"(《圣祖实录》卷二八七)皇子胤禔为抚远大将军驻在青海木鲁乌苏,督办军务。宗室延信(康熙帝侄)为平逆将军送达赖进藏,自青海出兵。四川总督年羹尧请任护军统领噶尔弼为定西将军,领云南、四川两处兵马进藏。康熙帝敕封达赖为"弘光觉众第六世达赖喇嘛",派满汉官兵及青海诸台吉之兵护送。四十九旗扎萨克和喀尔喀蒙古也令遣使会送。清军协同蒙古诸部护送六世达赖进藏,在宗教上和政治上都取得主动地位,在军事上也作了周密的部署,虽然路途险阻,胜利在望了。

清军进兵,以青海为主力。策零敦多布自领准噶尔兵迎击青海延信军,分兵二千六百人阻击南路噶尔弼军。噶尔弼军八月初自拉里前进,沿途招降各地的喇嘛和第巴,聚集皮船渡河。八月二十三日起兵,攻取拉萨,封闭达赖仓库,扎营固守,处决策零敦多布授为总管之喇嘛五人。策零敦多布与延信军遇,三战皆败,逃往伊犁。九月初八日,延信自达木启程,送达赖进藏。九月十五日,十五岁的六世达赖至布达拉宫坐床登座。囚禁的阿旺伊喜嘉错被解回京师。清军顺利地获得全胜。

清兵留兵四千驻拉萨。延信在一七二一年四月回京,命噶尔弼驻藏。噶尔弼称病罢。九月,策旺诺尔布为定西将军驻藏,以额驸阿宝、都统武格参军事。清廷

拉萨布达拉宫

废除第巴执政的旧制，参用拉藏汗时设噶伦（政务官员）的制度，封赏西藏有功贵族四人以爵位，俱为噶伦执政。阿里第巴康济鼐封贝子，管理卫藏和阿里地方政务。空布第巴阿尔布巴亦封贝子，协助康济鼐总领西藏事务。第巴隆布奈封辅国公，管理前藏政务。颇罗鼐授扎萨克一等台吉，管理后藏政务。四噶伦中，康济鼐为第一噶伦。康熙帝建立起对西藏的统治，亲制平定西藏碑文，在拉萨立石。

第四节 统治集团的纷争与人民的反抗

康熙帝在位六十一年。作为清朝初期的皇帝，他主要完成了两件大事。一件是结束了满洲贵族内部关于统治制度的纷争，基本上依照汉族的传统制度建立起封建制统治。另一件是在东北、蒙古和西藏等地区建立起对边疆各族的统治，奠定了清朝的版图。只是准噶尔部仍占据伊犁河流域，不时在边地窜扰。

康熙后期的形势是：满汉贵族地主与广大农民、手工业者等被压迫阶级的矛盾，统治阶级内部争夺权利的矛盾等，都日益激化。贪赂风行，吏治日渐败坏。清朝的统治陷入重重矛盾之中。

关于康熙时期社会经济领域的状况将在另章论述。下面主要叙述统治集团的内部纷争与人民的反抗等史实。

（一）朝臣倾轧与立太子的纷争

顺治时期，朝臣之争主要是满洲贵族大臣之间的斗争。它实质上是满族奴隶制与汉族封建制两种统治制度的矛盾的反映。满洲贵族在统治了汉族地区后，斗争的焦点是如何对待汉族传统的统治制度和统治阶级。在清初的任官制度中，八旗满洲、蒙古、汉军与汉人（关内汉人）存在着明显的区别，但不象元朝对蒙古、色目、汉人、南人，在法律上明确规定不同待遇。持有不同主张的满洲贵族对待汉军、汉人，或倚任或排斥，成为清初政治斗争的主要内容。康熙帝亲政诛鳌拜后，汉族地主特别是江南文士经由科举而大批进入朝臣的行列。"三藩"反清战争之后，汉族官员的势力进一步增长。随着封建统治制度的逐步建立，康熙朝的朝臣之争，主要表现为由满汉官僚合组的不同利益集团之间的斗争。

一、 索额图、明珠两集团的对立

康熙帝依靠索额图的支持，诛除鳌拜集团。索额图由此成为康熙帝左右的重臣，任国史院大学士。一六七〇年，建内阁，为保和殿大学士，一六七二年加太子太保。康熙帝皇后（孝仁后）赫舍哩氏，为索额图兄噶布喇之女，一六七四年五月，生皇子胤礽，次年立为太子。索额图以皇亲而为国相，专权贪贿，攫取巨大财富。朝鲜来清的使臣回报说，索阁老"专权用事，贿赂公行，人多怨之"（朝鲜《李朝肃宗实录》一）。

满洲正黄旗人明珠，出身叶赫纳喇氏贵族。历任侍卫、内务府总管、弘文院学士、刑部尚书、左都御史。一六七二年任兵部尚书。康熙帝阅兵，称他阵列甚善，军容整肃。明珠曾附和撤藩之议，吴三桂反，索额图上疏请诛建策撤藩者。康熙帝不许，说"此出自朕意，他人何罪?"一六七五年，调任吏部尚书。次年，授武英殿大学士，累加太子太师。明珠擅政，权势仅次于索额图。结纳党羽，货贿山积，形成又一个专权贪赂的官僚集团。

一六七九年七月，京师地震。左都御史魏象枢上疏劾索额图、明珠受贿徇私。次年，索额图因病请解任。康熙帝称赞他"勤敏练达"，改命为内大臣，授议政大臣。明珠一党由此更加专擅。

明珠党中，汉官余国柱是仅次于明珠的要员。湖广大冶人余国柱，顺治九年进士。一六八一年(康熙二十年)，由户科给事中擢左副都御史，不久，出任江宁巡抚。据说余国柱每年都要馈献明珠万金，以为常(《啸亭杂录》卷四)。一六八四年，转左都御史，改任户部尚书。余国柱结党行私，被指为"余秦桧"。明珠一党的要员还有满人大学士勒德洪，历任工、刑、户部尚书佛伦，汉人吏部尚书、文华殿大学士李之芳。地方官员中有云贵总督蔡毓荣、湖广巡抚张汧(音千 qiān)等。一时称为"北党"。一六八七年二月，蔡毓荣被劾隐藏吴三桂孙女为妾，匿取逆财，减死籍没，发往黑龙江。同月，余国柱受任为武英殿大学士。

索额图解任后，一六八四年因弟心裕等骄纵，索额图不能教，被夺去内大臣、议政大臣、太子太傅。一六八六年，又授领侍卫内大臣。索额图结纳李光地等汉人儒臣，奉事皇太子胤礽，在朝中仍拥有相当的势力。明

356

珠一党则阴反皇太子。朝臣有侍皇太子者,即加排斥。一六八四年,余国柱调任户部尚书,离江宁。康熙帝改任理学名儒汤斌为江宁巡抚。余国柱向汤斌索赂四十万两馈送明珠,汤斌不理。一六八六年,明珠等举荐汤斌为太子师傅,阴谋坑害汤斌。康熙帝授汤斌礼部尚书、管詹事府事。一六八七年五月,明珠、余国柱等指斥汤斌辅太子失礼,并告讦汤斌在江宁任时文告有"爱民有心,救民无术"语,指为诽谤朝廷。汤斌自陈愚昧,请加处分。康熙帝仍留任汤斌,九月改工部尚书。十月,汤斌病死。

康熙帝渐觉明珠一党奸恶贪赂。一六八七年十二月,御史陈紫芝参劾明珠党的湖广巡抚张汧,"莅任未久,黩货多端","甚至汉口市肆招牌,亦指数派钱"。张汧被革职拿问。康熙帝下谕说:"科道职在纠参。张汧贪婪,无人敢言。陈紫芝独能参劾,甚为可嘉。"新任直隶巡抚于成龙向康熙帝密奏:"官已被明珠、余国柱卖完"。康熙帝询问供职南书房的钱塘文士高士奇。高士奇原为明珠所荐引,也说明珠党贪婪。康熙帝问:"为何无人劾奏?"士奇答:"人谁不畏死?"康熙帝说:"他们的势力还能重于四辅臣(指鳌拜等)么?我要除去即可去,有什么可怕!"士奇说:"皇上作主,还有什么不能除去!"高士奇与左都御史徐乾学密谋参奏,由金都御史郭琇奏呈。据传,参奏之稿事先都曾呈康熙帝,请加改定。康熙二十七年(一六八八年)正月,郭琇疏上，弹劾明珠、余国柱"植党类以树私，窃威福以惑众"。列举罪行八款，并说"汉人之总揽者，则余国柱，结为死党，寄以腹心。""督抚藩臬缺出，余国柱等无不辗转贩鬻""是以督抚等官遇事朘剥，小民重困"(蒋氏《东华录》卷十四)。二月，康熙帝召集内阁大臣，说朝中大臣，三五成群，互相交结，徇庇同党，图取货赂，作弊营私。种种情状，确知已久。"廷议如此，国是何凭?"将勒德洪、明珠革去大学士，交领侍卫内大臣酌用。李之芳致休回籍。余国柱革职。佛伦等解任(《圣祖实录》卷一三三)。内阁三殿满汉大学士当时共有五人，勒、明、李、余四人同时被革，是清朝中枢一次重大的变动。

二、南党的纷争

一六八八年，明珠党败后，户部尚书管兵部事梁清标(正定人)与礼部尚书、满人伊桑阿并任大学士，原任刑部尚书江南丹徒人张玉书为兵部尚书，徐乾学为刑部尚书，吏部侍郎李天馥为工部尚书，组成新的内阁。

徐乾学是江南昆山大族地主，又是著名文士。康熙九年会试一甲第三名，称探花。弟徐元文是顺治十六年状元。弟徐秉义是康熙十二年探花。时称"昆山三徐"。昆山徐氏在顺治末年的江南奏销案中曾遭株连。康熙帝亲政后，徐乾学入值翰林院，考试第一，声名大震。康熙一朝，历年科举取士，江浙人都很多，据统计，约占三分之一以上。翰林院的江南汉人官员以徐乾学为首，形成集团号为"南党"。南党接近皇帝，草拟诏令，具有一定的权势。高士奇为康熙帝所倚信，也属南党。

徐乾学、高士奇，不久也遭到弹劾。一六八八年春，审讯张汧贪污案，张汧供出曾向徐乾学行贿，并涉及高士奇和工部尚书陈廷敬（山西泽州人）。康熙帝命止质讯，"戒勿株连"。徐乾学上疏称"为贪吏诬构"，请"放归田里"。五月，康熙帝准徐乾学罢任，但仍领修书总裁。高士奇、陈廷敬亦上疏请归田里，康熙帝命解任修书。徐乾学罢任后，弟徐元文为左都御史，进为刑部、户部尚书。江南常熟人翁叔元为工部尚书。次年，徐元文擢任大学士。南党在朝，仍是一大势力。熊赐履于一六七六年被索额图纠劾，夺官。一六九〇年，复起为礼部尚书，值经筵，是南党以外身居显要的儒士。

郭琇弹劾明珠后，一六八九年充经筵讲官，为左都御史。郭琇，山东即墨人，不属南党。九月间，上疏劾高士奇与原左都御史王鸿绪（江南娄县人，康熙十二年榜眼）植党营私，招权纳贿。高士奇在一六八九年春曾随康熙帝南巡，仍得倚信。郭琇劾高士奇在随从南巡时，受纳文官馈送万金。郭琇疏上，康熙帝命高士奇、王鸿绪"休致回籍"。十月，右都御史许三礼（河南安阳人，顺治十八年进士）上疏弹劾徐乾学，"乘修史为名，出入禁廷，与高士奇相为表里"，"招摇纳贿"。徐乾学抗疏自辩。许三礼再上疏，列举徐乾学及徐氏家族，科举考试舞弊，纳贿置产等罪状九款，说京师三尺童子都知道"四方宝物归东海（徐乾学），万国宝珠送澹人（高士奇）"。大学士徐元文上疏为徐氏家族辩解，并说许三礼在考选之后曾请执弟子礼被拒，数日之间又来诬告，殊难臆测。康熙帝对许三礼严加申斥，免予处分。徐乾学给假回籍，编修会典。

　　徐乾学一再受到非南党汉人言官的参劾，康熙帝对徐乾学一再优容，实际上是对南党和江南地主士大夫的优容。徐乾学回乡后，昆山县徐氏家族称霸一方，操纵官府，子弟横行乡里，更加肆无忌惮。现存档案中，康熙二十九年至三十一年间，徐乾学一家被控横行不法的事件即有二十余起（《清代档案史料丛编》第五辑）。明珠案中，两江总督傅拉塔（满洲镶黄旗人）曾被指为与明珠交通。一六九〇年，傅拉塔上疏弹劾大学士徐元文与解任尚书徐乾学放纵家人"招摇纳贿，争利害民"，列罪十五款。巡抚洪之杰"趋炎附势"。康熙帝命徐元文"休致回籍"，洪之杰降调，不再审理。一六九一年四月，因明珠案被免职的尚书佛伦，被任为山东巡抚，追究前任巡抚钱珏包庇潍县知县朱敦厚贪污案，查明朱敦厚曾请托徐乾学密函钱珏疏通。徐乾学被夺职。郭琇在一六八九年冬曾被钱珏反控托荐私人未果，挟嫌诬劾，被降五级调用。次年，郭琇休致。

　　徐乾学失势，北党起而报复。朝中党争愈演愈烈。

一六九一年十一月，康熙帝诏谕吏部，说："乃近见内外各官，间有彼此倾轧，伐异党同，私怨交寻，牵连报复。或已所衔恨，而反嘱人代纠，阴为主使。或意所欲言，而不直指其事，巧陷术中。虽业已解职投闲，仍复吹求不止，株连逮于子弟，颠覆及于身家"。"朕总揽机务已三十年，此等情态，知之最悉"。"倘仍执迷不悟，复蹈前非，朕将穷极根株，悉坐以交结朋党之罪"（《圣祖实录》卷一五三）。康熙帝致力消弭朋党，仍继续贯彻争取江南士大夫的执政方针。一六九四年，又召徐乾学、高士奇、王鸿绪等进京修书。适徐乾学病死，诏复尚书官职。王鸿绪入京，授为工部尚书。高士奇入京，仍直南书房。

三、诛索额图与废太子

在索额图与明珠党争中，太子胤礽是索党的支持者，明珠党则是反太子派的结合。明珠败后，索额图再被起用。一六八九年，索额图率领使团与俄国谈判，身负重任。一六九○年以后，又连年领兵与噶尔丹军作战，屡立战功。原来被革去的爵位，又全恢复。一七○一年，以年老乞休，但在朝中仍拥有强大的势力，并且是太子胤礽最倚信的支持者。朝臣中索额图党逐渐演为太子党。康熙帝对太子时疑时信。围绕着太子的废立，酿成长期的纷争。

诛索额图 一六九○年至一六九七年间，康熙帝两次亲征准噶尔部，留太子胤礽在京师执政。一六九七年九月，康熙帝返回京师，认为太子改变素行，将内务府总管海喇孙及膳房人花喇拿问处死。所谓改变素行，据康熙后来所说，主要是指皇太子所用诸物俱用黄色，所定一切仪制，都与皇帝相同。康熙帝这时实际上已怀疑是出于索额图指使。对太子胤礽和索额图日益疑虑。

一七〇二年九月，康熙帝巡视河南，阅视河工。十月，皇太子至德州称病不行，康熙帝召索额图前来视疾。十六天后，康熙帝下谕回銮，阅视河工改在来年。留胤礽在德州调理疾病。十一月十六日，皇太子胤礽病愈回京。一七〇三年春，康熙帝再次南巡，至杭州。三月，返抵京师。五月间，据索额图家人的告发，下谕斥责索额图"背后怨尤，议论国事"，说"伊之党类，朕皆访知"。举出阿朱达、麻尔图、额库礼等多人，指斥"伊等结党，议论国事，威吓众人"。并说："至索额图之党，汉官亦多。朕若尽指出，俱至灭族"。命索党"与索额图绝交，将所行之事举出"，否则"必被索额图连累致死"（《圣祖实录》卷二一二）。随后又谕刑部将索党麻尔图、额库礼等锁禁。阿朱达因是年老旧臣，得到宽恕。又传谕索额图说："尔家人告尔之事，留内三年，朕有宽尔之意，尔并无退悔之意，背后仍怨尤，议论国事，结党妄行。尔背后之言，不可宣说，尔心内甚明。"又说："朕将尔行事指出一端，就可在此正法。尚念尔原

362

系大臣，朕心不忍"，着交宗人府拘禁（同上书）。索额图之子并家内要人俱交拘禁。索额图死于狱中。后来康熙帝曾称因索额图助太子"潜谋大事"，"将索额图处死"。索额图出身满族贵族，两代俱为辅臣，朝臣中党羽甚众。索额图被处死，朝野震动。

废太子　康熙帝诛索额图后，依然疑虑重重，常常举措失度。五年之后，一七〇八年五月间，率领太子胤礽与长子胤禔、十三子、十四子、十五子、十六子、十七子、十八子等，巡视塞外。八月，至鄂尔多斯。十八子胤祄重病。九月初，行至蒙古布尔哈苏台地方。初四日，康熙帝命太子胤礽跪见。诸王大臣齐集行宫之前，斥责胤礽对胤祄患病"毫无友爱之意。因朕加责让，伊反忿然发怒。"决意废太子。宣谕说：胤礽"不法祖德，不遵朕训"，"朕包容二十年矣。乃其恶愈张，僇辱在廷诸王贝勒大臣官员，专擅威权，鸠聚党羽，窥伺朕躬，起居动作，无不探听"，"有将朕诸子不遗噍类之势"。并说："从前索额图助伊潜谋大事，朕悉知其情"，"今胤礽欲为索额图复仇，结成党羽。令朕未卜今日被鸩，明日遇害，昼夜戒慎不宁。似此之人，岂可付以祖宗弘业"。宣布将胤礽废斥拘禁。康熙帝废太子，显然是出于对索额图党的疑虑。同时又宣布，将索额图两子及胤礽的亲随四人正法。是日，胤祄病死。

康熙废胤礽后，仍然疑虑重重，惴惴不安。九月十一日，对满族大臣说："今皇太子所行若此，朕实不胜愤懑。至今六日，未尝安寝"。两天后，又宣谕内大臣等：
"近观胤礽行事，与人大有不同。……语言颠倒，竟类
狂易之疾，似有鬼物凭之者"。回京后，将胤礽幽禁在
上驷院旁的毡帐之内，特命皇长子胤禔和皇四子胤禛
（雍正帝）看守。康熙又对诸皇子及领侍卫内大臣、满
族大学士、尚书等宣布："今胤礽事已完结。诸阿哥（皇
子）中，倘有借此邀结人心，树党相倾者，朕断不能姑容
也"。但是，胤礽废后，太子虚位，围绕太子废立的党
争，更加不可遏止。

（二）理学的提倡与西学的传入

一、理 学 的 提 倡

康熙帝面对着清朝内部的重重矛盾，在他的晚年
越来越着意研究程朱理学（道学），从中寻求维护封建
统治的权术。

康熙帝自幼即学习汉文化，研读经史。亲政后任
用儒臣，实行汉制，目的仍在于争取汉人地主阶级的支
持，以巩固清朝的统治，并未把汉儒的理学作为执政的
指导思想。"三藩"反清战争时，儒臣魏象枢谏阻用兵，
力主招抚，康熙帝弃而不用。台湾郑氏降服后，理学名
臣李光地建策弃地不守，康熙帝仍采施琅策统治台湾。
噶尔丹之乱，李光地谏奏，依《易》经卜卦，出兵不利。康
熙帝平乱后，说："汝辈汉人说予向征噶尔旦（丹）时，不

必如此穷黩。""噶尔旦边衅一动,兵疲于奔命,民穷于转饷,欲休养生息,得乎? 所以予不惮亲征,去此大害。今而后庶可言休养生息四字"(《榕村语录续集》卷十八)。噶尔丹败亡后,各地战事大体平定,康熙帝转而整饬内政,日益倡用程朱理学。

一六九七年,法国传教士白晋向法皇路易十四报告说:"康熙皇帝是儒教的教主,这个资格加强了这位皇帝的权威。"(《康熙皇帝》)一七一一年时, 康熙帝曾自称:"朕御极五十年,听政之暇,勤览书籍。凡四书、五经、通鉴、性理等书,俱经研究。"康熙帝在一七〇一年以后的二十年间, 更加致力于理学的研讨。一七一三年,康熙帝命熊赐履、李光地等编辑《朱子全书》,并亲自撰序言,说"非先王之法不可用,非先生(指朱熹)之道不可为。反之身心,求之经史,手不释卷。数十年来,方得宋儒之实据。"又说:"朕读其书,察其理,非此不能知天人相与之奥,非此不能治万邦于衽席,非此不能仁心仁政施于天下,非此不能内外为一家。"李光地曾说:"朱子之意与皇上同,皇上近来大信朱子之言。"(《榕村语录续集》卷七) 一七一七年,康熙帝并为新编《性理精义》一书撰序。康熙帝非常自觉地以程朱理学作为治天下的统治思想,依用熊赐履、李光地、张伯行等儒臣,极力提倡理学,以稳定清王朝的统治秩序。

标榜"仁政" 康熙帝亲政后的三、四十年间,不断严惩贪污,奖励廉吏清官,以维护其统治。康熙帝曾说:

"治天下以惩贪奖廉为要。"又说："朕恨贪污之吏，更过于噶尔丹。此后澄清吏治，如图平噶尔丹，则善矣。"（《圣祖实录》卷一八三）康熙帝亲政初期，确曾出现过一些著名的清官，但以后的官场逐渐腐败，贪墨风行。康熙帝力言"澄清吏治"，也正证明吏治之不清。平噶尔丹后，康熙帝标榜仁心仁政，变惩贪为宽政，以图稳定政局。张鹏翮以清廉著称，对下甚严。康熙帝对他说："从来大儒持身接物当如光风霁月。尔平日亦讲理学，乃一味苛刻严厉，岂所谓光风霁月乎？况大臣受朝廷委任，必需为国为民，事事皆有实济。若徒饮食菲薄，自表廉洁，于国事何济耶？"康熙帝甚至公然允许官吏贪取。一七〇九年九月，对河南巡抚鹿佑说："所谓廉吏者，亦非一文不取之谓。若纤毫无所资给，则居官日用及家人胥役，何以为生？如州县官只取一分火耗，此外不取，便称好官。其实系贪黩无忌者，自当参处。若一概从苛纠摘，则属吏不胜参矣。"（《圣祖实录》卷二三九）康熙帝晚年标榜仁政，放纵官吏贪剥，其实是对不胜参的官吏们的妥协。提倡宽政的结果，吏治更加败坏了。

控驭臣下 程朱理学把封建的政治学说哲学化，一个显著的特点是不仅论述统治的理，并且还论述被统治的理，告诫人们自觉地去接受统治。自称"得宋儒之实据"的康熙帝，确已理解到这个奥秘，并着意加以利用。他曾对进讲的儒臣说："向来进讲，但切君身。

此后当兼寓训勉臣下之意，庶使诸臣皆有所警省。"（《圣祖实录》卷一一一）又说："使果系道学之人，惟当以忠诚为本。岂有在人主之前作一等语，退后又别作一等语者乎？"（《圣祖实录》卷一六三）他告诫那些自称信奉理学的汉大臣说："大凡人臣事君之道，公而忘私乃为正理，且理学诸书中，亦不过辨别公私二字。事君者果能以公胜私，于治天下何难？若挟其私心，则天下必不能治。"（《圣祖实录》卷二五六）汉人大臣力图以程朱理学影响康熙帝，以维护地主阶级的封建统治。康熙帝则以理学为武器，要求汉人臣僚对皇帝无私地忠诚。

统治社会 程朱理学的社会、政治学说以封建纲常为主要内容。君臣、父子、夫妇称为三纲。不仅把政权家族化，也还把每个家族政权化，在血缘关系上建立起统治与被统治的准则，从而维护整个的社会秩序。康熙帝遵从理学的准则，一再下诏褒扬各地的孝子节妇，标榜"以孝治天下"。一七一三年，康熙帝诏谕大学士宣扬孝弟，说"倘天下皆知孝弟为重，此诚移风易俗之本，礼乐道德之根。"（《圣祖实录》卷二五四）一七一八年，又对臣下说："朕临御天下垂六十年，仰惟祖宗付托之重，知天子以义安海内为孝。""夫人皆知孝行之为先，则臣节必砥，此即经学之本也。"（《圣祖实录》卷二七八）皇帝行孝即要统治海内。臣民行孝，即要服从皇帝的统治，在家孝父，在朝忠君。这就是所谓的

"以孝治天下"。一七〇六年颁布的圣谕十六条(见前)是康熙帝实行理学政治的纲领,也是"教化"臣民的条规。十六条通行晓谕满洲八旗并直隶各省督抚,转行府州县乡村广大居民。每月朔望日,各地村庄都要向村民讲解十六条,以推行"教化"。清朝此后的历代皇帝,奉康熙圣谕十六条为祖宗之法,影响极大。

宋代理学至朱熹而渐完备,宋理宗时始被尊为官方学说,但南宋不久即告灭亡。元仁宗、文宗曾先后提倡理学,举行科举考试,表彰孝子节妇。但元朝的统治随即衰落,理学并未能在政治思想上占据统治地位。明初再度倡行理学,万历以后随着商品经济的发展和商人的兴起,理学在社会上已不再能控制人们的思想和言行。康熙帝倡行理学用以指导政治,并在社会上大力宣扬,深入到各地农村。理学的伦常说教,经康熙帝提倡而普及于全国,影响是深远的。

二、西学的传入与传教士的禁逐

康熙帝自即位以来,不仅随汉人儒臣学习儒家经书,也还从西方传教士学习天文历算等自然科学知识。这在历代皇帝中是极为罕见的。但是,西方天主教在中国的传播,又不能不和理学的倡用形成严重的矛盾。

早在明朝万历年间,意大利耶稣会士利玛窦等来到中国,带来西方著述和工艺品。利玛窦留居北京,曾得到明神宗的赏识。据统计,明万历至清顺治时,翻译出版的西方宗教和科学技术书籍，多达一百五十余种。晚明士大夫研习西学，一时成为风气。明礼部侍郎徐光启与德国耶稣会士汤若望等依西法改订历法，编成《崇祯历书》，未及颁行而明朝复亡。顺治元年（一六四四年）五月，汤若望上书多尔衮，请用新历，称天主教"以劝人忠君孝亲贞廉守法为务。"次年清朝正式废明大统历，改用汤若望等编制的时宪历。汤若望得到清廷的信用，一六五三年为通政使，加号"通玄教师"。江南徽州官生杨光先自称"素以理学自信"、著《辟邪论》，又上"正国体疏"，指责天主教是"无父无君"、"五伦俱废"的邪教，西洋之学是"左道之学"，并控告汤若望"暗窃正朔，惑众谋反。"顺治帝不予审理。一六六四年（康熙三年），杨光先再次上疏，指控汤若望"邀结天下人心，叛形已成"。辅政大臣逮汤若望入狱，废时宪历，复用明大统历。次年，命杨光先为钦天监正，杨的好友吴明烜为监副。杨光先又著书，题为《不得已》，攻击西学，称"宁可使中夏无好历法，不可使中夏有西洋人。"汤若望出狱后病死。

康熙帝亲政后，康熙七年（一六六八年）十二月，比利时传教士南怀仁上疏，指责吴明烜所制康熙八年历种种差误。康熙帝传谕："历法关系重大"，"应以合天象为主。"命大臣图海、李霨、索额图、明珠等二十八人同往观象台测验。一六六九年二月，在观象台观测星象测量日影以校定历法。杨光先托故不行，由吴明烜与南怀仁应对。观测结果，"南怀仁所言逐款皆符，吴明烜所言逐款皆错。"（《圣祖实录》卷二八）康熙帝决定复用时宪历，任南怀仁为钦天监副（一六七三年升为监正）。杨光先从宽免死。

历法的考辨促使年轻的康熙帝发愤学习西方科学知识。他后来自称："朕思己不知，焉能断人之是非？因自愤而学焉。"（《庭训格言》）康熙帝在经筵学习儒学的同时，延聘南怀仁和葡萄牙人徐日升，意大利人闵完我等轮番进讲自然科学。每天约二、三小时，先后持续十余年之久。据说，他曾先后学习天文、数学、地理、医药、音乐、绘画以及欧洲哲学、拉丁语文等知识，都能粗通大意。南怀仁在一六七四年制成大型天文仪器，置于观象台，被授任太常寺卿。

康熙帝对西方天主教传教士日益信用，南怀仁请求罗马教廷增派传教士来华。一六八七年，法国传教士张诚、白晋等五人来到北京。一六九〇年，清朝派出使团去尼布楚与俄国举行谈判。张诚、徐日升等曾被任为使团译员，在谈判中奔走于双方之间。西方传教士进而参予了清朝的外交活动。一六九三年，白晋受命为清朝皇帝的钦差，去欧洲延聘人才。一六九八年白晋返回北京，随同前来者有巴多明等十余人。

西方传教士得到清朝皇帝的信用，天主教也随之在清朝各地日益广泛的传播。一六六九年任用南怀仁时，原曾晓谕直隶各省禁止立堂入教。但事实上各地天主教势力在不断发展。一六九一年，浙江巡抚张鹏翮曾重申康熙八年上谕，禁止浙江各地传习天主教。传教士通过信教的大臣佟国纲等向康熙帝请求弛禁。一六九二年，康熙帝传谕"各处天主堂仍照旧存留。凡进香供奉之人，不必禁止。"(《奉教正褒》)康熙帝取消禁令，天主教迅速发展，遍及十五省。据一七一〇年统计，全国教徒多达三十余万人。

天主教的教义和理学的伦常说教尖锐对立。明末，耶稣会士利玛窦来华传教，援引天主教义傅会理学的伦常，允许教徒祭天、祭祖和祭孔。利玛窦身着中国儒士冠服，被称为"西儒"。清初，汤若望、南怀仁、白晋等传教也都遵从利玛窦的方式，称为"利玛窦规矩"。一六九二年弛禁后，天主教势力日益强大。以西班牙传教士为主的天主教托钵修会之一的多明我会，联合圣方济会，坚持宣传上帝是至高无上的唯一主宰，攻击耶稣会允许中国教徒祭天、祭祖、祭孔，是对教义的背弃。双方都上书罗马教皇，相互指责，被称为"礼仪之争"。一七〇四年，新任教皇克罗门十世决断：中国教徒祭天、祭祖、祭孔，实属异端，应予禁止。铎罗携带禁止异端的谕令前来中国。康熙帝传谕："慎无扰乱中国"；来华的西人必须"谨守法度"，劝铎罗返回。铎罗行抵南京，竟然擅自公布教皇谕令，要求传教士和中国教徒"一体遵照勿违"。康熙帝怒其抗旨，将铎罗押送澳门。

教皇的禁令也自然要在汉人臣僚中引起强烈的反

应。一七○六年,康熙帝对理学名臣李光地、熊赐履等说:"汝等知西洋人渐渐作怪乎?将孔夫子亦骂了。予所以好待他者,不过是用其技艺耳。历算之学果然好。你们通是读书人,见外面地方官与知道理者,可俱道朕意。"(《榕村语录续集》卷六)次年三月,康熙帝断然传谕各国传教士:"自今以后,若不遵利玛窦规矩,断不准在中国住,必逐回去"(《康熙帝与罗马使节关系文书》)。

康熙时期,欧洲各国已先后进入资本主义社会,向外殖民。各国传教士来华,以传教为主要任务,传播西方科学技术只是辅助的手段,同时也不能不在政治上为本国政府的殖民利益服务。康熙帝企图使传教士服膺于理学的封建伦常,而单纯地"用其技艺",这当然不能不在思想上和政治上与教廷发生严重的冲突。一七一八年,罗马教皇克罗门十一世正式公布了禁止异端的禁令。一七二二年,罗马教廷派遣教士嘉乐携带"禁约"来中国见康熙帝。"禁约"规定,在中国之西洋人和中国天主教徒,不许用"天"字,不许祭孔子、祭祖宗,不许依中国规矩留牌位在家,如不遵守,依天主教规处罚。康熙帝接见嘉乐,驳斥说:"尔教王条约与中国道理大相悖戾","只可禁得西洋人,中国人非尔教王所可禁也。"并明确宣布此后禁止天主教在中国流行,传教之人除会技艺之人留用外,其余均回西洋。嘉乐被斥离去。康熙帝随令广东等地禁止天主教。传教士陆续离华返国。

理学战胜天主教,更加巩固了其思想统治的地位。

(三)吏治败坏与人民的反抗

一、吏治的败坏

康熙帝提倡理学,标榜仁政,对官吏的贪风由宽容演为妥协,吏治日益败坏。

康熙帝曾公然提出,廉吏并非一文不取,火耗取一分即是好官,实际上是公开准许官吏加派火耗营私。所谓"火耗"即税户向官府交纳税银,额外加成,归州县官吏私有,并向上司馈送。加火耗既属合法,其他各种名目的加派也层出不穷。一六八四年山西地方加派的火耗,一两即加至三、四钱(《圣祖实录》卷一二二)。一六九七年,御史荆元实奏报说:"盖言州县居官一月不派费,则不能安其位,犹之京官赁房一月不出租,则不能安其居也"。(《皇清奏议》卷二十三)一七〇一年,御史李发甲详细地陈奏说:"一官入省,省费有派,夫马有派,贽见有派,中伙长随跟役有派。上官一饭,封赍四两、六两不等。上官一席,封赏十二至二十四两不等。而又捏为公务,押令某府州县捐银若干,或百金或三、四百金,或一、二千金。又且上官之父母生辰有公祝之礼,生子生孙有三朝满月之礼。至于平日之生辰礼节,定为常规,无足论矣。""每岁民间正项钱粮一两,有派至三两、四两、五、六两以至十两","而于朝廷正供之外,辄加至三倍、四倍、五、六倍,以至十倍不止。"(《皇清奏议》卷二十三)大官对小官,小官对小民,层层刻剥,最后都加到广大农民的身上。一七〇二年,湖南巡抚赵申乔奏报湖南地方情形说:"计每岁科派有较正供额赋增至数倍者","百姓穷蹙不支,多致流离转徙"(《圣祖实录》卷二一一)。

康熙帝晚年实行宽政,甚至对于证据确凿的重大贪污案件,也任意宽纵,与早期严惩贪污,形成鲜明的对比。一七一〇年,御史参劾户部堂官希福纳等侵贪户部内仓银六十四万余两,参与贪污的官吏多达一百数十人。康熙帝说"朕反复思之,终夜不寐,若将伊等审问,获罪之人甚多矣"(《圣祖实录》卷二四二)。经九卿复议,只将希福纳革职,其余官员勒限赔完,免其议处。次年三月,康熙帝对大学士等大臣说:"治天下之道,以宽为本","夫官之清廉,只可论其大者。今张鹏翮居官甚清,在山东兖州为官时,亦曾受人规例。张伯行居官亦清,但其刻书甚多。刻一部书,非千金不得,此皆从何处来者? 此等处亦不必究。两淮盐差官员送人礼物,朕非不知,亦不追求"(《圣祖实录》卷二四五)。

康熙帝宽纵官吏贪剥,虽然得以使各级官员上下相安,与广大人民间的矛盾,却日益激化了。

374

二、人民的反抗

清朝在大规模战争过后，封建经济逐渐恢复，农民群众遭受地主阶级的压榨也日益深重，出现大批的破产流民。官吏的肆意加派，更使广大农民饥寒交迫，不断举行各种形式的反抗斗争。

杭州反加派斗争——一七〇七年六月间，浙江巡抚加派公费，下属州县，拟每亩加三。这年又值大旱，歉收，百姓数千人到巡抚门前抗议，督抚被迫出告示安民（《文献丛编·王鸿绪密缮小折》）。十一月间，太仓州北门外永乐庵地方，有大批群众，头裹红布，竖立旗帜聚集。官兵出动镇压，群众散走（《李煦奏折》）。

江浙抢米斗争——杭州的斗争，影响到江浙两省。一七〇八年，户部尚书王鸿绪奏报江浙情形说："近因官法废弛，又有不轨之徒在内煽惑，遂有市井奸民，倡率饥民吵闹官府，打劫富家，一呼而集遂致数百人，官府一时无法"。江宁因粜卖官米刻剥居民，群众聚集抢米铺三四十家。王鸿绪说："其余江浙之各府州县在在有之。至各府州县之村镇奸民，聚众以米贵为名，抄抢富家者，尤不可胜数。"（《文献丛编·王鸿绪密缮小折》）。

泉州抢米斗争——一七一一年时，福建泉州府永春、德化两县联界地带贫民以陈五显等四人为首，聚集至二千余人抢夺富户米粮，抗拒官兵。陈五显等在各处张示揭帖说：屡次捐免钱粮，地方官员不曾施及百姓，"故我等穷民窘于衣食，不得已而为此。若各处富户不将屯积米石粜卖，我等必抢夺。"康熙帝得报，也不能不承认："伊等原非盗贼，因年岁歉收乏食，不得已行之耳"（《圣祖实录》卷二四六）。官兵大举出动，对抢米的贫民残酷镇压，斩杀八十余名，逮捕一百四十五名。负伤逃走者甚众。

雩都抗租赋斗争——一七一三年，江西雩都县佃户丘兰秀、陈万余、丁介卿等率众要求"除赋捐租"，围攻地主赵唐伯的田庄。当地广东人马天祥等在各处响应，聚众千人。地主赵唐伯向县衙报告。官兵逮捕四十余人入狱监禁。陈万余等率众据守禾丰。十一月间，官兵前来镇压，陈万余率众作战，失败被擒，被斩首牺牲。次年，官府又将狱中三十余人处死。

兴国抗租斗争——一七一三年时，江西兴国县也暴发了佃户抗租的斗争。兴国县衣锦乡佃户李鼎三率领当地佃户和闽、广迁来的农民，共约数千人，向县官要求"田骨田皮许退不许批"，并勒石为例（同治《兴国县志》）。斗争获得胜利，反抗的佃户即组织"会馆"，进行长期的抗租斗争。每年秋收，倡议"七收、八收"，即将二成或三成交租。田主如按原来高额收租，佃户即聚集起来，夺回多收地租收入会馆。当地农民以"会馆"为斗争的组织和基地，坚持抗租达十三年之久。至雍正时才被官府勒令将会馆焚拆。

宜阳反加派斗争——一七一六年，河南宜阳县的农民群众进行了反加派的斗争。河南巡抚李锡传令八府所属州县加派田赋，每亩地私派银四厘，又借故科派马捐。群众二千余人在亢珽等率领下起而反抗，将宜阳知县擒捕。官兵前来镇压，抢回知县。亢珽等声言："皇上因李锡居官甚劣，已取进京。若李锡伏诛，我等情愿引颈受刑。"康熙帝谕："李锡居官固属不堪，但此贼不尽拿获，断乎不可。"即派刑部尚书等乘驿急往当地，"严加查获详审，一面于彼处正法，一面奏闻。"（《圣祖实录》卷二七三）亢珽抗拒官兵失败，自缢死。其他领导者十五人被清朝处斩，十五人处绞。二十四人流放到三姓等地做奴隶。

无锡人民斗争——康熙末年（具体年代不详），江苏无锡县人民因县令李牧残酷成性，草菅人命，村民数百人啸聚山中反抗。村民刘三公布李牧残酷杀人数十事。李牧派捕役下乡擒拿，刘三率兵抵抗，逃匿后被捕。黄印《锡金识小录》记载说："刘自知必死，讯时辞色侃侃，历数其恶（指李牧）。备受极刑，终不委靡乞哀，下于狱，瘐死狱中。"

如上所举，一七〇七年以来，各地人民的反抗斗争连绵不断。虽然这些斗争都还限于局部地区，规模也很小，但它不断地冲击着清朝的统治，显示着康熙末年社会矛盾在日趋激化。

三、禁矿与禁海

康熙帝面对着各地农民的斗争，同时注意到对游民、手工业者的防范。一七一二年，告谕臣下说："朕前谕各省督抚，查拿越省游行者，另有深意。盖谓奸恶之徒，有为僧道而行者，亦有为市药卖卦而行者。……明代李自成即其验也。不预为之计可乎？"(《圣祖实录》卷二五〇)一七一四年，京师城内的游民即达数十万人。康熙帝认为：这些人原来都是来京师贸易佣工者，因贸易无资，"栖泊京师，入于匪类者甚多。"(《康熙起居注》)京师如此，各省区更为严重。

明末矿工和沿海工商游民曾不断举行反官府的斗争。康熙帝以"安民防乱"为名，一再实行"禁矿"、"禁海"，以防止手工业工人、海上商贩和各类游民的反抗。

禁矿——矿业的开采是手工业和商业发展的必要的条件。康熙帝亲政初年，曾开放矿禁，工商业因而得到发展。一七〇四年，康熙帝传谕："开矿事情，甚无益于地方，嗣后有请开采者，俱著不准行。"(雍正《会典》卷五十三)这还只是不准再开新矿，已有之矿业尚未禁止。所谓"无益于地方"即不利于统治。次年，御史景月畛上疏请禁闭广东海阳县矿，说是"聚众几至十余万，强梁争兢，时时有之。"(《圣祖实录》卷二二一)广东巡抚随即上疏，说广东商民何锡已开矿六十四处，在厂之人约二万有余，请予封禁，得到康熙帝的允准。何锡在商民中，开矿规模最大，因而首遭封禁。由此开始了对各地矿厂的封禁。

一七一三年，四川提督奏称："蜀省一碗水地方聚集万人开矿，随逐随聚。"康熙帝命大学士与九卿会议矿事。议复后决定：（一）除云南督抚雇本地人开矿和皇商王纲明等在湖广、山西雇本地人开矿以外，其他各省未经开采之矿，仍行禁止。（二）本地贫民已开采的小矿，姑免禁止。由地方官查明姓名造册。（三）外省人不许开采，并严禁本处豪强富户设厂。这几项规定，即不准开新矿、开大矿，不准外省人游移，只许当地贫民小规模开采。但在实行中，逐渐扩大封禁范围，陆续停止整个地区的矿采。在此以前，一七一一年时已封禁湖南铅矿。此后，一七一四年，停止郴州银矿和河南全省的矿采。一七一五年，严行封禁广州所属矿场。一七一八年又停止四川全省各厂。事实上，广东、四川和河南的矿采，已全遭封禁。

云南的矿业，尤其是铜矿的开采，自元代已称发达。历代相传，清初仍是全国最发达的矿业。一七〇五年，云南总督贝和诺，废除原来由商民开矿，官府抽税二分，余铜听民自售的旧制，改为官收余铜，不准私卖。商民矿业受到打击，日渐衰落。一七一〇年，云南澂江府属路南州之开太厂、羊脚迹厂被封禁。一七一五年，云南官员请求准开银矿。康熙帝与大学士等论议。李光地奏对："今议开矿以苏民困，请著令禁止。土著贫民无产业职事者，许人持一锹而越境者有诛，则奸民不致聚徒山泽以生事端矣。"（方苞：《安溪李相逸事》）康熙帝采此议，以防民变。李光地记述说："盖明季矿徒之祸，上所素念故也。于是特旨不准行。"（《李光地年谱》）一七一九年又封禁云南运一厂、狮子厂、华祝箐厂。云南境内其他厂矿，也半开半闭，矿采日益萧条。云南铜矿年产曾达四百万斤，课税八万余两。康熙末年下降到一百万斤，课税仅二万余两。

禁海——康熙帝在禁矿之后又在一七一六年实行海禁，对海外贸易规定禁条，严加限制。

清朝初年，南明和郑成功家族据东南沿海反抗清朝。清朝统治台湾后，康熙帝实行"开海"，海上贸易逐渐发达，促进了东南各省手工业和商业的发展，也使清朝增加了关税收入。直到一七〇八年，都察院以江浙米外运过多致使米价腾贵为由，请禁商船出洋，康熙帝仍不允准。一七一一年，康熙帝又驳回了吏部因海上发生盗劫案请禁海上贸易的奏疏。一七一六年，康熙帝之所以要禁止南洋贸易和限制出海，主要是由于防范东南沿海人民与海外联系，据地抗清。康熙帝在实行海禁前，曾说："朕访问海外有吕宋、噶喇巴两处地方，噶喇巴乃红毛国泊船之所，吕宋乃西洋泊船之所，彼处藏匿盗贼甚多。内地之民希图获利，往往于船上载米带去，并卖船而回。甚至有留在彼处之人，不可不豫为措置也。"又说"海外有吕宋、噶喇巴等处常留汉人。自明代以来有之，此即海贼之薮也。""台湾之人时与吕宋地方人互相往来，亦须豫为措置。"(《圣祖实录》卷二七〇)江苏巡抚张伯行奏请禁海，兵部与广东、闽浙官员拟定禁海办法，奏准实行。主要是：(一)吕宋、噶剌巴等处，不许商船前往贸易。东洋(日本)贸易照旧。(二)严禁出卖船只到海外。违者，知情同去之人皆立斩。禁止贩卖粮食出口。出洋船只，每日每人只准带食米一升、余米一升。如果超额，严拿治罪。(三)限制百姓外出谋生，禁止留居海外。有人留在外国，知情同去之人枷号三月。留下之人，行文国外，解回立斩。

一七一六年实行海禁后，极大地限制了海外贸易和沿海各省工商业的发展。对日本贸易，虽未做新的规定，但日本这时已实行"锁国"政策，限制中国去日商船，由每年八十艘减为三十艘，并规定了贸易限额和多种限制手续。中日贸易因而大减。东南亚诸地，自晚明至清初，沿海各省大批居民前往留住垦荒或经营工商。海上来往频繁。一七一六年禁海后，海上一片荒凉。西方国家的贸易商船，清朝"听其自来，不许往贩。"每年来华商船不过几艘，影响远不能与东南亚相比。

康熙帝禁海，旨在防范沿海人民反抗，但实行的结果却又增加了沿海人民生计的困难，激化了矛盾。广东普宁知县蓝鼎元著《论南洋事宜书》，论述闽广形势说："闽广人稠地狭，田园不足于耕，望海谋生，十居五六。内地贱菲无足轻重之物,载至番境皆同珍贝,是以沿海居民造作小巧技艺,以及女红针黹,皆于洋船行销。岁收诸岛银钱货物,百十万入我中土,所关为不细矣。南洋未禁之先,闽广家给人足。游手无赖亦为欲富所驱,尽入番岛,鲜有在家饥寒窃劫为非之患。既禁之后,百货不通,民生日蹙。"又说:"一船之敝,废中人数百家之产,其惨目伤心,可胜道邪?沿海居民萧索岑寂,穷困不聊之状,皆因海禁。"他最后认为:"今禁南海,有害无利,但能使沿海居民富者贫,贫者困,驱工商为游手,驱游手为盗贼耳。"(《鹿州初集》卷三)海禁之后,沿海工商被迫失业。蓝鼎元的记述,大体上是符合实情的。

四、台湾农民起义

台湾远在海疆,清朝设府统治,官吏的贪污刻剥,较陆上更加横暴。康熙帝实行禁海后,为防范台湾人民与吕宋往来,统治极为严厉。一七二一年,台湾农民在朱一贵等领导下,举行了大规模的武装起义。

一七二一年春,台湾知府王珍在凤山县征收粮税,肆意刻剥,并逮捕入山伐竹的农民二三百人进行勒索。出钱者释放,不出钱者重责四十大板,驱逐过海,赶回原籍。王珍又监禁因地震过后唱戏谢神的百姓四十多人,指为"无故拜把"治罪。台湾农民群情激愤,起义爆发了。

四月十九日，农民朱一贵、黄殿、李勇、吴外等五十二人在罗汉山焚表结拜，发动武装起义。朱一贵原是福建漳州长泰人，一七一三年来到台湾。曾充当辕役，被革，以养鸭为生。康熙时期，东南地区民间一直流传着明室后裔朱三太子的传说。康熙帝禁海，民间流传南洋有所谓"前明苗裔"也是原因之一。台湾起义者适应民间的传闻，称朱一贵为明朝皇室后人，推为领袖。起义群众聚集一千余人，以山竹制成尖枪作武器，占据冈山，树立起义大旗，上写"激变良民，大明重兴，大元帅朱。"

　　驻台湾府城的清朝总兵欧阳凯得知起义的消息，急派右营游击周应龙率领清兵四百及新港、目加留湾、萧垅、麻豆四社的高山族兵丁前去镇压。冈山离府城仅三十里，周应龙进兵，第一天走了五里即驻军，第二天走了十五里又止营。起义军夜出，缴获清军鸟枪、藤牌等军械甚多，周应龙隔溪相望，不敢出救。台湾各县人民纷纷起义响应。南路起义军由杜君英领导，在淡水槟榔林招集粤东种地佣工客民数百人起义，与陈福寿、刘国基等商议夺取台湾府库，并派兵百余人与朱一贵等联络。郭国正、翁义在草潭起义；戴穆、江国论在下埠头起义；林曹、林骞、林璉在新园起义；王忠在小琉球起义，都愿与朱一贵、杜君英合作，共同进攻台湾府城。二十七日，朱一贵、杜君英在赤山两路夹攻清军，击毙千总陈元，活捉把总周应遂，周应龙怆惶逃入府城。朱一贵军乘胜追击；杜君英率领陈福寿、刘国基等军进攻凤山县南路营，杀死把总林富。清守备冯定国自杀，参将苗景龙逃匿万丹港渔寮，被起义军搜获处死。清军战败的消息传到台湾府城，文武官员各遣家属连夜逃命，纷纷争舟抢渡鹿耳门。

二十八日，总兵官欧阳凯、游击刘得紫率兵千余人，台湾协标水师副将许云率兵一千五百人，扎营春牛埔。中夜自相惊扰，镇兵四散，二十九日黎明清军稍集。五月一日，朱一贵率领数万起义军来攻。刘得紫领兵在中路口堵截；欧阳凯、许云率兵在春牛埔迎击。朱一贵、杜君英合兵奋力冲杀，清军把总杨泰为内应，刺欧阳凯坠马。起义军杀欧阳凯，击毙副将许云、游击游崇功，生擒游击刘得紫、守备张成。台协水师中营游击张彦贤，左营游击王鼎等率领残兵败卒，逃往澎湖；右营游击周应龙等附商船逃归内陆；台厦道梁文宣、知府王珍、同知王礼等尽驱港内商船渔艇出鹿耳门渡海。朱一贵率领起义军占领台湾府城，开府库，取金银。又开红毛楼（即荷兰人所筑之赤嵌楼），获得贮存的原属郑成功的军器，火药、大炮、刀枪、弹药无数。义军北路赖池、张岳、郑维晃、赖元改等也攻陷了诸罗，击杀北路营参将罗万仓。旬日之间，便摧毁了清朝在台湾的统治，取得了重大胜利。

五月三日，起义军拥戴朱一贵称中兴王，建元永和，布告中外，申述反清复明的宗旨，号召全国人民推

384

翻清朝。起义军建立官职,有国师、太师、国公、将军等称号。派骁将郑定瑞、苏天威领兵三千,镇守鹿耳门。

从台湾逃出的清朝文武官员,五月二、三日麇集澎湖。澎湖协标将弁,不知所措,家属杂沓登舟,将渡厦门,被守备林亮制止。清水师提督施世骠见到逃往厦门的船只,才知道台湾爆发了农民起义,急忙调兵渡海。浙闽总督满保也赶到厦门,调南澳镇总兵蓝廷珍率领水陆军镇压台湾起义军。先后调遣到台湾的清兵共有一万二千多人,大小船只六百余艘,舵工水手六千余名。

清朝调兵反攻之际,起义军内部已发生分裂。朱一贵军纪严明,禁止淫掠。国公戴穆强娶民间妇女,被朱一贵处死。太师洪阵私卖起义军信札,被朱一贵正法。杜君英原要立自己的儿子杜会三为王,遭到反对。杜军不服从命令,掳掠妇女财物。被掳人口中有国公吴外的戚属,吴外请求释放,杜君英不理。朱一贵派杨来、林琏去劝他放回,杜君英将杨来、林琏捆绑。朱一贵与国公李勇、郭国正等整兵讨伐杜君英。杜君英战败,挟持数万人北走虎尾溪,至猫儿干屯札。起义军战士分裂成两支,给敌人以各个击破的机会。

清淡水营守备陈策,率淡水侯观德、李直三等地主武装,乘隙袭击朱一贵。诸罗县地主陈徽也率兵攻陷县治。陈策派人赴澎、厦请求援兵,满保、施世骠先后发兵一千七百人往援。各地地主武装更加猖狂镇压农民起义军。

六月十三日,施世骠等从澎湖出发,十六日抵鹿耳门外。起义军一支由苏天威率领据守险要,发炮抵抗,战斗十分激烈。清军入鹿耳门,起义军退守安平镇,被清军攻陷。朱一贵派杨来、颜子京、张阿山、翁飞虎率八千义军反攻安平。十九日又派李勇、吴外等率数万人再攻安平,遭到清军夹击。义军丧失了主动地位,退保府治,沿岸列炮固守。

六月二十日夜,西港仔地主带领清守备林亮官兵一千三百名,在西港仔登岸。二十一日晚,清南澳总兵蓝廷珍自率水师五千五百余人到西港仔与林亮等会合。次日分兵八路,向起义军进攻。黄殿率领起义军迎敌,遭到伏击。起义军当夜袭击清营,又中埋伏,受到了严重挫折。

六月二十三日,蓝廷珍进至茑松溪,直逼府城。朱一贵率数万义军退走,清兵分为南北二路追击。被起义军俘虏的游击刘得紫乘隙逃走,组织地主武装,向起义军进攻。陈策也率地主武装与清兵会合。朱一贵率领千余人退至沟尾庄。庄主杨石、杨旭、杨雄等已接受蓝廷珍给与的守备、千总衔札,合谋诱捕朱一贵。闰六月初五日夜,杨旭齐集六庄的丁壮,以守护为名,将义军所携火炮用水灌湿,夜半大举攻击。起义军从梦中惊醒,仓促反抗。朱一贵被杨旭的伏兵擒捉,吴外、陈印等突围。蓝廷珍审讯朱一贵,他昂然屹立,辱骂敌人,腿骨被打断仍英勇不屈。后被押解到北京处死。杜君英父子被兰廷珍招降,随后也被解送北京处死。

朱一贵被捕后,起义军余部仍在王忠等领导下坚持斗争,一七二三年(雍正元年)四月王忠在凤山境内被俘,起义军全部失败。

(四)太子的废立与诸王纷争

自一七○八年九月太子胤礽被废至康熙帝病死的十多年间,围绕着太子的废立形成长期的纷争。

一、胤禩谋立的失败

康熙帝废胤礽后,未立新储。诸皇子及党附诸臣密谋争立。

康熙帝共有三十五子,其中十五子早殇,一子出继,实有十九子。长子胤禔系惠妃纳喇氏所生,故不得立为太子。二子胤礽出于康熙帝第一位皇后——大臣索尼之孙女赫舍里后。后生胤礽而卒。三子胤祉封郡王,四子胤禛、五子胤祺、七子胤祐、八子胤禩均封贝勒(六子胤祚早卒)。诸子各自结交权臣,招纳门客,植党互斗。胤禔不得立而心忌胤礽,康熙帝曾说他"党羽甚多","闻各处俱有大阿哥之人"(《圣祖实录》卷二三七)。胤禔并蓄养"飞贼"刺客,暗害异己。胤礽废后,胤禔立即向康熙帝陈奏,请立八子胤禩。胤禩为良妃王氏所生，亦不出于正后。胤禔陈奏说："相面人张明德曾相胤禩必大贵。"并说："今欲诛胤礽，不必出于皇父之手。"（《圣祖实录》卷二三四）康熙帝大怒，斥他"凶顽愚昧"。皇三子胤祉乘机揭发胤禔曾用喇嘛魇术谋害胤礽。康熙帝将胤禔革爵幽禁，张明德等凌迟处死。康熙帝传谕："如有人誉胤禩，必杀无赦。"胤禩被革去贝勒，为闲散宗室。

二、胤礽的再立

康熙帝废胤礽时，曾说他"似有鬼物凭之者"。胤禔魇咒事揭发后，康熙帝曾召胤礽入见，释禁居宫。说："今胤礽之疾，渐已清爽，亦自知其罪"，并说胤礽以前的悖乱行事，俱由于索额图父子（《圣祖实录》卷二三五）。一七〇八年十一月，康熙帝命满汉大臣议立太子事。左副都御史劳之辨等，见康熙帝已释胤礽，希图迎合康熙帝的意旨，密奏复立胤礽为太子，说"乞速涣新纶，收回成诏，敕部择吉早正东宫"。康熙帝见奏，不悦，斥劳之辨行为奸诡，革职回籍。拥胤禩的满汉大臣又乘机推举胤禩。满大臣阿灵阿（遏必隆之子）、鄂伦岱（佟国纲之子）、揆叙（明珠之子）等贵族及汉人尚书王鸿绪等私下计议，举胤禩。奏称："皇上办事精明，天下无人不知晓，断无错误之处"，已废太子决不可改易，请立胤禩为太子。康熙帝不允，说胤禩"未尝更事，近又罹罪，且其母家亦甚微贱"（《圣祖实录》卷二三五）。

康熙四十八年（一七〇九年）正月，康熙帝决意复立太子胤礽，因而又怀疑推举胤禩的大臣，有人操纵，传谕追查，说："此事必舅舅佟国维，大学士马齐以当举胤禩默喻于众，众乃畏惧伊等，依阿立议耳。"（《圣祖实录》卷二三六）佟国维是康熙帝生母孝康章皇后之弟，又是康熙帝第三位皇后佟佳氏之父，故称为舅舅。佟佳后已死，无子。佟国维原属汉军旗，康熙初改隶满洲镶黄旗，曾任内大臣、议政大臣。一七〇四年以年老致仕。康熙帝予以宽免，不加深责，要他以后"不于诸王阿哥中结为党羽"，"不有所依附而陷害其余"（《圣祖实录》卷二三六）。随后，将大学士马齐（满洲镶黄旗人）拘禁追究。

一七〇九年三月，康熙帝举行立太子的大典，宣告复立胤礽为太子。康熙帝同时也对其他皇子加封晋爵，以图稳定局势。八子胤禩已在胤礽被释后即恢复了贝勒爵位，三子胤祉、四子胤禛、五子胤祺这时都由郡王晋封为亲王。七子胤祐由贝勒晋封郡王。十子胤䄉封郡王。九子胤禟、十二子胤祹、十四子胤禵封贝子。

太子胤礽复位，诸皇子晋封，上距一七〇八年九月废太子，前后不满半年。在这半年中，诸王大臣多陷入诸子纷争之中，康熙帝反复失措，朝廷更加动荡。朝鲜使臣闵镇厚向朝鲜肃宗报告说："胡人持皇帝阴事告外人无所隐。如乍废太子，旋复其位；殴曳马齐，仍官其子。处事已极颠倒"（朝鲜《李朝肃宗实录》三）。

三、胤礽再废与纷争再起

　　康熙帝复立太子胤礽，多方扶植，作继承皇位的准备。康熙帝曾说："伊（指胤礽）所奏欲责之人，朕无不责。欲处之人，朕无不处。欲逐之人，朕无不逐。惟所奏欲诛之人，朕不曾诛。""凡事如所欲，以感悦其心，冀其迁善也。"（《圣祖实录》卷二五一）康熙帝去热河行宫或到江南塞北巡视，太子胤礽即留居京师。一些满汉大臣见太子胤礽继承皇位的大势已定，便纷纷依附到太子周围。胤礽也结纳臣僚门客，四处索取货贿和美女，骄纵日甚。

　　一七一一年夏，康熙帝去热河行宫（避暑山庄）。得密告，太子胤礽处有满大臣多人聚饮，结为朋党。康熙帝严查此事。十月间回京，即锁拿都统鄂缮、兵部尚书耿额、刑部尚书齐世武、副都统悟礼等多人，斥责为依皇太子结党。并指斥耿额乃索额图之家奴，依太子结党是要为索额图复仇。康熙帝将此案交宗人府审理，并与贪污受贿案一并追查。审讯长达七个月之久，牵连臣僚多人。一七一二年四月定案，耿额、齐世武、讬合齐等以受贿罪绞死。其他官员分别议处。康熙帝说"此等事俱因太子胤礽所致"，说他"不仁不孝，难于掩盖。徒以言语货财，买嘱此等贪浊谄媚之人潜通信息，尤属无耻之甚矣。"定案后，康熙帝随即奉皇太后去热河避暑，命太子胤礽随行。刑部在京结案行刑。九月

底，康熙帝返京，即传谕诸皇子拘执胤礽。十月，将胤礽"废黜禁锢。"(《圣祖实录》卷二五一)

太子胤礽自再立至再废，不满三年，此时已年近四十。康熙帝决意再废太子，显然是在怀疑太子党形成，将会谋夺皇位。康熙帝传谕说："今之人善者少而恶者多。胤礽秉性凶残，与恶劣小人结党。胤礽因朕为父，虽无异心，但小人辈惧日后被诛，倘于朕躬有不测之事，则关系朕一世声名。"(《圣祖实录》卷二五一) 康熙帝认定臣下善者少恶者多，对太子和臣僚疑虑重重。朝中臣僚也在太子废立之争中进退维谷，朝夕惴惴，至有"两处总是一死"的流言。朝鲜使者向本国报告说："皇帝心甚不快，频有乖常之事，大小臣僚如在针毡。"(朝鲜《李朝肃宗实录》三)。

康熙帝对太子胤礽，两立两废。废后又希冀再立。一七一三年，户部尚书赵申乔疏请再立太子，康熙帝不准。一七一五年，拘禁中的胤礽借治病的机会，以矾水写密信给宗室普奇，要普奇保举他为大将军，亲信数人为将军，托太医传递。事被揭发，康熙帝将普奇治罪。一七一七年，汉人大学士王掞、御史陈嘉猷等相继上疏，请复立胤礽。康熙帝怒加申斥，指为"植党希荣"，充军西北(王掞以子奕清代戍)。一七一八年翰林院检讨朱天保(满人)奏称"储位重大，未可移置如棋"，力言胤礽仁孝，请复立为太子。康熙帝斥责说："尔云二阿哥仁孝，尔何由知之?"竟将朱天保处斩。朱天保父

391

朱都纳，曾任兵部尚书，年老致仕，因助天保上奏，也被枷示幽禁。朱都纳婿戴保也因参预此事，被处死。

八皇子胤禩原来谋立不成。胤礽被废后，胤禩又谋继立，被康熙帝察觉。一七一四年十一月，康熙帝出巡塞外，驻跸遥亭。胤禩往祭亡母，遣太监赴遥亭向康熙帝请安。康熙帝大怒，指为"藐视朕躬"，在帷帐前将所遣太监夹讯，追查胤禩党羽事。随即传谕诸皇子，指斥胤禩原曾谋杀胤礽，并说："胤禩仍望遂其初念，与乱臣贼子等结成党羽，密行险奸，谓朕年已老迈，岁月无多，及至不讳，伊曾为人所保，谁敢争执，遂自谓可保无虞矣。""朕恐后日必有行同狗彘之阿哥，仰赖其恩，为之兴兵构难，逼朕逊位而立胤禩者。"（《圣祖实录》卷二六一）康熙帝时刻担心皇子发动政变，指胤禩为"大奸大邪"，严加监视。

十四皇子胤禵在一七一八年受命为抚远大将军，进讨准噶尔部。出师前，康熙帝亲自授印，并命用正黄旗纛。朝中因而传言，允禵已"默承储眷"。皇位继承迁延未决，朝臣议论纷纭。

四、胤禛继位

在皇子争夺储位的斗争中，图谋继立的皇四子胤禛在康熙帝面前亟表恭顺，不露形迹，暗中结纳朝臣，多方活动。

胤禛母乌雅氏，护军参领威武之女，并非出身显贵，在妃嫔中地位低微。一六七八年十月生胤禛，次年，始为德嫔，一六八一年进为德妃。一六九八年，胤禛二十一岁，封贝勒。一七〇八年十月，康熙帝向诸王大臣论及诸皇子优劣，说："惟四阿哥，朕亲抚育，幼年时微觉喜怒不定，至其能体朕意，爱朕之心，殷勤恳切，可谓诚孝。"胤禛随即上奏，称"顷者复降褒纶，实切感愧。"并说"喜怒不定四字，关系臣之生平"，请求谕旨内"恩免记载"。康熙帝再传谕，说是"偶然谕及，无非益加勉励之意。此语不必记载。"十一月，康熙帝已决意复立胤礽，传谕诸皇子及诸王大臣说："前拘禁胤礽时，并无一人为之陈奏。惟四阿哥性量过人，深知大义，屡在朕前为胤礽保奏。似此居心行事，洵是伟人。"胤禛知胤礽废立不定，急忙陈奏否认，说："臣奉皇父谕旨，谓臣屡为皇太子胤礽保奏，臣实无其事。皇父褒嘉之旨，臣不敢仰承"（《圣祖实录》卷二三五）。次年春，康熙帝复立胤礽为太子，并加封诸皇子，胤禛晋封为雍亲王。

胤禛为雍亲王时，已年逾三十。倚信满人戴铎为之谋画。戴铎劝他"戒急用忍"，说"我主子（指胤禛）天性仁孝，皇上前毫无所疵。其诸王阿哥之中，俱当以大度包容，使有才者不为忌，无才者以为靠。"胤禛不仅招纳门客、结交权臣，也力求与兄弟诸王和睦相处，不露谋位的迹象。一七一三年，康熙帝再次废胤礽后，戴铎写密信给胤禛，说"当此紧要之时，诚不容一刻放松也。

否则稍为懈怠，倘有高才捷足者先主子而得之，我主子之才智德学，素俱高人万倍，人之妒念一起，毒念即生，至势难中立之秋，悔无及矣。"(《文献丛编》第三辑）胤禛与戴铎加紧暗中活动。理学名臣李光地在太子废立中超逸避祸。康熙帝几次问他，他只是说建储大事"惟宜听天心独断，臣何敢遽赞一词。"康熙帝再废太子后，更加倚信李光地，说"大臣中每事为我计万世者，惟此一老臣耳。"(《李光地年谱》）一七一六年，李光地告假回福建故乡。康熙帝特召晋京，商议建储大事。戴铎得知消息，急去李光地处密谋立胤禛共享富贵。事后，他向胤禛密报，说："奴才闻知惊心，特于彼处（指李光地）相探。彼云目下诸王，八王最贤等语。奴才密向彼云：八王柔懦无为，不及我四王爷聪明天纵，才德兼全，且恩威并济，大有作为。大人如肯相助，将来富贵共之。彼亦首肯"(《文献丛编》第三辑）。

一七一七年十一月，康熙帝召集诸皇子及满汉大学士、学士、九卿、詹事、科、道等入宫，传长篇口谕。康熙帝说他年将七旬，在位已五十余年。"自康熙四十七年大病之后，过伤心神，渐不及往时。"他历叙梁武帝为侯景所逼，隋文帝不能预知炀帝之恶以至宋太祖烛影之类的疑案，然后说："死生常理，朕所不讳。惟是天下大权，当统于一。十年以来，朕将所行之事，所存之心，俱书写封固，仍未告竣。立储大事，朕岂忘耶？"最后说："若有遗诏，无非此言。"(《圣祖实录》卷二七五)

康熙帝在此谕中暗示他已定计立储，告诫皇子诸王大臣勿谋废立，只是并未将继承者言明。

一七二二年（康熙六十一年）十一月，六十九岁的康熙帝在寝宫病死。死后，宫中传出遗诏，内称"皇四子胤禛人品贵重，深肖朕躬，必能克承大统，著继朕登基，即皇帝位。"（《圣祖实录》卷三百）雍亲王胤禛（清世宗）奉诏即位，改明年年号为雍正。李光地已在康熙五十七年病死。雍正帝即位后，追封为"太子太傅"。

第五节　清朝封建专制统治的加强

雍正帝（世宗）四十五岁即皇帝位，五十八岁病死。前后在位仅十三年。在这十三年中，康熙时期建立起来的封建统治制度得到进一步的发展。雍正帝采取一系列的强硬措施力矫康熙帝晚年的种种积弊。积重难返的清朝政局，一时颇有振作的气象。清朝皇帝对臣下的统治，却由此更加严厉和专制。清王朝的赋税制度和某些社会经济制度也在这一时期，有所改革。雍正帝还加强了对西南和西北边疆地区的统治，为乾隆时期兴盛之局奠定了基础。

（一）专制统治的加强和政局的整顿

雍正帝在诸皇子的长期争夺中继承皇位，即位后立即采取措施，以稳定局势。(一)雍正帝即位之日，即命胤禩、胤祥与大学士马齐、尚书隆科多总理国家事务。臣下启奏和谕旨传出均经四大臣。并晋封胤禩、胤祥为亲王。胤祥原是雍正帝的支持者。胤禩长期谋位，在朝中结党甚众。封任胤禩显然是为了暂时稳定局势，以便进而清除其同党。(二)雍正帝即位之日，即召康熙帝十四子胤禵来京奔丧。胤禵为雍正帝同母弟。自一七一八年受命为抚远大将军，讨准噶尔。一七二一年五月，率师驻甘州，进至吐鲁番。十月，曾奉召回京。次年三月还军。康熙帝病死时，胤禵领重兵在外。雍正帝召胤禵回京守陵。一七二三年（雍正元年）五月，下谕说："胤禵无知狂悖，气傲心高，朕望其改悔，以

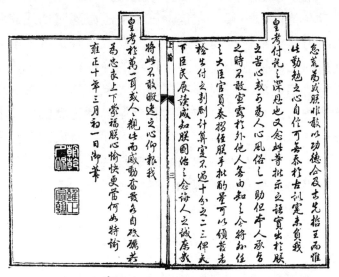

雍正帝朱批谕旨序谕

便加恩。今又恐其不能改，不及恩施，特进为郡王（原为贝子），慰我皇妣皇太后之心"。胤禵被解除兵权，留居京师。（三）康熙六十一年（一七二二年）十二月，雍正帝依宗人府奏，命兄弟同辈诸王的名字"胤"字均改为"允"，以有别于皇帝名讳。（四）雍正帝为消除康熙以来建储结党的积弊，一七二三年八月宣谕，亲自书写皇位继承人，密封匣内，放在乾清宫正中匾额之后。皇帝死后再取视继立，称为"密封建储"。此后，不再立太子，以消弭朋党。

雍正帝皇位稳定后，逐步强化专制统治。

一 诛除允禩党

康熙时，允禩谋立结党，允禟（康熙第九子，宜妃所生）、允䄉（康熙第十子，温禧贵妃所生）均依附允禩。雍正帝晋封允禩，调回允禵，随命允禟出驻西宁，命允䄉往蒙古祭奠哲布尊丹巴（雍正元年死于京师，灵龛送还喀尔喀），允䄉中途称病不行，还居张家口。一七二四年四月，雍正帝将允䄉革职逮捕，拘禁京师。允禟在西宁，被劾违法买草、踏勘牧地。雍正帝暂予宽免。

一七二四年七月，雍正帝自著《朋党论》指责诸王大臣结为朋党，"徒自逆天悖义，以陷于诛绝之罪。"（《世宗实录》卷二十二）十二月，废太子允礽在囚禁中病死。雍正帝兄弟中的政敌主要是允禩一党。一七二五年二月，诏谕诸王大臣，撤销四大臣总理事务，斥责允禩"自委任以来，诸事推诿，无一实心出力之处，无一有裨政治之言，且怀挟私心，遇事簸弄，希冀摇动众志"，"有罪无功，不应议叙。"(《世宗实录》卷二十九)随后，又传谕说："朕弟兄中如允禔、允禩、允禟、允䄉、允䄉等，在皇考时结党妄行，以致皇考圣心忧愤，日夜不宁"。允禔早被拘禁。雍正帝历举允䄉、允䄉、允禟等事君不敬事例，说"嗣后大小臣工，若有怙恶不悛，暗附其党者，朕必明正其罪，置之重辟，使伊等党援解散，无附会济恶之人"(同上)。随将允禩党首鄂伦岱(佟国纲子)发往奉天。

雍正帝派遣都统楚宗捧旨去西宁查处允禟被劾事，允禟拒不奉旨。山西巡抚伊都立又参劾允禟指使护卫殴打生员。一七二五年七月，雍正帝革去允禟贝子封爵，撤除其属下佐领，在西宁幽禁。十一月，因议裁内务府佐领披甲，内务府属下聚众喧闹。雍正帝指允禩为此事的祸首，命领侍卫内大臣与宗人府会审具奏。宗人府议奏："允禩心怀奸恶，其悖逆结党之罪，屡蒙皇上宽免"，"激令内务府人等嚷闹，明系市恩惑众，毫无畏惧，奸恶已极"。请革退亲王，撤出属下佐领。雍正帝谕"俱从宽免"(《世宗实录》卷三十八)。不久，又查出允禩曾私毁康熙帝御批事。雍正四年(一七二六年)正月，雍正帝将当年康熙帝责斥允禩谋害允礽谕旨公开发出，内称"朕与允禩父子之恩绝矣"。雍正帝据此处治允禩，说"今其作为至此，断不可留于宗室之内，以为我朝之玷。"（《世宗实录》卷四十）遂将允禩革去黄带子，即削去皇室宗籍，禁锢高墙。允禟及允禩党苏努、吴尔占等宗室也被削籍离宗。允禩被削去宗籍后，不能再用皇族旧名，三月，改名为阿其那（满语，詈词）。五月，允禟自西宁押至保定监禁，改名塞思黑（满语，詈词）。允䄄、允䄉也被监禁。八、九月间，允禩与允禟相继死于狱中。依附允禩的鄂伦岱及内大臣阿尔阿松（遏必隆子）在戍所处死。雍正帝一举消除允禩等诸弟党，击溃了政敌。

康熙帝第三子允祉，在雍正帝即位后，受命守护景陵（康熙帝陵）。康熙时拥戴允祉的汉族文士陈梦雷被逮，发遣关外。一七二八年，降封允祉为郡王。一七三○年二月，复为亲王。五月又被夺爵，禁锢于景山永安亭。子弘晟禁宗人府。允祉一系势力也被消除了。

二、削弱八旗贵族

康熙以来，诸皇子争立，满洲八旗王公贵族分别依附诸皇子，自成势力，形成朋党。雍正帝翦除诸弟，又从制度上削弱八旗贵族，以杜绝祸源。

停止诸王兼理旗务——康熙时，曾由皇子诸王数人分管八旗事务，一七二八年十月诏谕说："向因宗室诸王等闲居无职掌之事，……是以谕令数人管理旗下之事。今观诸王之办旗下事者，与该旗大臣不甚相安。似此，则于诸王无益，而于公事亦未免耽误矣。"雍正帝还在诏谕中指责诸王所办之事有舛错，若照例处分，于心不忍，不若仍令闲居。诏谕规定："除宗人府外，其余兼掌之处，俱著停止。"（《世宗实录》卷七十四）

王公护军归隶营伍——清初定制，上三旗守卫禁廷，下五旗护军各守王公府第。王公所辖旗下每佐领有护军（大巴牙喇）十七名。雍正帝即位后，重申康熙时旧制："凡上三旗大臣侍卫官员人等，俱不许在诸王门下行走。"（《世宗实录》卷三）一七三〇年，将八旗护军均隶禁卫，一律改为禁卫军，王公只留满洲、蒙古佐领下二名亲军（《八旗通志初集》卷六十七）。

改革主仆关系——满洲八旗王公对属下人等，仍沿袭奴隶制遗留的主仆关系，存在许多特权。雍正帝即位后，一七二八年七月，即将八旗都统（固山额真，旗主人）改称为固山昂邦（旗长官），改铸印文。这实际上即是取消了八旗王公都统的主人地位。八旗旗主原可对属下审刑治罪。雍正帝定制："旗分人员，不许擅行治罪，必奏闻交部。"（《八旗通志初集》卷一）又定制：八旗补用王府官职，任使旗下人员，或需用多人供差役事，都必须列名请旨，极大地限制了八旗王公的权力。八旗各派满洲御史二员，稽察八旗一切事务。

出旗为民——满洲王公贵族拥有大批的奴仆和壮丁，视如奴隶。一七二四年，雍正诏谕刑部说："向来八旗官军人等，待家人过严，微小之失，甚至殴责毙命。奴仆虽贱，彼亦人子"。定议："其官员违法责打奴仆致

400

死，及持刃杀死者，分三等，定以罚俸、降革、鞭责。平人犯者，分三等鞭责枷号。至官员平人有致死族中家仆者，各从重拟。八旗官员画一遵行。"（《世宗实录》卷二十一）但旗人奴仆违犯教令，家主依法决罚致死及过失杀者，仍照旧例不论罪。可见，这还只是对主奴关系给予更多的限制。

皇庄和王庄中，庄头役使壮丁，也与奴仆相似。一七二四年规定："嗣后如肆行凌虐者，许壮丁即行控告，所告果实，止一二人，则另拨与别处屯庄；至四、五人，即将庄头革退治罪。"（《世宗实录》卷二十）次年规定：八旗家奴，如果主人情愿令其赎身为民，档案可查，以后不得借端控告。一七二七年又规定：八旗继养"民人之子及仆人之子，俱著为民。"（《世宗实录》卷六十四）雍正帝连年颁发的一系列诏谕，使八旗贵族役使的奴仆、庄丁，得以经由各种途径有条件地出为民户。雍正帝旨在限制满洲贵族势力，残余的满洲奴隶制因而更为削弱了。

三、镇压满汉大臣与文士

雍正帝在位期间也加强了对满汉大臣与文士的控制和镇压。

诛年羹尧　年羹尧是汉军镶黄旗人，康熙三十九年进士，授翰林院检讨，迁内阁学士。一七〇九年，出任四川巡抚，一七一八年擢任四川总督，一七二一年升任川陕总督，成为镇守一方的大员。雍正帝即位后，召允禵还京师，令年羹尧总理大将军事务。一七二三年，特授抚远大将军，驻师西宁，进兵青海，击败和硕特蒙古（见下节）。次年晋爵一等公。

年羹尧主持西北军务多年，战功日著，权势日盛。在西北行营时，任用官员，不经奏请，但咨吏部，谓之"年选"，与当年吴三桂之"西选"并称。一七二四年十月还京陛见，公卿跪接广安门外。但雍正帝因查知他曾与允禩有书信来往，已加疑忌，曾说："近日隆科多、年羹尧大露作威福、擅权势光景，朕若不防微杜渐，此二臣将来必致不能保全。"（《东华录》卷二十六）次年正月，被年羹尧参劾的四川巡抚蔡珽来京，被召见。蔡珽奏被诬陷，并奏年羹尧贪残诸事。三月，雍正帝借故责斥年羹尧，指责他的奏疏，"字画潦草，且将朝乾夕惕，写作夕阳朝乾"，诏谕问罪说："观此，则年羹尧自恃己功，显露不敬之意，其谬惧之处，断非无心"，将本发还，"令其明白回奏"（《世宗实录》卷三十）。年羹尧曾举荐西安布政使胡期恒，又在西安劾罢驿道金南瑛。胡期恒擢任甘肃巡抚奉召来京。雍正帝说他奏对荒谬，革职。四月间传谕，年羹尧妄举妄劾，不可复任总督，改授杭州将军。年羹尧疏报："臣不敢久居陕西，亦不敢遽赴浙江，今于仪征（江南省）水陆交通之处候旨"。雍正帝益怒。七月，命革将军职，授闲散章京，速赴杭州效力。年羹尧疏称："求主子饶了臣，臣年纪不老，留下这一个犬马,慢慢的给主子效力"。内阁九卿科道合词劾奏年羹尧"贪婪成性，骄横居心，颠倒官常，草菅民命。"请正典刑。雍正帝因年羹尧在西北立有战功，恐处死后人心不服，命各省将军督抚提镇，"各秉忠心，各抒己见"(《世宗实录》卷三十四)。各省督抚提镇连续劾年羹尧之罪。十月，雍正帝令将年羹尧逮送京师。十二月，议政王大臣等议奏年羹尧与道人"谋为不轨"等罪九十二款。雍正帝诏谕年羹尧在狱中自裁，子年富与宾客邹鲁等处斩。父年遐龄(曾任湖广巡抚，致休,授尚书衔)、兄年希尧(广东巡抚)夺职免死。

囚隆科多 隆科多是佟国维之子，康熙帝孝懿仁皇后之弟，雍正帝称舅舅。康熙帝病死，隆科多传遗诏雍正帝继位，为雍正帝所倚重，曾任为总理事务大臣,兼吏部尚书,加太子太保衔。一七二五年,王大臣议年羹尧之罪"罢任留爵"，雍正帝大为恼怒，疑隆科多有意徇庇，削太保衔，以示警告。并诏谕说:"朕御极之初,隆科多、年羹尧皆寄以心膂",“伊竟有二心,朕予以宠荣,伊幸为邀结,招权纳贿,擅作威福"。"隆科多、年羹尧若不知恐惧,痛改前非,欲如明珠等之故习,则万不能也。殊典不可再邀,覆辙不可屡陷,各宜警惧,无得自干诛灭。"(《东华录》卷二十六)隆科多被撤销总理事务大臣。一七二六年,又因家仆牛伦挟势贪脏,刑部议斩隆科多。雍正帝命斩牛伦,罢隆科多尚书之职,发往阿尔泰料理边务。一七二七年六月,因私藏玉牒,被召回京师。王大臣等议隆科多罪四十一款，当斩。雍正帝免其正法，于畅春园外造屋三楹，"永远禁锢"。次年，死于禁所。

文士三狱 雍正帝处治年羹尧、隆科多案，涉及曾经依附于他们的一些汉人文士。雍正帝罗织他们文字之罪，指为讥谤朝政，严加惩治。其中汪景琪、钱名世、查嗣庭三案，成为文士中震动一时的大狱。

浙江钱塘文士汪景琪，曾为年羹尧记室。一七二五年搜查年羹尧家文书，内有汪景琪所写《西征随笔》。雍正帝指责其中记事文字是讥讪康熙，诋谤雍正年号，所撰"功臣不可为论"尤为大逆不道。将汪景琪处斩，枭首示众，妻子发黑龙江为奴。

江苏武进人翰林院侍讲钱名世，曾作诗颂扬年羹尧，雍正帝指为"以文词诎媚奸恶"，"行止不端，立身卑污"，革职发回原籍。雍正帝并亲书"名教罪人"四字匾额，令地方官悬挂钱氏宅门。又谕令在京现任官员，由举人进士出身者，仿诗人刺恶之意，各撰诗文，纪钱名世的劣迹进呈。雍正帝阅后，交付钱名世刊印（《世宗实录》卷四十二）。翰林院侍读吴孝登、陈邦彦等，作"刺恶"诗不合雍正帝意。吴孝登被发往宁古塔给披甲人为奴，陈邦彦落职（《永宪录》卷四）。

礼部侍郎浙江海宁人查嗣庭，曾由隆科多荐引。一七二六年出任江西考官，以"君子不以言举人，不以人废言"命题考试（见《槐厅载笔》）。一说出题"维民所止",被指为"雍正"二字去首(见《掌故拾零》卷二)。雍正帝指责他心怀怨望,有意谤讪君上,又在其寓所搜出日记二本,被指为有讥谤用人行政之语。雍正帝将查嗣庭革职囚禁,瘐死狱中。其子坐死,家属流放。查嗣庭兄、翰林院编修查慎行,曾在康熙时入值南书房,是一代名士;也因嗣庭罪被逮,放回原籍。弟查嗣瑮,也为翰林院编修,因嗣庭罪被逮,谪遣关西。一七三四年死于戍所。

康熙时期,曾经极力争取江南名士,以稳定清王朝的统治。雍正帝严惩汪、钱、查等之狱,说是为了"儆戒士人",特别是江南士人。雍正帝对大臣们说:"狂妄无忌惮之徒,往往腹诽朝政。甚至笔之于书,肆其诬谤。如汪景琪、查嗣庭,岂能逃于天谴乎!"(《世宗实录》卷四十九)汪、查都是浙江文士,狱后并停止浙江乡、会试,以压制江南士人。

谢济世与曾静案 三狱之后不久,雍正帝又处治了广西谢济世狱和湖南曾静狱。

广西全州人谢济世,康熙五十一年进士,一七二六年(雍正四年)考选浙江道御史,劾奏河南巡抚田文镜营私贪虐等十罪。田文镜汉军正黄旗人,曾受到雍正帝的嘉许。雍正帝说谢济世劾状"显与朕之明旨相悖",夺官审讯。广西巡抚李绂赴任直隶总督,晋京陛见,亦劾奏田文镜贪虐。雍正帝说"济世言与绂奏一一吻合","是其受人指使,情弊显见",革谢济世官,发往阿尔泰军前效力。谢济世在军中撰《古本大学注》，被劾"毁谤程朱"。雍正帝见其中有"拒谏饰非，必至拂人之性"等语，指谢济世"意不止毁谤程朱"，而是"借以抒写其怨望诽谤之私"（《世宗实录》卷八十二），下九卿议罪。

广西举人陆生楠选授江南吴县知县，晋京陛见。雍正帝说他态度傲慢，必是谢济世一党，命夺官发往军前，与谢济世同效力。一七二九年，陆生楠撰《通鉴论》十七篇，内中论及建储和隋炀帝事，被劾为"非议时政"，并下九卿议罪。谢济世与陆生楠均议军前正法。雍正帝斩陆生楠，赦谢济世，在军中服役赎罪。

湖南靖州人曾静案，是雍正朝震动朝野的大案。清初，浙江文士吕留良（号晚村）隐居山林，著书宣扬夷夏之防，传播反满思想。康熙时吕留良病死，弟子严鸿逵继续传播吕留良学说。曾静应试落第，在吕留良子吕毅中家中，得吕留良所著书，与严鸿逵门人沈在宽等联络，密谋反清。一七二九年四月，曾静弟子张熙被派往川陕总督岳钟琪处，携带密函劝岳钟琪起兵反清。信中罗列雍正帝罪状，称岳钟琪为岳飞后人。岳钟琪将张熙拘留审讯，奏报雍正帝。雍正帝差刑部侍郎杭奕禄等会同湖南巡抚王国栋，拘讯曾静，解押来京。浙江总督李卫在吕留良、严鸿逵家中搜出家藏书籍日记等。雍正帝命九卿会审，将吕留良、严鸿逵（已死）剖棺戮尸，枭首示众。斩吕毅中、沈在宽等。曾静服罪，说"自悔从前执迷不悟，万死莫赎。今乃如梦初觉。"（《世宗实录》卷八十一)雍正帝赦曾静、张熙死罪,命他们到江浙各地去宣讲悔悟原委,以消除汉人的反满思想。

一七二九年九月,雍正帝亲自撰著长篇谕示,引据经史和清朝建国事实,对吕留良等反满之论,逐条批驳,并颁布各府州县,以至远乡僻壤,说是"俾读书士子及乡曲小民共知之"(《世宗实录》卷八十六)。雍正帝批驳的诏谕之后,附曾静、张熙等人名为《归仁录》的服罪悔过文状和吕毅中、沈在宽等人的供词,合称为《大义觉迷录》颁行。所谓"大义"指"君臣之义","迷"是指"华夷之说"。雍正帝在镇压汉人文士后,又对汉人臣民加强了思想统治。

四、吏治的整顿

雍正帝即位后,一七二三年五月即发布上谕十一道,历举官场种种积弊,各级官吏贪贿无能,华而不实,一再告谕澄清吏治。康熙末,吏治败坏已成为危及清朝统治的严重问题。雍正帝即位后的几年间,以雷厉风行之势,大力整顿吏治。

清除冗劣 雍正帝首先罢斥各省巡抚中贪黩和庸懦不胜任的官员,亲自降旨先后革除江西巡抚王企清、湖广巡抚张连登、直隶巡抚赵之垣、山西巡抚苏克济、河道总督赵世显等多人。随令各省督抚整饬属下官吏。贪酷者参处,庸碌者裁汰。各督抚不敢不遵,力行整饬。浙闽总督满保奏称,"浙闽属吏已劾多员,若再题参，恐至无人办事"。湖南巡抚魏廷珍奏称："属员参劾过半，容再查奏"。一七二五年四月，雍正帝诏谕督抚等，说"乃有庸懦无能之督抚，间有参劾，每向人云，我若不参，恐非上意，又恐他人参劾，于我不便。以此等语解释于众，似觉参劾为迎合朕意"。他训诫说："凡事秉公据理，不可稍存迎合之见。"（《世宗实录》卷三十一）

一七二六年十一月，对朝中各部官吏进行裁简。雍正帝传谕说："各部汉司官实能办事者不过一、二人。其余庸碌无能之人偷惰安闲，实属冗滥"。"著各部堂官将所属司官，详加甄别。凡有才具平常，目前不能办事，将来不堪升用者，尽行举出，与应留办事人员，一同带来请旨"。（《世宗实录》卷四十九）各部院遵旨甄别官吏，分为留任、改除（调任）、休致（退休）三类，裁减了大批冗员。

清理钱粮 各级地方政府经管钱粮，历任官员侵贪肥私，已是代代相因的公开的积弊。地方呈报积贮钱粮数字，多有虚额亏空。亏空的缘由是经管官吏贪污，上司勒索。前任官员将亏空移交下任，下任再加侵贪，积年累月，越亏越多。上下欺蒙，互为掩饰，成为官场腐败的积习，也使地方财政日益虚溃。

雍正帝即位后，即下谕指斥地方官员亏空钱粮的种种弊端，限三年之内，各省督抚将所属钱粮严行稽查。凡有亏空，三年之内，如数补足。不得苛派民间，不得借端掩饰，如限满不完，从重治罪。三年补完之后，若再有亏空者，决不宽贷。

各地方清查钱粮中出现苛派掩饰诸弊，雍正帝随时予以禁止和驳斥。雍正二年（一七二四年）闰四月，直隶州县官与当地绅衿通同作弊，奏呈百姓愿代赔州县亏空，名为"乐捐"，实际上是勒索百姓。雍正帝严谕禁止。浙闽总督满保奏称前任总督任内，亏空银六万两，系康熙帝南巡时积欠相沿。雍正帝严加驳斥，说当年皇考南巡，屡降谕旨，丝毫不取给于地方。命满保具奏南巡时有何费用，亏空至二十年之久，不能消结。满保不能对。山西、河南两省奏称亏空系应办军需所致。雍正帝驳斥说，军需皆有正项钱粮，不曾累及地方。亏空乃下吏侵渔，上司需索所致。一七二六年七月，户部尚书徐元梦，接受亏空官员的馈送，代为掩饰。雍正帝即将徐元梦革职。

一七二六年八月，雍正帝因三年期限已满，各省均未奏报清理就绪，再展限三年，如到期仍不能补完，即将督抚从重治罪。实有难于补足之处，可奏闻请旨。

一些地方在限内奏报补完，雍正帝详加查核，严惩虚报。江西巡抚裴㑇度奏报江西仓谷俱已补足。一七二六年十一月，雍正帝派遣吏部侍郎迈柱（满洲镶黄旗人）前往查核。迈柱查出江西虚报贮存，又虚报民间借领，多方掩饰。雍正帝将裴㑇度及布政使等革职，命他们以家产买谷还仓。亏空之州县官解任，留在本处赔补。福建巡抚毛文铨掩饰亏空，虚报实贮在仓。雍正帝派员查得，福建所属仓谷、钱粮虚悬甚多，实贮在仓者只有十之三、四。一七二七年六月，任命常赉（满洲镶白旗人）为福建巡抚，前往清查。只查出亏欠银四十四万余两。江苏省是生产发达，赋税收入最多的省份。一七二九年二月，雍正帝命王玑署江苏巡抚，兼管清查钱粮。苏松等处即查出历年积欠一千六百余万两。雍正帝将康熙五十年以前的积欠豁免，五十一年以后者严加清理。侵贪钱粮的官吏，准自行出首，毫无隐匿者，从宽免罪。

亏欠钱粮，是康熙时期以来长期形成的积弊。侵渔钱粮，也久已在官场上下相习成风。要使各级官吏彻底补完，事实上是不可能的。山西巡抚诺岷（满洲正蓝旗人），河南、山东总督田文镜，在当地清查，成绩较著，但也不可能全部补完。一七三〇年二月，雍正帝诏谕内阁大臣说："近观各省吏治，虽未必能彻底澄清，而公然贪赃犯法及侵盗钱粮者亦觉甚少。"（《世宗实录》卷九十一）命将各省官员名下应追赃银及侵欺、挪移、流抵、分赔、代赔银两，凡在雍正三年以前发觉者，酌情免追。四年以后犯罪之案及贪污军务钱粮，不准宽免。雍正帝在六年多的时间里，在全国各地清查钱粮，虽然不能补完积欠，但对官场侵贪的积习，给予沉重的打击。在整顿吏治中，成效还是显著的。

火耗养廉　清初沿袭明制，各地征收钱粮，加收

"火耗"（碎银加火铸成银锭时的折耗，亦称耗羡）。实行中，官员任意加派，一两可加至数钱。因不在上交正额之内，官员从中任意侵贪，成为官场公行的陋习。康熙帝曾说，清官也取火耗。康熙末年，各地官员以火耗为名，肆意横征中饱，已无法限止。雍正帝清理钱粮时，山西巡抚诺岷与布政使高成龄在雍正二年奏请将该省各地加派的火耗，提解布政使司库，以二十万两补完该省亏空，除公用外，分发给地方官员，称为"养廉"。雍正帝指出，历来火耗皆州县征收而加派横征，侵蚀国帑不下数百万。原因是各州县征收火耗分送上司，种种馈送，名目繁多，州县肆意贪污，上司曲为容隐，这是从来的积弊，应当消除。他采纳山西官员的建策，说"与其州县存火耗以养上司，何如上司拨火耗以养州县。"（《世宗实录》卷二十二）州县养上司是公开的非法贿赂。上司拨州县便成为合法的"养廉"，即官俸的补贴。山西实行后，各省相继仿效，以火耗补完亏空的钱粮，并分拨州县养廉。一七二七年，又命各省督抚，就该省情形酌议具奏，着为定额。这一改革形成制度，称为"养廉"，又称"耗羡归公"，即由上级官府依定额发给官员。

　　清沿明制，官员俸禄低微。定额的"养廉"超过俸银数倍，各省不一。督抚为正二品或从一品，俸银不过一百五十五两至一百八十两（另有俸米一百数十斛）。养廉银最少的省份，如浙、闽、四川有一万三千两，多者如陕、甘、云、贵，有二万两。七品知县年俸银不过四十五两，米四十五斛。养廉银可多至二千两，至少也有五、六百两。火耗养廉制度实行后，虽然民间负担的加耗仍然繁重，但对限制横征加派，改变官场上下公开贪污的积弊，还是有作用的。

讲求实政 康熙晚年提倡理学，要臣僚对上忠顺，对下宽仁。忠顺流为逢迎，宽仁流为隐庇，官场中从而形成因循苟且不负责任的颓风。雍正帝即位前深知这些积弊，即位后在理财惩贪的同时，力图矫正官风。他在元年元旦的上谕中即指责："今或以逢迎意指为能，以沽名市誉为贤，甚至暗通贿赂，私受请托，不肖官吏，滥列荐章，而朴素无华、敦尚实治者，反抑而不伸，是岂风励属员之道乎！"（《世宗实录》卷三）他力矫臣下逢迎之弊，以防欺隐，说"一涉欺隐，即开巧伪之端，何弊不因此而渐滋耶。"（《朱批谕旨》钟保四年一月十二日折）一七二九年十一月的一个朱批说得更明白："封疆大吏于是非真伪必有确见，将一派忠诚对朕方是。若一味迎合揣度，以为敬慎，则大错矣。"（《朱批谕旨》赵弘恩七年十一月七日折）一些官员标榜"宽仁"沽名，放纵豪绅贪吏触法而不究治，政务废弛却博得颂声。遭到罢斥，也有人为之申吁。雍正帝称这些人为"巧宦"，说"巧宦沽名之贻误国家，较贪劣者为尤甚"（《朱批谕旨》石云倬六年四月二十六日折）雍正帝针对逢迎欺隐、因循巧伪的积弊，提出"实心实政"，以整顿吏治。

雍正在裁汰庸劣官吏的同时，极力奖谕实心任事的官员。山西巡抚诺岷到任半年，即将钱粮料理清楚，雍正帝称他"实为天下抚臣之第一者也"。满洲贵族鄂尔泰（镶黄旗人）康熙末年任内务府员外郎，雍正帝为皇子时曾向他违例需索，遭到拒绝。雍正帝即位后，对他说："汝为郎官拒皇子，其执法甚严"。擢任为江苏布政使，以矫逢迎之弊。一七二五年升任为云南巡抚，一七二八年为云贵、广西总督，勤劳任事。雍正帝称他为"满汉文武大臣中第一人"。一七三二年，升任大学士、兵部尚书。一七二三年山西灾荒，巡抚德音隐瞒不报。内阁侍读田文镜路经山西，如实陈报灾情，受到雍正帝的嘉奖，任为山西布政使。次年，改任河南布政使，擢为巡抚、总督。一七二八年，任河南山东总督。田文镜极力整顿吏治，遭到非议。河南学政王国栋奏报说："怨望田文镜者，或言其催科太迫，或言其御下太严，不留余地。……臣下封印后回省，目击其办事甚勤，大小属员一到即见，家人吏役约束甚严，门包小费一概谢绝。居官如此，可谓难得"。雍正帝朱批："甚属公当"（《朱批谕旨》王国栋摺）。云南布政使李卫，因整顿盐政，揭露官吏贪污，被巡抚借端裁抑。雍正帝擢任他为浙江巡抚，又任为浙江总督管巡抚事。雍正帝授任各地方官员，有意矫枉，以倡导实政，消弭积习。

清朝中枢也拣选"实心任事"的满汉大臣，以加强统治机构。雍正帝翦除谋立诸弟，赞誉十三皇弟允祥"未尝图利干预一事，纠党邀结一人"，加封为怡亲王，管领户部。十七弟允礼"实心为国，操守清廉"，封为果郡王，管理理藩院与工部事。中枢大臣、满人大学士白潢、马齐、汉人大学士张鹏翮、礼部尚书张廷玉、刑部尚书励廷仪、吏部尚书朱轼、礼部右侍郎蒋廷锡等都以勤慎廉能得到擢用，形成雍正帝的统治核心。

雍正帝为加强对各级官员的控制和深入了解下情，特定密折言事之制。康熙时满汉大臣与督抚提镇许密折言事。雍正帝进而命朝中科道诸臣每日每人上密折，一折只言一事，无论大小，据实敷陈。地方官员布政使、按察使至道员、知府，军中总兵、副将、参将也都可以密折陈奏。一切地方利弊，通省吏治之勤惰，上司孰公孰私，属员某优某劣，营伍是否整饬，以至水旱天时，百姓生计等等都可密奏。"凡有骇人听闻之事，不必待真知灼见，悉可风闻入告"（《朱批谕旨》鄂昌七年六月十八日折）。密折不准谋于他人，不准泄露，须官员亲自书写，直送京师。督抚密折呈交宫内奏事处。以下满汉官员密折，分别由怡亲王允祥和汉人大臣张廷玉、蒋廷锡转呈雍正帝阅看批旨。雍正帝从密折察知各地政情，又设缇骑（侦探）秘密侦查官员言行，虽生活细事也随时密报。甚至有的官员，身边仆役即是雍正帝派遣的缇骑。官员们心怀畏惧，不敢妄为了。

（二）军机处的设立与赋税制度的改革

雍正帝统治时期，对中枢统治制度和赋税制度，相继作了重要的改革，成为此后清王朝历代相承的定制。

一、军机处的设立

清朝初年，沿袭满洲贵族议事的旧制，设议政王大臣会议，决定军国大事。康熙初年，四大臣辅政，满洲、蒙古都统俱为议政大臣。六部满人尚书也参与会议。议政王大臣会议较前扩大。康熙帝亲政后，加强皇权，会议权限逐渐削弱。民政事务由内阁大学士或六部会议具奏。议政王大臣只议国家典章制度及军事要务。设南书房后，始由汉人翰林参预撰拟诏旨。一六八五年，罢满蒙都统议政，只参预议论军事。雍正帝削弱八旗王公权势，议政王大臣会议又被进一步削弱。

一七二五年（雍正三年），撤消总理事务王大臣制。次年，雍正帝下密旨，在内廷设立军需房，筹办西北用兵的军需。西北准备出兵，是当时的军事机密，朝内外均不得知。一七三〇年，在内廷设军机房。由怡亲王允祥和大学士张廷玉、蒋廷锡（雍正六年拜大学士兼领户部）等，参予军机要务。随后改称军机处。一七三二年，铸造"办理军机印信"，成为正式的常设机构。

军机处选派大学士、尚书、侍郎数人入值，名为"在军机处行走"或"在军机大臣上行走"。后来又保选内阁中书舍人数名,缮写文书、保管文件,名为军机章京。军机处只有值庐,没有官署,官员称"内廷差使"。部院大臣不得擅入,军机大臣也不得接交外吏。皇帝每天寅丑二时(上午五至八点)召见军机大臣,口授谕旨,或是把章疏交下审议。军机大臣"承旨书谕",经办一切。军机处虽名为军机,实际上是作为皇帝左右的助手,处理所有军政要务。据王昶《军机处题名记》所记:内而六部各卿寺及九门提督、内务府太监之敬事房,外则十八省及边疆将军、办事大臣,迄于属国,有事无不综汇。凡巡幸、谒陵、经筵、蠲赈与朝内侍郎以上,外省知府、总兵以上,黜陟调补,以及晓谕中外谕旨,称为"明发";告诫臣工,指授方略,查核政事,纠正处理不当的刑狱,称为"寄信"(廷寄)。"明发"交内阁,转发部科;"寄信"密封交兵部驿马递送,注明日行三百里或四、五、六百里,以至八百里。内阁、翰林院撰拟不当,下军机处审定。军机大臣还被派往各处调查,处理各种重要事件。军机处承旨出政,把议政王大臣会议与内阁票拟合而为一。内阁只办例行题本,也成为处理政事的机关,军政大事均在军机处决定。

军机大臣满汉并用,但大学士、军机大臣的领班需由满大臣担任。他们能文能武,出将入相,既能熟悉部院事务,了解地方情况,又能指挥作战,具有军事经历。鄂尔泰出身进士,先后任佐领、广西巡抚、云贵广西三省总督，一七三二年授任保和殿大学士、兵部尚书，进为军机大臣。军机处的汉大臣参与机要，草拟谕旨。雍正帝曾说："自张廷玉为大学士，听朕谕旨，悉能记忆，缮录呈览，与朕言相符。"（《世宗实录》卷八十七）他们都是翰林出身，经由内阁学士、六部侍郎、尚书以至大学士，进而充任军机大臣的。

雍正帝每天与军机大臣在一起，处理各地呈送的各种文书，迅速批交内外官员办理。使手续简化，行事快捷，加强了王朝的统治效能。议政王大臣会议渐成虚设，被军机处取代。

二、赋税制的改革

明朝赋税，自万历时实行一条鞭法，合并各种税目，但仍是田亩征税，人丁服役，二者并行。明末"加派"赋税，漫无限止，激起农民的广泛反抗。清初，削减加派，但地丁税役仍沿明制。康熙五十一年起，定"滋生人丁永不加赋"之法，以限制赋税的增加。但行之既久，各地人口生死迁徙，原定税额与实际不符，出现许多流弊。雍正时，将人丁税与田亩税合一，依地亩多少统一征收赋役，号为"摊丁入亩"。在我国封建社会的赋税史上，这是一次重大的改革。

清初编审户口，分军、民、匠、灶四种户籍，十六岁以上成年男子称"丁"，女子及未成年的男子称"口"，六十岁以上除籍。三年（后改五年）编审一次。凡编审在册的成年男子，都须缴纳丁银（又称丁徭银或徭里银），各地额数多寡不一。康熙时编审户口，已是沿袭旧簿，老不除籍，壮不加丁，亡故者仍在籍不减。征收丁银都转加到在籍男丁身上。农民被迫逃亡，应纳丁银也由在籍人丁负担。康熙时，丁银的征收已是统治者面临的严重问题。

　　早在顺治时，陕西南郑、浙江嵊县等地就曾试行过"丁随粮行"和"摊丁入亩"的办法。有的地方将逃亡故绝的人丁的丁银摊入田亩中征收，以田补丁。康熙时，河南太康、四川芦山、湖北沔阳、山东黄县等地也分别试行过"丁随地派"，"按亩均丁"，"丁随粮派"和"丁银摊地"等办法，将丁银与田赋结合起来征收。一七一四年（康熙五十三年）御史董之燧即奏请"统计丁粮，按亩均派"（《养吉斋余录》卷一），未获允准。一七一六年户部议准，"广东所属丁银，就各州县地亩摊征，每地银一两，摊丁银一钱六厘四毫不等"。四川省实行"丁随地起"，"田载丁而输纳，丁随田而买卖"（《熙朝纪政》卷三《纪丁额》、《纪丁随地起》）。

　　雍正帝即位后，一七二三年六月，山东巡抚黄炳曾疏请"摊丁入亩"，未准。七月，直隶巡抚李维钧疏言："顺天、保定、河间、永平、宣化五州（府），地多旗圈，丁银留为民累，请自雍正二年（一七二四年）始，摊入通省地亩内，按地输丁。"（《清史列传》卷十三）雍正帝命户部议复。九月，户部议准，请于雍正二年为始，造册

418

征收。每田赋一两，摊入丁银二钱二厘。李维钧在直隶实行"摊丁入亩"后，福建巡抚黄国材亦奏准自雍正二年实行"摊丁入亩"，田赋一两，摊丁银五分二厘七毫至三钱一分三厘不等，只有台湾府缓行（《熙朝纪政》卷三《纪丁随地起》）。山东、河南、云南、陕西、浙江、甘肃、江苏、安徽、江西、湖南、广西、湖北等十二省和广东、四川未"摊丁入亩"的州县，也在雍正五年至七年间先后实行"摊丁入亩"，将丁银摊入田赋内征收。摊入科则各地不同，有的全省通筹均摊，有的是各州县分别均摊，甘肃则分河东、河西各自均派。山西省在雍正二年即由布政使高成龄奏请"照直隶新例，将丁银并入地粮"（《世宗实录》卷二十四），但遭到各州县官的反对，迟迟不能实行。盛京、吉林因大量八旗丁壮和家属迁进关内，又有大批汉人移居关外，户籍无定，仍照旧制地税丁银分征。

明代的军户清初改称屯户，军丁改称屯丁，与民丁分别编征。实行"摊丁入亩"后，有的省区不分民丁、屯丁和民地、屯地，一律把丁银摊入田赋中征收。也有的地区则将屯丁银摊入屯地银征比，与民丁、民地分开计算。另一种办法是，归入所在州县内均摊。清初曾一度废止明代的匠籍，将匠户编入民籍一体征银，后又恢复匠籍，单独完纳，称为"匠班银"。实行"摊丁入亩"后，匠班银也与丁银一起摊入地粮。从事盐业生产的人丁属于灶籍，称灶户，人丁称灶丁。灶丁除缴纳盐课外，还需缴纳丁银。"摊丁入亩"后，灶丁的丁银也摊入灶地（制盐场地）内征收。

雍正帝改革税制，在全国绝大部分地区推行摊丁入亩制，实际是统一依据占田多少增加赋税。占田多的地主须多纳田赋和附加的地丁银。少地和无地的农民则可少交或不交赋税。贫苦农民的负担因而减轻，作用还是积极的。对清王朝说来，由此较易于保证赋税征收，加强统治。摊丁入亩后，逃隐的人丁减少，入籍的户口显著增多了。

三、"除贱为良"

清代统治的人户中，满洲贵族役使的奴隶之外，还有各种贱民，分布各地，在明代或更早的时期即已形成，历代相沿不改。这些贱民并非奴隶，但地位低于平民，不列于民户的户籍。雍正帝在削除满洲奴隶制和改革丁税制的同时，陆续将各地的各类贱民，除籍为良民，编入户籍。

山陕乐户——乐户原为教坊乐人。明代将罪犯罚为乐户，逼勒为娼，不入民户户籍。山西、陕西一带有大批乐户。据《熙朝纪政》卷三《除贱为良》条载，他们是明初不附靖难的兵民，"编为乐籍，令世世不得自拔为良"。一七二三年（雍正元年）四月，浙江道监察御史年熙（年羹尧子）条奏说："山陕乐户沉沦丑秽，无由自新"。（《永宪录》卷二）议政王大臣会议认为，压良为贱,是前朝弊政,亟宜革除。雍正帝采此议,命除山西、陕西教坊乐籍,改业为良民(《世宗实录》卷六)。

浙江惰民——浙江一带有所谓"惰民",不在士农工商四民之中,不入民籍,甚至不能穿着四民的服装。男子捕蛙、卖饼为业,妇女或说媒,或伴良家婆嫁,为人髻冠梳发、穿珠花。或走市巷,成为私娼。一七二三年八月,两浙巡盐监察御史噶尔泰奏请除绍兴惰民籍,说当地惰民称为"丐户","丑秽不堪,与乐户无二。请照山陕乐籍,一例削除"。雍正帝于当年九月,诏"除绍兴府惰民丐籍"(《世宗实录》卷十一)。惰民改业,同于平民。

安徽伴当、世仆——明末以来,江南徽州府有"伴当",宁国府有"世仆",当地称为"细民"。伴当、世仆户需为主户服役,甚至遭受主户鞭打。主仆之分承袭前代,茫然无考。雍正帝认为,这是相沿之恶习,并无上下之分,应开豁为良,命当地督抚查明具奏。安徽巡抚魏廷珍奏请:"嗣后绅衿之家典买奴仆,有文契可考未经赎身者,本身及其子孙俱应听从伊主役使;即已赎身,其本身及在主家所生子孙,仍应存主仆名分;其不在主家所生者,应照旗人开户之例,豁免为良;至年代久远,文契无存,不受主家豢养者,概不得以世仆名之,永行禁止"。雍正帝准其议,一批细民被除为良民(《世宗实录》卷五十六)。

广东疍户——广东滨海,有疍(音旦)户籍。疍户以船为家,捕鱼为业。疍户地位卑贱,不准登岸居住。

疍户不敢与平民抗衡,畏威隐忍,踽踽舟中,终身漂泊。雍正帝认为,疍户本属良民,无可轻贱摈弃之处。且输纳鱼课,与齐民一体,不应因地方积习强为区别。饬令督抚晓谕地方,"凡无力之疍户,听其在船自便,不必强令登岸。如有力能建造房屋及搭棚栖身者,准其在近水村庄居住,与齐民一同编列甲户,以便稽查。势豪土棍不得借端欺凌驱逐,并令有司劝谕疍户开垦荒地,播种力田,共为务本之人"(《世宗实录》卷八十一)。

江苏丐户——一七三〇年五月,江苏巡抚尹继善奏称,苏州府属之常熟、昭文二县,有从旧沿袭下来的丐户,不得列于四民。请照乐籍、惰民之例,除其丐籍,列于编氓。得到雍正帝的允准实行(《世宗实录》卷九十四)。

雍正时,各地大批不在籍的贱民除为良民,编入户籍的民户人口也因而大为增加。

(三)边疆地区的统治

雍正帝统治时期,继承康熙帝的事业,加强对边疆地区的统治。先后击败青海和硕特蒙古和准噶尔部贵族的反抗,与俄国订立恰克图条约,划定清朝在喀尔喀蒙古地区的领域,并进一步加强了东北的边防。西藏地方平息了贵族间的战乱,巩固了统治。在西南各民族地区,废除土司,订立统一的官制。雍正帝对边疆

地区统治的加强，为乾隆时期清朝疆域的确定，奠立了
基础。

一、对青海蒙古的统治

一六九七年，青海和硕特蒙古八台吉晋见康熙帝，
顾实汗子达什巴图被封为和硕亲王，诸台吉分别封为
贝勒、贝子和公爵。达什巴图死后，子罗布藏丹津承袭
王爵。一七二三年（雍正元年）夏季，罗布藏丹津招诱
诸部到察罕托罗海盟会，要诸台吉放弃清朝封授的贝
勒、贝子、公等名号，恢复旧称，并自号为达赖浑台吉。
八月，罗布藏丹津出兵攻击拒不从命的亲王察罕丹津
（顾实汗曾孙，封亲王），并联络青海大喇嘛察罕诺们
汗，率领和硕特蒙古及藏族人丁、喇嘛等共二十万人起
兵。十月，雍正帝任年羹尧为抚远大将军、岳钟琪为奋
威将军平乱。罗布藏丹津率部进攻西宁。年羹尧军封
锁青海通往西藏和天山的道路，大举进攻。十二月，被
胁迫的诸台吉和部众十余万人，先后降清。次年正月，
岳钟琪在郭隆寺（西宁东北）重创和硕特蒙古军，二月，
又率精兵五千人，远袭柴达木敌营，罗布藏丹津率领二
百人化装逃走，投依准噶尔。一七二五年，雍正帝将青
海和硕特蒙古分编为二十旗，置佐领，设扎萨克统治。

二、北疆的划界与边防的加强

恰克图条约　康熙时，准噶尔部噶尔丹拥兵反清，

曾多次与俄国联络,企求援助。噶尔丹败死后,喀尔喀蒙古诸部返回故地。清朝即向俄国提出,划定北段即喀尔喀蒙古地区的边界,以确定北部边疆。雍正帝即位,曾向俄国重申此议。一七二五年,俄国女皇叶卡捷琳娜第一即位,派遣萨瓦为全权大使,来北京庆贺雍正帝登基,并商谈缔结商约、划定边界、引渡逃犯和在中国传教诸事。一七二六年十月,萨瓦到达北京,与清吏部尚书查弼纳、理藩院尚书特古成、兵部侍郎图理琛会谈。经过三十多次会议,到次年三月初十日基本上达成协议。五月十六日,隆科多(六月被雍正帝撤回北京)、郡王策凌、内大臣四格、兵部侍郎图理琛与俄国代表萨瓦、科留赤夫、郎克、格拉儒诺夫,在布尔河岸举行会议,勘察、划定两国边界。七月十三日(公历九月一日),两国代表签订边界条约,即《布连斯奇条约》。双方又根据在北京达成的协议原则,以及会勘的边境界图,于九月初七日(公历十一月一日)签订《恰克图条约》。条约共十一条,其主要之点是:(一)划定中俄北段边界。由沙毕纳依岭至额尔古纳河之间,依据山川形势和设立鄂博的原则,确立自楚库河以西,沿布尔古特依山,至沙毕纳依岭,为两国边界(即今蒙苏边界)。乌第河等处,暂置为两边公中地方,均不得侵占居住。(二)商定贸易管理事项。俄国商人限在二百人以内,每三年来北京一次。两国交界地带的日常零星贸易,指定尼布楚和恰克图两地,准免税建造房屋,但沿途需

424

经正道。如有绕道或赴他处贸易者，将贸易货物入官。(三)规定俄罗斯馆留居人员。准许北京俄罗斯人居住俄罗斯馆，并在馆内建造东正教教堂。俄国学生由国子监满汉助教各一人，住馆教习满汉语文。

恰克图条约划定的边界，大体上依据当时的实际控制状况，贝加尔湖地带，原为蒙古土谢图汗领属的布里亚特蒙古故地，从此归于俄国。清王朝则确立了对喀尔喀蒙古地区的领域，加强了对蒙古的统治。

修筑城驿 康熙时，曾在漠北地区建成五路驿站，以加强京师与蒙古诸部的联络。一七一八年（康熙五十七年)，在漠北科布多、乌兰古木等处,筑城驻兵，护卫喀尔喀。自杀虎口至科布多、乌兰古木地方，均设驿站。雍正时，又在漠北和西北相继建成科布多城（周围十二里)、巴尔库尔城（周围八里)、察罕廋尔城和乌里雅苏台城，驻兵屯粮。一七三二年，设定边左副将军，驻扎乌里雅苏台，统率喀尔喀四部的蒙古军队，兼理扎萨克图和赛音诺颜两部事务。清军并在西北地区实行屯田。同时还规定:"嗣后将应发黑龙江等处人犯，遣往北路军营附近可耕之地，令其开垦效力。"(《世宗实录》卷一二〇)次年，巴尔库尔、哈密等处屯田，收获青稞、大小麦等多达六万一千三百石。修筑城驿和实行屯田，加强了北方和西北的边防。

呼伦贝尔驻防 呼伦贝尔草原，处于漠北与东北之间，并与俄国交界，原为蒙古牧地。一七三二年，采

425

黑龙江将军库尔海的建策，在呼伦贝尔筑城驻防。拣选索伦、达斡尔、巴尔虎、鄂伦春之兵三千名，迁移其地，编为八旗，左翼自修城处至俄国交界处游牧，右翼在喀尔喀河游牧，共编为五十佐领。各给牛羊，以立产业。在呼伦贝尔城设总管（后改统领），归黑龙江将军统辖。

三、对南方诸民族的统治

云南、贵州、湖南、广西等省境内居住着彝、傣、苗、瑶、壮（僮）等少数民族。他们分别实行与汉族不同的封建农奴制、奴隶制甚至保留着氏族部落制的残存。明朝统治时期，各民族的统治者和各级首领，接受明朝授予的宣慰使司、宣抚使司、招讨使司等司官以及知府、知州、知县等地方官职称号。但各民族仍各依照自己的传统制度进行首领的承袭与更替，报请明朝认可，因而被称为"土司"、"土官"。明朝末年，大西农民军和南明军据西南地区抗清，当地一些土司曾率领本族武装参加抗清战争。吴三桂据云贵时，请准土司世袭，又有一些土司参与吴三桂发动的反清战争。雍正时期，改变南方诸省的土司制度，由朝廷直接任命满汉官员统治，任免迁调，权归朝廷，号为"流官"。这当然不能不引起各族统治者的反抗。雍正帝镇压了这些反抗，在南方各民族区改革了统治制度，号为"改土归流"。

云南 一七二六年，云贵总督鄂尔泰上奏说："云贵大患，无如苗蛮。欲安民必先制夷，欲制夷必改土归流"。他认为：土司之所以难治，是由于地分数省，事权不一，即如东川、乌蒙、镇雄，皆四川土府。东川与滇一岭之隔，至滇省城四百余里，而距四川成都千有八百里。去冬乌蒙土府攻掠东川，滇兵击退，而川省令箭方至。雍正帝采鄂尔泰议，把四川的乌蒙、镇雄、东川改隶云南，铸发云南、贵州、广西三省总督印，统一事权，委派鄂尔泰全权办理西南地区的"改土归流"事。鄂尔泰到任后，先从改隶云南的东川入手。东川于康熙三十一年已经改流，但仍为土目占据。鄂尔泰革除了东川土目。乌蒙土知府禄万钟、镇雄土知府陇庆侯均年少，兵权操在两人的叔父禄鼎坤和陇联星手中。鄂尔泰令总兵刘起元屯兵东川，招抚禄鼎坤。禄万钟在汉人刘建隆等的挟持下，约镇雄土兵三千，袭击屯住鲁甸的禄鼎坤。鄂尔泰派游击哈元生参战，击败禄万钟。又邀集与乌蒙相仇的阿底土兵共捣乌蒙，连破关隘，禄万钟逃往镇雄。十二月，陇联星被鄂尔泰招降。陇庆侯与禄万钟抵抗失败，逃往四川，不久也降。清朝设立乌蒙府，镇雄州，派总兵刘起元坐镇，控制乌蒙、镇雄、东川三属。时东川法戛土目禄天祐、乌蒙米贴土目禄永孝仍割据一方。鄂尔泰派兵收服，擒禄天祐。禄永孝败逃四川，复纠凉山等地土兵回袭清军。清军大败禄永孝，并趁势击败雷波、阿卢等未附土司。乌蒙事平后，清朝改设流官，任禄鼎坤为守备，升调河南参将。禄鼎坤不满，派其子禄万福回鲁甸联络旧部反清。一七三〇年禄万福乘刘起元不备，攻陷乌蒙、东川、镇雄，联络凉山的旧土官、土目、头人等数万人相继起兵反。鄂尔泰调遣官兵万人（其中一半是少数民族土兵），分三路进攻。哈元生直扑乌蒙，连夺大关、伐乌关、豆沙关，逼近鲁甸。禄万福等逃往东川巧家营，被清军俘获。反抗失败。

云南境内，西起永昌东至元江一线以南，全属各民族土司统治区域。以北为府州县区，但每府也都有土职。鄂尔泰先后把镇沅知府刁瀚、霭益知州安于藩以及赫乐长官司、威远府、广南府等土目革职，委派同知刘洪度权知镇沅府。刘洪度派人清丈土地，刁氏族舍土目不肯交还民田，联络威远彝人反清，雍正五年（一七二七年）正月杀刘洪度。鄂尔泰出兵镇压，把已革土司、土目迁移到外省安置。次年，鄂尔泰又出兵进攻孟养、茶山未附的土司，深入数千里。澜沧江内土司全部改为流官，设立普洱府，调元江绿旗兵驻守，并派兵到思茅、橄榄坝扼守通往蒙（今泰国西部）、缅、老挝的门户。江外车里等处仍保留土司制度。

贵州　明朝在贵州设立布政使司，管辖境内八府、四州和七十五个长官司。一六六四年（康熙三年），水西宣慰使安坤反清；次年，郎岱土目陇安藩亦反，被吴三桂镇压，设立黔西、平远、大定、威宁四府州。雍正时，贵州还有以古州为中心的三千里苗疆，计有一千三百多处苗寨，十万余人。这里土地肥饶，出产桐油、白腊、棉、桄木、毛竹等，但长期与外界隔绝，时有清朝罪犯来此逃避。

一七二六年（雍正四年），鄂尔泰派兵进攻广顺州之长寨。副将刘业浚焚毁布依族土寨，遭到反击，被迫撤退。鄂尔泰又令总兵石礼哈继续进攻，连破三十六寨，收降二十一寨，招抚苗人、布依人三千余口。清朝在长寨设参将营，派兵扼守险要，迫令当地各族人民剃发易服，设保甲，编户籍。广顺、定番、镇宁等处的六百八十个苗寨，永宁、永丰、安顺的一千三百九十八个苗寨，先后降清。清军进而向黔东苗岭山脉和清水江、都江流域推进。一七二八年夏，清军建立八寨城，命贵州按察使张广泗（汉军镶红旗人）分兵进攻大小丹江，焚毁鸡讲五寨。一七三一年，清军沿九股河而下，进抵清水江，潜居九股苗族中的汉人曾文登向苗人献策说：改流升科，赋税倍增。此地江深崖险，清兵不能攻入。清军开到，以农忙为借口乞降，再伺机袭击清军。张广泗侦知后，一面佯为受降，一面布署军队，发动突然进攻。苗人战败，缚曾文登献清军。清水江、丹江一带俱为清军控制。清军从湖南买来盐布粮货交易，当地苗民大喜。但古州及其所属的来牛、定旦、溶峒等地的苗人仍然据险抗拒。张广泗攻其不备，一举占领古州及其属地。清廷在苗岭山脉及清水江、都江流域，建立起古州（榕江）、台拱（台江）、清江（剑河）、都江、丹江（雷山）、八寨（丹寨)六城，设营驻兵镇守。

广西 广西是壮族聚居区，瑶族壮族多于汉人十倍。除桂林、平乐、浔州、梧州未设土官外，全省各处都有土官，共计一百五十余人。雍正初年，泗城土知府岑映宸势力最强，派兵四千在红水江北立营。一七二七年夏，鄂尔泰部署清兵进攻泗城，岑映宸被迫缴出敕印。鄂尔泰迁岑映宸于浙江，派流官管理泗城府，并把红水江北地方划归贵州，设永丰州。思明知府土官黄观珠，因为各寨头人不服管束，主动请求将洞郎等五十村寨改为流官管辖。柳州、思恩、庆远等地的土目，鱼肉壮民，积案如山。壮民听到"改土归流"的消息，争相备粮请兵。一七二八年，清军进攻思陵州八达寨，壮民斩土目颜光色以献。八月，清军攻克思明府邓横寨，远近土目缴出军器二万余件降清。清廷废除当地的土司制，降清的土官大都被任为流官。

湖南 湖南土司紧邻内地，多役使汉人垦田纳粮。土司剥削苗汉农民，并在城市之内置有房产，经营生理。雍正时，桑植、保靖土司内有近十万土民，声称土司凌虐难堪，愿入籍为民。清朝乘势迫令永顺、桑植、保靖、容美四大土司"缴印纳土"，设立永顺府，永顺、龙山、桑植、保靖等县和鹤峰州。其他土司也因无力弹压土民的反抗，不得不先后请求归流，缴印纳土。清廷授予降服的土司官总兵、副将、参将、游击、千总、把总等职衔，以流官补用。愿迁移置产者，准予迁移。

430

自雍正四年至九年间,伴随着清军的镇压,南方诸民族区大部分实现了"改土归流"。继续保留土司制度的一些地区,领地和土兵都很少,并要受清朝的种种限制,不得扩张。清王朝在改设流官的地区,加强了对各族人民的统治和民族压迫,但各民族内部更为落后的统治制度则由此多少受到限制。

四、西藏战乱的平定

康熙末年,击败准噶尔部对西藏的侵扰后,七世达赖格桑嘉错自青海入藏。清廷命拉藏汗旧臣康济鼐辅达赖管理前藏事务。颇罗鼐管理后藏事务。一七二七年(雍正五年)六月,西藏噶伦阿尔布巴等谋杀了康济鼐,企图夺取政权,并向后藏进兵。颇罗鼐率领后藏及阿里兵几千人击败阿尔布巴军,奏报清廷请求发兵进藏平乱。次年五月,颇罗鼐领兵至拉萨,围困布达拉宫。阿尔布巴被擒。清廷驻藏钦差马喇、曾格等在战乱中保护了七世达赖的安全。颇罗鼐在清军到来之前,即出兵削平了阿尔布巴之乱,得到清廷的嘉奖。办理西藏事务吏部尚书查郎阿依据颇罗鼐的保选,奏请以色朱特色布腾及策凌旺扎尔二人补授噶伦。由颇罗鼐兼管前后藏事务。雍正帝准其议,巩固了对西藏的统治。

五、对准噶尔部的战争

准噶尔部策旺阿拉布坦,在康熙末年派兵侵扰西藏失败，一七二七年病死。子噶尔丹策零继位，继续与清朝为敌。一七三一年六月，噶尔丹策零派大小策零敦多布二人，率兵三万，越过阿尔泰山向东进攻。清靖边大将军傅尔丹领兵三万人，从科布多出发迎击，在和通泊（科布多西二百里）大战。清军溃败，副将军巴赛等战死，生还科布多者仅二千人。九月，大小策零敦多布乘胜进攻喀尔喀蒙古，清郡王额驸策凌与亲王丹津多尔济，率领喀尔喀蒙古兵，在鄂登楚勒河大败准噶尔兵。一七三二年七月噶尔丹策零又亲自领兵，越过杭爱山，劫掠哲卜尊丹巴胡图克图地方。八月，袭击塔密河的策凌帐幕，掠夺子女牲畜。策凌回师追击，在喀喇森齐泊大战，准噶尔兵溃败。策凌追至光显寺，又击毙

雍正帝泰陵

敌军万人,噶尔丹策零败逃,向清朝求和。一七三四年,清廷撤回征准噶尔兵将。一七三五年三月,清廷定议:准噶尔游牧,不准过阿尔泰山;喀尔喀游牧,不准过扎卜堪。阿尔泰山以东由清军巡逻,以西由准噶尔部巡逻,暂息争端。

雍正帝在位的十三年间,在整饬内政的同时,逐步加强对边疆地区的统治。准噶尔事定后不久,一七三五年(雍正十三年)八月,雍正帝病死,年五十八。死前,大学士鄂尔泰、张廷玉等捧读雍正帝亲书密旨,命皇四子弘历继帝位。次年,改年号为乾隆。

明 代 纪 年 表

(光宗至南明桂王)

公 元 纪 年	干 支 纪 年	明 朝 纪 年
一 六 二 〇	庚 申	光宗泰昌元年
一 六 二 一	辛 酉	熹宗天启元年
一 六 二 八	戊 辰	思宗崇祯元年
一 六 四 五	乙 酉	南明弘光元年
		隆武元年
一 六 四 六	丙 戌	绍武元年
		定武元年
一 六 四 七	丁 亥	永历元年

清代纪年表

公元纪年	干支纪年	清朝纪年
一六一六	丙 辰	太祖（金）天命元年
一六二七	丁 卯	太宗（金）天聪元年
一六三六	丙 子	崇德元年
一六四四	甲 申	世祖顺治元年
一六六二	壬 寅	圣祖康熙元年
一七二三	癸 卯	世宗雍正元年

地 名 表

本表所收只限见于本书明天启至清雍正时期两章的地名。在今邻国的地名，附带收入，另行注明。古地名依笔画顺序排列。今地名只表示治所和城镇的大致方位。有异议者，择善而从；无确据者，暂缺不收。古今异名的山川，有关重大历史事件者，酌量选录，以供读者参考。

二 画

十方寺（堡）　辽宁沈阳市西北
七星关　贵州毕节县西南
七盘关　四川广元东北与陕西宁
　　　　强交界处的七盘岭上
八里关　辽宁绥中县境内
八寨城　贵州丹寨县
九　江　江西九江市
九宫山　湖北通山县东南

三 画

三　岔　即三岔儿堡，辽宁铁岭
　　　　县境内
三　河　河北三河县
三　姓　黑龙江依兰县

三　原　陕西三原县
三土河　三统河
大　宁　四川巫溪县
大　名　河北大名县
大　竹　四川大竹县
大　同　山西大同市
大　兴　北京市
大　关　云南大关县
大　冶　湖北大冶县
大　昌　四川巫溪县东南
大　定　贵州大方县
大　理　云南大理白族自治州
大石川　陕西略阳县境
大安口　河北遵化县西北
大凌河城　辽宁锦县
万　县　四川万县市

万丹港	台湾屏东县南		南市安平镇
万寿山	即煤山，今北京市景山	王家庄	上海市嘉定县附近
兀弥府	辽宁桓仁县北古城子	开县	四川开县
兀喇山	辽宁桓仁县北五女山	开封	河南开封市
山阳	江苏淮安县	开原	辽宁开原县东北
山阳	陕西山阳县	井径	河北井径县西
山海关	今山海关，河北秦皇岛	元江	云南元江哈尼族彝族傣
	市东北		族自治县
上海	上海市	无锡	江苏无锡市
义乌	浙江义乌县	天台	浙江天台县
义州	朝鲜新义州东北	天津	天津市
义州	辽宁义县	天池寨	四川巫山县境
广元	四川广元县	无定河	今永定河
广宁	辽宁北镇县	云阳	陕西三原县西北
广州	广东广州市	云梯关	江苏滨海县西南
广顺	贵州长顺县西北	太仓	江苏太仓县
广信	江西上饶市	太平	浙江温岭县
广德	安徽广德县	太平	安徽太平县东北
广南府	云南广南县	太平厅	四川万源县
子午	指子午谷，陕西关中通	太原	山西太原市
	向汉中的通道，自西安	太康	河南太康县
	市长安县而南，穿过秦	车里	云南景洪县东北
	岭至宁陕县	车箱峡	陕西岚皋县东
小琉球	台湾岛南琉球屿	内乡	河南内乡县
马隆	上海市嘉定县附近	内黄	河南内黄县
马家口	河南开封市附近	冈山	台湾台南市东南
马根单	辽宁抚顺县马郡	中左所	福建厦门市
		中后所	辽宁绥中县
四 画		中前所	辽宁绥中县前所
		日喀则	西藏日喀则县
丰润	河北丰润县	丹江	贵州雷山县北
王京(朝鲜)	朝鲜开城	丹徒	江苏镇江市
王城	即台湾城，在今台湾台		

437

凤　山　台湾高雄县
凤　州　吉林吉林市南
凤　阳　安徽凤阳
凤凰山　四川西充县南
凤凰城　辽宁凤城县
凤　翔　陕西凤翔县
分水关　福建崇安县西北
长　宁　四川长宁县南
长　兴　浙江长兴县
长　安　陕西西安市
长安岭堡　河北怀来县东北
长　沙　湖南长沙市
长　垣　河南长垣县
长　泰　福建长泰县
长　崎　日本长崎
长　寨　贵州长顺县
长胜堡　辽宁辽中县东
牛　庄　辽宁海城县西北
公　安　湖北公安县西北
月　桥　上海市嘉定县附近
乌　蒙　云南昭通市
乌　程　浙江湖州市
乌　喇　即乌拉，打牲乌拉的简
　　　　称。在今吉林市西北乌
　　　　拉街
乌　撒　贵州威宁彝族回族苗族
　　　　自治县
乌扎拉　苏联共青城南
乌兰布通　内蒙古赤峰市附近，
　　　　一说在克什克腾旗境
乌鲁木齐　新疆乌鲁木齐市
乌里雅苏台　蒙古扎布汉省扎布

哈朗特
六　合　江苏六合县
六　安　安徽六安县
文　安　河北文安县
户（鄠）县　陕西户县
水　西　贵州毕节地区和安顺的
　　　　部分地区，水西宣慰司
　　　　治所在今贵阳市
邓　州　河南邓县
双　桥　江苏江阴县附近
巴　东　湖北巴东县
巴　塘　四川巴塘县
巴雾河　四川巫山县北

五　画

玉　田　河北玉田县
正　定　河北正定县
甘　州　甘肃张掖
巨（钜）野　山东巨野县
古　州　贵州榕江县
古北口　北京市密云县东北
古勒山　即古勒山，辽宁新宾县
　　　　境
邛　州　四川邛崃县
巧家营　云南巧家县北
龙　山　湖南龙山县
龙　门　河北赤城县西南
龙　泉　江西遂川县
龙井关　河北遵化县东北
石　冈　上海市嘉定县附近
石　泉　陕西石泉县
石　屏　云南石屏县

石 峡	即石峡镇，江西黎川县东北
石 砫	四川石柱县
石 浦	浙江象山县南
石头城	江苏南京市清凉山
石佛庄	河北滦县境
右 屯	即广宁右屯卫，辽宁锦县东南
布特哈	清政区名。汉译"打牲处"，总管驻宜卧奇（今内蒙古莫力达瓦达斡尔族自治旗）
布尔哈苏台	内蒙古固阳县北
平 乐	广西平乐县
平 江	湖南平江县
平 阳	山西临汾市
平阳（洋）沙	上海市崇明县境
平阳桥（堡）	辽宁台安县境
平 远	贵州织金县
平 远	广东平远县北
平 利	陕西平利县西北
平 和	福建平和县西南
平 凉	甘肃平凉
平 越	贵州福泉县
平 壤	朝鲜平壤市
东 川	云南会泽县
东 宁	台湾台南市
东宁卫	辽宁辽阳市
东 州	辽宁抚顺县东南
东 安	河北安次县南
东 阳	浙江东阳县
东 佳	辽宁抚顺县附近

东 流	安徽东至县西北
打牲乌拉	吉林吉林市西北乌拉街
北 京	北京市
卢 氏	河南卢氏县
卢沟河	河北境内永定河的古称
归 州	湖北秭归县
归 安	浙江湖州市
归 德	河南商丘市南
归化城	内蒙古呼和浩特市
田 州	广西田阳县
叶赫城	吉林四平市东南
白 水	陕西白水县
白 沙	河南伊川县东南
白马渡	湖北襄樊市附近
代 州	山西代县
仪 征	江苏仪征县
仪 封	河南兰考县东南
仪 真	江苏仪征县
仙霞岭	浙江西南浙、闽、赣交界处
外 冈	上海市嘉定县西南
瓜 州	江苏扬州市南
乐 平	江西乐平县
乐 清	浙江乐清县
皮 岛	鸭绿江口东部，朝鲜湾椵（音皮）岛
冬古河	吉林董鄂河
兰 州	甘肃兰州市
汀 州	福建长汀县
汉 口	湖北武汉市汉口
汉 中	陕西汉中市

439

汉　阳　湖北武汉市汉阳

宁　乡　湖南宁乡县

宁　远　湖南宁远县

宁　远　辽宁兴城县

宁　波　浙江宁波市

宁　羌　陕西宁强县

宁国府　安徽宣城县

宁国县　安徽宁国县西南

宁　都　江西宁都县

宁海（州）　山东牟平县

宁　海　浙江宁海县

宁夏（镇）　明九边之一，总兵官
　　　　　　驻今宁夏银川市

宁　塞　陕西靖边县西南

宁古塔　旧城在黑龙江宁安县西
　　　　海林河南岸旧街镇，康
　　　　熙五年迁今宁安县城

宁武关　山西宁武县

永　平　河北卢龙县

永　宁　四川叙永县

永　宁　河南洛宁县

永　宁　江西宁冈县东北

永　宁　贵州关岭布依族苗族自
　　　　治县永宁镇

永　州　湖南零陵县

永　兴　湖南永兴县

永　寿　陕西永寿县西北

永　昌　云南保山县

永　春　福建永春县

永　顺　湖南永顺县

永　顺　指永顺长官司，在今广
　　　　西河池县南

永　清　河北永清县

永　新　江西永新县

礼　县　甘肃礼县

尼布楚　苏联涅尔琴斯克

尼布潮　即尼布楚

台　州　浙江临海县

台　拱　贵州台江县

台湾府　台湾台南市

辽　阳　辽宁辽阳市

辽　海　卫名。初在辽宁海城县
　　　　西北牛庄，后移治今开
　　　　原

奴儿干　苏联特林

六　画

吉　安　江西吉安市

吉　林　吉林吉林市

巩　昌　甘肃陇西县

西　宁　青海西宁市

西　安　陕西西安市

西　充　四川西充县

西　沽　天津市境

西　和　甘肃西和县

西　羌　指羌族甘肃居住区，在
　　　　今甘肃金城、陇西、甘
　　　　谷等地

西平堡　辽宁盘山县附近

考　城　河南兰考县东北

芝川镇　陕西韩城县南

老君堂　北京市房山县良乡附近

达　木　达木牛厂的简称，今西
　　　　藏当雄

440

成　县	甘肃成县	多伦诺尔	内蒙古多伦县
成　都	四川成都市	交　水	云南沾益旧城
毕　节	贵州毕节县	亦　佐	云南富源县东南
夷（彝）陵	湖北宜昌市	庆　阳	甘肃庆阳
抚　宁	河北抚宁县	庆　远	广西宜山县
扬　州	江苏扬州市	庆　原	朝鲜庆源
托漠河寨	辽宁抚顺县境	庆云堡	辽宁开原县西
光　化	湖北光化县东北	庄　浪	甘肃庄浪县西北
当　阳	湖北当阳县	衣锦乡	江西兴国县附近
同　安	福建同安县	齐齐哈尔	黑龙江齐齐哈尔市
曲　阜	山东曲阜县	关　岭	即关索岭，在贵州关岭
曲　靖	云南曲靖县		布依族苗族自治县境
吐鲁番	新疆吐鲁番县	兴　化	江苏兴化县
迁　安	河北迁安县	兴　化	福建莆田县
朱仙镇	河南开封市西南	兴　安	陕西安康
朱家寨	河南开封市附近	兴　国	江西兴国县
乔家寨	河北保定市附近	兴　京	辽宁新宾县西
休　宁	安徽休宁县	江　安	四川江安县
华　州	陕西华县	江　阴	江苏江阴县
伊　犁	新疆伊宁市西	江　孜	西藏江孜县
伐乌关	云南大关县东北	江　油	四川江油县北
仲家庄	江苏淮阴县附近	江　都	江苏江都县
伊尔库茨克	苏联伊尔库茨克	江　浦	江苏江浦县
舟　山	浙江舟山群岛中的最大	江　陵	湖北江陵县
	岛屿	江宁府	江苏南京市
合　江	四川合江县	江华岛	朝鲜汉城西北海中
全　州	广西全州县	汝　宁	河南汝南县
全　椒	安徽全椒县	汝　州	河南临汝县
杀虎口	山西右玉县西北	池　州	安徽贵池县
兆　佳	辽宁抚顺市东南苏子河	汤　站	辽宁凤城县东南
	南岸	安　庆	安徽安庆市
竹　溪	湖北竹溪县	安　州	河北安新县西南

安　阳　河南安阳市
安　肃　河北徐水县
安　顺　贵州安顺市
安　塞　陕西安塞县东南
安　福　江西安福县
安平镇　台湾台南市西安平
安笼所　即安龙所，贵州安龙县
米　贴　云南永善县西南
米　脂　陕西米脂县
祁　门　安徽祁门县
阳　山　广东阳山县
阳　和　山西阳高县
阳　城　山西阳城县
阶　州　甘肃武都
红山口　北京市昌平县附近

七　画

辰　州　湖南沅陵县
寿　州　安徽寿县
玛儿墩　辽宁新宾县境
玛瑙山　四川万源县境
杏　山　辽宁锦州市西南
杉　关　福建光泽县西
杨　村　天津市武清县杨村
巫　山　四川巫山县
严　关　广西兴安县西
芦　山　四川芦山县
芜　湖　安徽芜湖市
苏　州　江苏苏州市
苏尼特　内蒙古苏尼特左旗东南
花马池　宁夏盐池县
花豹冲　辽宁铁岭县境

均　州　湖北均县西北
赤　嵌　台湾台南市安平镇
孛苦江　黑龙江富锦县
孝童村　陕西澄城县境
豆沙关　云南盐津县西
豆满江　图们江
连　山　辽宁锦西县
连　州　广东连县
抚　西　辽宁抚顺市西北
抚　安　辽宁铁岭市东南
抚　顺　辽宁抚顺市
抚顺关　辽宁抚顺市东
把尔达　辽宁抚顺县境
吴　江　江苏吴江县
吴　县　江苏吴县(驻苏州市)
吴　淞　上海市北
里　塘　四川理塘县
归化城　内蒙古呼和浩特市
时家坟　上海市嘉定县附近
延　川　陕西延川县
延　平　福建南平市
延　安　陕西延安市
延　庆　北京市延庆县
延绥(镇)　明九边之一，治所
　　　　在陕西榆林
佛　山　广东佛山市
佛图关　四川重庆市西南
佛纳赫路　吉林敦化县东
伯都讷城　一作白都讷，吉林扶
　　　　徐县北
余　姚　浙江余姚县
谷　城　湖北谷城县

采 石	安徽当涂县北	阿迷州	云南开远市
邹 平	山东邹平县	陆凉州	云南陆良县东
邹 县	山东邹县	阿布达里岗	辽宁新宾县南
应 山	湖北应山县	邵 武	福建邵武县
应 州	山西应县	鸡 笼	台湾基隆市
应天府	江苏南京市	鸡公背	贵州关岭布依族苗族自
庐 州	安徽合肥市		治县西北
库页岛	苏联萨哈林岛	纳 溪	四川纳溪县
怀 庆	河南沁阳县		
忻 州	山西忻县		**八　画**
沈 丘	河南沈丘县东南	奉 天	辽宁沈阳市
沈 阳	辽宁沈阳市	奉 集	辽宁沈阳市东南奉集堡
沅 江	湖南沅江县	武 乡	山西武乡县东
沅 州	湖南芷江县	武 冈	湖南武冈县
沔 阳	湖北沔阳县西南	武 关	陕西丹凤县东南
沙 岭	辽宁盘山县东南	武 进	江苏武进县（驻常州市）
沙 河	河北邢台市南	武 邑	河北武邑县
沂 州	山东临沂县	武 昌	湖北武汉市武昌
汾 州	山西汾阳县	青 州	山东益都县
沧 州	河北沧州市	青山口	即青山口关，河北迁西
冷子口	即冷口，河北迁安县东		县东北
	北	松 山	辽宁锦州市南
良 乡	北京市房山县东	松 江	上海市松江县
诏 安	福建诏安县	松 滋	湖北松滋县西北
君 山	又名洞庭山、湘山，湖南	松 潘	四川松潘县
	洞庭湖口的小岛	杭 州	浙江杭州市
灵 台	甘肃灵台县	枣 阳	湖北枣阳县
灵 宝	河南灵宝县北	英 山	湖北英山县
即 墨	山东即墨县	范河（堡）	辽宁铁岭市西南
张家口	河北张家口市	茅麓山	一作茅芦山，湖北兴山
陈 仓	陕西宝鸡市东南		县西北
陈 州	河南淮阳县	奇洛台	苏联赤塔附近

443

郏　县	河南郏县
拉　里	西藏嘉黎县
拉　萨	西藏拉萨市
虎城(古城)	辽宁新宾县境
虎皮驿	辽宁沈阳市南
尚阳堡	辽宁开原县东
尚间崖	辽宁抚顺县境
昆(崑)山	江苏昆山县
昆　明	云南昆明市
昌　平	北京市昌平县
昌　图	辽宁昌图县西
昌　黎	河北昌黎县
易　县	河北易县
忠　州	四川忠县
固　安	河北固安县
固　关	一作故关，山西阳泉市东
固　始	河南固始县
固　原	宁夏固原县
图　伦	辽宁新宾县境
呼玛尔	黑龙江呼玛县南
峄　县	山东枣庄市南
岫　岩	辽宁岫岩县
罗　定	广东罗定县
罗　店	上海市嘉定县东
罗　城	广西罗城县
罗猴山	湖北房县西
和　州	安徽和县
和　林	喀拉和林的简称，故址在今蒙古鄂尔浑河上游东岸哈尔和林
和通泊	蒙古吉尔格朗图西二百里
依兰(三姓)	黑龙江依兰县
岳　州	湖南岳阳市
岳麓山	湖南长沙市湘江西岸
阜　城	河北阜城县
侔革竜	云南开远市东
金　门	指金门岛
金　山	江苏镇江市西北
金　州	辽宁金县
金　华	浙江金华市
金　陵	今江苏南京市古置金陵，后人因作南京的别称
周　至	陕西周至县
府　谷	陕西府谷县
河　西	云南通海县西北
河　曲	山西河曲县南
河　州	甘肃临夏东北
河　间	河北河间县
泸　州	四川泸州市
沾(霑)化	山东沾化县西
沾(霑)益	云南宣威县，后移治今沾益县
泗　水	山东泗水县
泗　州	明及清初在江苏泗洪东南，盱眙对岸。康熙时州城陷入洪泽湖，寄治盱眙，后移治今安徽泗县。
泗　城	广西凌云县
泽　州	山西晋城县
泾　州	甘肃泾川县

泾　县	安徽泾县		别迁至今辽宁新宾县
宝　庆	湖南邵阳市		境。正统七年，另分置右
宝　应	江苏宝应县		卫。自此称"建州三卫"，
宝　坻	天津市宝坻县		同在今新宾县境。
定　边	陕西定边县	建　昌	江西南城县
定　旦	贵州榕江县西南	建昌卫	四川西昌市
定　兴	河北定兴县	建昌营	河北迁安县东北
定　州	河北定县	建　德	安徽东至县东北
定　海	明定海县在今浙江镇海县，定海中中、中左所在今定海县；清移治今定海县	居庸关	北京市昌平县西北
		陕　州	河南陕县（驻三门峡市）西
定　陶	山东定陶县	承　天	湖北钟祥县
定　番	贵州惠水县	承德县	辽宁沈阳市
宜　川	陕西宜川县	绍　兴	浙江绍兴市
宜　阳	河南宜阳县	孟　津	河南孟津县东南
宜　君	陕西宜君县	孟家庄	河南平舆县东北
宜　黄	江西宜黄县		
宜　章	湖南宜章县	**九　画**	
宜卧齐	一作伊倭齐，内蒙古莫力达瓦达斡尔族自治旗（尼尔基）	封　丘	河南封丘县
		城　武	山东成武县
		项　城	河南项城县南
宛　平	北京市	荆　门	湖北荆门县
郎　岱	贵州六枝特区西南	荆　州	湖北江陵县
房　县	湖北房县	荆隆口	河南封丘县境
郓　城	山东郓城县	莒　州	山东莒县
建　宁	福建建瓯县	荥　阳	河南荥阳县
建州卫	明永乐元年建于今吉林省吉林市东南，后于今吉林珲春县与朝鲜庆源、会宁一带，别置建州左卫。正统以后两卫分	茶　陵	湖南茶陵县
		南　丹	广西南丹县
		南　宁	广西南宁市
		南　宁	云南曲靖县
		南　阳	河南南阳市
		南　直	直隶南京的地区，相当

今江苏、安徽两省

南　昌	江西南昌市
南　京	江苏南京市
南　郑	陕西汉中市
南　康	江西南康县
南康府	江西星子县
南　雄	广东南雄县
南　翔	上海市嘉定县东南
南　靖	福建南靖县东北
南　漳	湖北南漳县
南　澳	广东南澳县东北
柏　乡	河北柏乡县
柳　州	广西柳州市
柳　沟	北京市延庆县东
柳岔口	河北霸县境
柳树涧	陕西定边县东南
柿　园	河南郏县境
胡里改	黑龙江依兰县
威　宁	贵州威宁彝族回族苗族自治县
威　远	云南景谷县
砖　桥	上海市嘉定县附近
鸦鹘关	辽宁新宾县西南
临　安	云南建水县
临　武	湖南临武县
临　洮	甘肃临洮县
临　清	山东临清县
临　淮	安徽凤阳东北
临　颍	河南临颍县
临　潼	陕西临潼县
界　凡	辽宁新宾县西北
昭　化	四川广元县西南

昭　文	江苏常熟县
昭莫多	蒙古乌兰巴托东南图拉河上游南岸
贵　阳	贵州贵阳市
思　茅	云南思茅县
思明州	福建厦门市
思明府	广西宁明县东
思陵州	广西宁明县东南
思恩府	广西武鸣县北
郧　西	湖北郧西县
郧　阳	湖北郧县
哈　达	辽宁开原县南哈达河畔
哈　密	新疆哈密市
复　州	辽宁复县西北
重　庆	四川重庆市
香炉寨	河北保定市附近
科布多	蒙古吉尔格朗图
顺　义	北京市顺义县
顺　庆	四川南充市
顺　德	河北邢台市
顺天府	北京市
信　阳	河南信阳市
泉　州	福建泉州市
禹　门	亦称龙门，山西河津县西北
保　宁	四川阆中县
保　定	河北保定市
保　靖	湖南保靖县
保德州	山西保德县
剑　州	四川剑阁县
叙　府	即叙州府，四川宜宾市
饶　州	江西波阳县

446

饶　阳	河北饶阳县
兖　州	山东兖州县
闾　阳	辽宁北镇县西南闾阳
恰克图	旧市街在今苏联境内恰克图，新市街（买卖城）在旧市街南，今蒙古阿尔丹布拉克
前屯卫	辽宁绥中县前卫
娄　县	上海市松江县
娄　塘	上海市嘉定县西北
洛　川	陕西洛川县东北
洛　阳	河南洛阳市
济　宁	山东济宁市
济　南	山东济南市
济　源	河南济源县
洮　州	甘肃临潭县东
浔　州	广西桂平县
洞　庭	指太湖中的东、西洞庭山
浑　河	永定河
浑源州	山西浑源县
宣　化	河北宣化县
宣　府	河北宣化县
姚　安	云南姚安县
贺　县	广西贺县东南
骆马湖	江苏宿迁西北
费阿拉	辽宁新宾县二道河村南山上

十　画

秦　州	甘肃天水市
泰　州	江苏泰州市

泰　安	山东泰安县
珲　春	吉林珲春县
都　江	贵州榕江县西
晋　宁	云南晋宁县东北
袁　州	江西宜春市
盐　城	江苏盐城
莱　阳	山东莱阳县
莱　州	山东掖县
真　定	河北正定县
郴　州	湖南郴州市
桂　林	广西桂林市
桂　阳	湖南桂阳县
桐　城	安徽桐城县
桃　温	黑龙江汤原县西南
桃　源	江苏泗阳县西南
栖　霞	山东栖霞县
夏　镇	山东微山县
热　河	河北承德市
鸭　池	贵州黔西县东南
柴河(堡)	辽宁铁岭市东
徐　州	江苏徐州市
钜　鹿	河北巨鹿县
钱　塘	浙江杭州市
铁　岭	辽宁铁岭市
爱　珲	黑龙江爱辉县南
翁　后	辽宁阜新蒙古族自治县附近
翁鄂洛城	辽宁新宾县东北
狼城河	河北安次县境
高　州	广东高州县
高　阳	河北高阳县
高　邮	江苏高邮县

447

唐　县	河南唐河县	通　州	江苏南通市
郭隆寺	青海西宁市东北	通　海	云南通海县
旅顺口	辽宁大连市旅顺	桑　植	湖南桑植县
郯　城	山东郯城县	桑乾河	永定河上游
益　阳	湖南益阳市	绛　州	山西新绛县
朔　州	山西朔县	绥　德	陕西绥德县
凉　州	甘肃武威	绥远城	内蒙古呼和浩特市
凉水井	贵州安龙布依族苗族自治县西南		

十一画

浦　口	江苏南京市西北长江北岸	黄　州	湖北黄冈县
涞　水	河北涞水县	黄　县	山东黄县
浯　屿	浯洲屿的简称，福建沿海金门岛	黄　岩	浙江黄岩县
		黄草坪	四川巫山县境
涉　县	河北涉县	黄草坝	贵州兴义县
浮　梁	江西景德镇市北新平	黄陵冈	山东曹县西南废黄河北岸
海　门	浙江黄岩县东		
海　宁	浙江海宁县西南	黄陵城	四川开县境
海　西	松花江流域一带	黄崖口	即黄崖关，天津市蓟县北
海　州	辽宁海城县		
海　州	江苏连云港市西南	萍　乡	江西萍乡市
海　阳	广东潮州市	萨尔浒	辽宁抚顺市东浑河南岸
海　澄	福建龙海县	郾　师	河南郾师县东南
宾　州	广西宾阳县东北	郾　城	河南郾城县
宽　甸	辽宁宽甸县	梧　州	广西梧州市
容　城	河北容城县	梓　潼	四川梓潼县
容　美	即容美宣抚司，湖北鹤峰土家族自治县	盛　京	辽宁沈阳市
		曹　州	山东菏泽县
诸罗县	台湾台南市佳里镇，后移治今嘉义市	雩　都	江西于都县
		常　州	江苏常州市
通　山	湖北通山县	常　德	湖南常德市
通　州	北京市通县	常　熟	江苏常熟县
		崞　县	山西原平县北

448

崇　仁　江西崇仁县
崇　安　福建崇安县
崇　明　上海市崇明县东北
崇　信　甘肃崇信县
略　阳　陕西略阳县
鄂勒浑城　辽宁抚顺市东
得胜桥　云南昆明市附近
得胜堡　内蒙古丰镇县东南
盘江西坡　贵州普安县东
铜　陵　安徽铜陵市北
铜锣峡　四川重庆市东北
象　州　广西象州县
脱斡怜　黑龙江桦川县东北
章　丘　山东章丘县北
商　丘　河南商丘市西南
商　州　陕西商县
商　雒　陕西丹凤县西北
麻　城　湖北麻城县
麻豆社　台湾台南市北
鹿耳门　台湾台南市安平港北
望海埚　辽宁金县东
阌　乡　河南灵宝县西北
盖　平　辽宁盖县
盖　州　辽宁盖县
淄　川　山东淄博市西南
清　口　江苏淮阴县西
清　江　贵州剑河县
清江浦　江苏清江市
清　河　江苏淮阴县西南，后移
　　　　治今清江市
清河(堡)　辽宁本溪市东北
清　涧　陕西清涧县

淡　水　即沪尾，台湾台北市西
　　　　北
淡水厅　台湾新竹县
涿　州　河北涿县
渑　池　河南渑池县
淮　安　江苏淮安县
涪　州　四川涪陵
梁山泊　山东梁山、郓城等县间
梁家楼　山东郓城县境
混同江　松花江
婆猪江　辽宁东北部浑江
密　云　北京市密云县
宿　迁　江苏宿迁县
随　州　湖北随州市
绵　州　四川绵阳县
绩　溪　安徽绩溪县
绰尔纳河　乌伦穆河，黑龙江北
　　　　　岸支流

十 二 画

塔　山　辽宁锦西县东北
塔尔巴哈台　治所原在雅尔（今
　　　　　苏联乌尔扎尔），后移治
　　　　　楚呼楚(新疆塔城县)
喜峰口　河北迁西县北
惠　安　福建惠安县
葭　州　陕西佳县
葛　隆　上海市嘉定县境
韩　城　陕西韩城县
朝天岭　四川广元县北
厦　门　福建厦门市
雄　县　河北雄县

449

雅　尔	苏联塔尔巴哈台山南麓乌尔扎尔	蓟　镇	即蓟州镇，明九边之一，总兵官驻三屯营（今河北迁西县西北）
雅克萨	苏联阿尔巴津	蒲　江	四川蒲江县
斐悠城	吉林珲春县境	蒲　城	陕西蒲城县
景　州	河北景县	蒙　自	云南蒙自县
景德镇	江西景德镇市	榆　园	河南范县境
黑水峪	陕西周至县境	榆　社	山西榆社县
喀喇乌苏	西藏那曲县	榆　林	陕西榆林县
焦　山	江苏镇江市东北	雷　州	广东海康县
粤　西	广西的别称	雷　波	四川雷波县
舒　城	安徽舒城县	虞　门	江苏江阴县附近
鲁　山	河南鲁山县	睢　州	河南睢县
鲁　甸	云南鲁甸县	路南州	云南路南彝族自治县
遂　宁	四川遂宁县	嵊　县	浙江嵊县
普　宁	广东普宁县北	嵩　明	云南嵩明县
普洱府	云南普洱县	锦　州	辽宁锦州市
道　州	湖南道县	锦　县	辽宁锦州市
湖　州	浙江湖州市	腾　越	云南腾冲县
温　州	浙江温州市	靖　边	陕西靖边县西南
渭　南	陕西渭南县东	靖　州	湖南靖县
湘　乡	湖南湘乡县	廉　州	广西合浦县
湘　阴	湖南湘阴县	新　宁	四川开江县
湘　潭	湖南湘潭市	新　会	广东新会县
裕　州	河南方城县	新　城	河北新城县东南
登　州	山东蓬莱县	新　蔡	河南新蔡县
婺　源	江西婺源县	新泉隘	福建古田县西北
		新港社	台湾台南市东北

十 三 画

鄞　县	浙江宁波市	滦　州	河北滦县
鼓浪屿	福建厦门市	溧　阳	江苏溧阳县
蓝　田	陕西蓝田县	满　泾	苏联阿姆贡河(恨古河)口的莽阿禅
蓟　州	天津市蓟县		

满家洞　山东嘉祥县附近
溶　洞　贵州从江县西北
福　宁　福建霞浦县
福　州　福建福州市
颍　州　安徽阜阳县

十 四 画

静　海　天津市静海县
碻鸡堡　辽宁沈阳市附近
碧鸡关　云南昆明市西南
嘉　定　上海市嘉定县
嘉　定　四川乐山市
嘉　班　辽宁抚顺市东
嘉　祥　山东嘉祥县
墙子岭　北京市密云县东
赫图阿拉　辽宁新宾县西老城
赫席赫路　吉林敦化县东
綦　江　四川綦江县
斡朵里　即斡朵怜，黑龙江依兰
　　　　县西
碱　场　辽宁本溪县东南
精奇里江　黑龙江北岸苏联结雅
　　　　河
漳　州　福建漳州市
漳　浦　福建漳浦县
潍　县　山东潍坊市
肇　庆　广东肇庆市
熊　岳　辽宁盖县西南熊岳城

十 五 画

鞍　山　辽宁鞍山市西南

蕲　水　湖北浠水县
蕲　州　湖北蕲春县西南蕲州镇
横　州　广西横县
樊　城　湖北襄樊市
橄榄坝　云南景洪县东南
播　州　贵州遵义市
墨尔根　黑龙江嫩江县
德　化　福建德化县
德　庆　广东德庆县
德　州　山东德州市
德　安　湖北安陆县
镇　宁　贵州镇宁布依族苗族自
　　　　治县
镇　江　江苏镇江市
镇　江　辽宁丹东市九连城
镇　远　贵州镇远县
镇　沅　云南镇沅县
镇　雄　云南镇雄县
镇北关　即开原北关，辽宁开原
　　　　县东北
滕　县　山东滕县
遵　义　贵州遵义市
遵　化　河北遵化县
潮　州　广东潮州市
澎　湖　台湾澎湖岛
潜　山　安徽潜山县
澂　江　云南澄江县
潼　川　四川三台县
潼　关　陕西潼关县东北
澄　城　陕西澄城县
鹤峰州　湖北鹤峰土家族自治县

十 六 画

燕　京	北京市的别称
燕子矶	江苏南京市江边
霍　山	安徽霍山县
霍　丘	安徽霍丘县
黔　西	贵州黔西县
衡　山	湖南衡山县
衡　州	湖南衡阳市
雕鹗堡	河北赤城县南
磨盘山	云南腾冲县东北磨盘石
澧　州	湖南澧县
潞　安	山西长治市
澳　门	今澳门

十 七 画

螺头门	即蛟门，亦称定关，在浙江镇海县东的海岛上
徽　州	安徽歙县
襄　阳	湖北襄樊市
襄　城	河南襄城县
濮　州	山东鄄城县西北

二 十 画

耀　州	辽宁营口县北
瀧　口	福建漳州市附近

二 十 一 画

霸　州	河北霸县
赣　州	江西赣州市
夔　门	指夔州，四川奉节县
夔　东	夔州府（四川奉节县）以东四川、湖北交界山区
夔　州	四川奉节县
夔　府	即夔州府，四川奉节县

二 十 二 画

懿　路	辽宁铁岭县西南

二 十 三 画

麟　游	陕西麟游县

二 十 四 画

衢　州	浙江衢州市

人 名 索 引

本索引所收人名，一律依据本书的称谓。同一人的姓名、字号、帝王庙号、谥号等分别排列，相互参见。书中引述前代史事和后人著述而涉及的人名，没有录入。

463

464

470

474